U0499279

农村土地流转与农户增收
—— 中国乡村振兴战略下的策略与实践

NONGCUN TUDI LIUZHUAN YU NONGHU ZENGSHOU
ZHONGGUO XIANGCUN ZHENXING ZHANLÜE XIA DE CELÜE YU SHIJIAN

李振杰◎著

中国财经出版传媒集团

经济科学出版社
Economic Science Press
·北京·

图书在版编目（CIP）数据

农村土地流转与农户增收：中国乡村振兴战略下的
策略与实践 / 李振杰著 . - -北京：经济科学出版社，
2024.9. - - ISBN 978 - 7 - 5218 - 6367 - 3

Ⅰ. F321.1；F126.2

中国国家版本馆 CIP 数据核字第 20245W1E25 号

责任编辑：杜　鹏　郭　威
责任校对：隗立娜　郑淑艳
责任印制：邱　天

农村土地流转与农户增收
——中国乡村振兴战略下的策略与实践

NONGCUN TUDI LIUZHUAN YU NONGHU ZENGSHOU
——ZHONGGUO XIANGCUN ZHENXING ZHANLÜE XIA DE CELÜE YU SHIJIAN

李振杰◎著

经济科学出版社出版、发行　新华书店经销

社址：北京市海淀区阜成路甲 28 号　邮编：100142

编辑部电话：010-88191441　发行部电话：010-88191522

网址：www. esp. com. cn

电子邮箱：esp_bj@ 163. com

天猫网店：经济科学出版社旗舰店

网址：http：//jjkxcbs. tmall. com

固安华明印业有限公司印装

710×1000　16 开　15.75 印张　270000 字

2024 年 9 月第 1 版　2024 年 9 月第 1 次印刷

ISBN 978 - 7 - 5218 - 6367 - 3　定价：128.00 元

（图书出现印装问题，本社负责调换。电话：010 - 88191545）

（版权所有　侵权必究　打击盗版　举报热线：010 - 88191661

QQ：2242791300　营销中心电话：010 - 88191537

电子邮箱：dbts@esp. com. cn）

前　　言

　　农村发展是国家现代化进程中至关重要的一环。随着中国经济的不断增长和城镇化进程的加速推进，农村地区的发展问题日益受到关注。农村是我国的重要基础，也是中国特色社会主义事业的重要组成部分。实现农村的全面振兴，是国家经济社会发展的重要任务，也是关系亿万农民切身利益的大事。在新时代背景下，深化农村改革、加快农村发展，已经成为我国经济社会发展的重要内容之一。

　　本书旨在系统探讨农村土地流转与农户增收、农村电商发展与农户收入、政府扶持政策对农村经济的影响等关键议题，为解决农村经济发展中的实际问题提供理论和实践支持。在全面调研和深入分析的基础上，我们汇总了大量的实证数据和案例，从多个角度全面阐述了这些问题，并提出了一系列切实可行的建议和对策，旨在为农村经济的健康发展贡献我们的智慧和力量。

　　本书的结构安排如下：第一章至第四章，分别从理论基础、政策环境和地方案例研究三个维度，为读者提供了农村土地流转与农户增收的全面视角。第五章深入分析了地域多样性、农村电商发展对农户土地流转意愿的影响。第六章至第九章，聚焦于农户电商销售意愿与行为的悖离，以及农民专业合作社的营销策略。第十章则是对农村土地流转与农户增收关系的实证研究。第十一章总结了全书的主要发现，并对未来的研究方向提出了展望。

　　具体而言，一是土地是农村的基本生产要素之一，而土地流转作为农村改革的重要一环，对于提高土地利用效率、增加农户收入、促进农业现代化具有重要意义。通过对不同地区和类型的土地流转情况进行研究，我们发现合理的土地流转可以促进农业生产的专业化和规模化，提高农产品的产量和质量，从而增加农户的收入来源。同时，政府的扶持政策也对农户的土地流转收入具有显著的促进作用，通过提供补贴、优惠政策和技术培训等方式降低农业生产的成本，提高农产品的附加值，进而提高农户的收入水平。然而，土地流转市场也存在一定程度的乱象，包括合同不够规范、信息不对称、权益保护不到位等问题，这些都需要政府加强监管，保护农民的合法权益，提高土地利用效率和经济效益。

二是随着互联网技术的发展和农村信息化水平的提高，农村电商作为一种新型经济模式，对于促进农户增收、拓宽农产品销售渠道、推动农村经济发展具有重要意义。我们的研究表明，农村电商的发展提高了农户参与电商的积极性，降低了农产品的流通成本，从而增加了农户的收入来源。政府的资助政策对参与电商的农户增收效果更为显著，通过经营补贴和税费优惠等措施降低农户参与电商的成本，提高其收入水平。然而，在农村电商发展过程中，仍然存在一些问题，如不同地区和不同群体之间发展不平衡现象，这需要政府加大政策支持力度，提高农村电商基础设施的建设水平，培育更多的农村电商企业，为农户提供更多的增收机会。

三是政府的扶持政策对于农村经济发展具有重要的促进作用，通过经营补贴和税费优惠等措施降低农业生产的成本，提高农产品的附加值，从而增加农户的收入来源。同时，政府的技术培训和政策宣传等措施有助于提升农户的创业意识和经营能力，促进农村经济的发展。然而，政府扶持政策对农户收入水平的影响也取决于农户的风险规避能力，风险规避程度较低的农户更愿意参与政府的扶持项目，从而获得更多的收益。因此，政府应该根据不同地区和不同类型的农户特点，制定具有针对性的扶持政策，提高农户的收入水平，促进农村经济的可持续发展。

四是农民专业合作社作为农村组织形式的重要一环，对于推动农产品加工和销售、提高农户收入、促进农村经济发展具有重要意义。我们的研究发现，合作社的营销策略对其营销能力具有重要影响，包括产品策略、价格策略、渠道策略和促销策略等方面。针对合作社营销策略中存在的问题，我们提出了优化建议，包括完善产品品质、合理定价、拓展销售渠道等方面的措施，以提升合作社的市场竞争力和农户的收益水平。

五是政策环境是影响农村土地流转与农户增收的重要因素之一，政府的政策调整和变化对于农村土地流转与农户增收具有重要影响。我们的研究发现，在乡村振兴战略的实施过程中，政府对于土地流转、农村电商等方面的政策支持力度逐渐增强，为农户增收提供了更多的机会和空间。然而，政策的贯彻和执行仍然存在一些问题，需要进一步加强政策宣传、规范土地流转行为、构建土地流转配套机制等方面的工作。

　　本书的编写得益于众多学者、专家和农村工作者的深入研究与实践经验，同时也受到了政府部门和农村群众的大力支持。感谢硕士研究生韩杰、宋翊铭、李梅、王国宁所做的贡献。希望本书能够为农村发展工作提供参考和借鉴，为推动我国农村经济的发展和农民增收致富贡献力量。同时，也希望本书能够引起更多人对农村问题的关注，凝聚社会各界的共识和力量，共同推动乡村振兴战略的实施，实现全面建设社会主义现代化国家的宏伟目标。

　　在撰写本书的过程中，我们充分借鉴了国内外相关领域的研究成果，同时结合了我国实际情况，力求做到理论联系实际、切实可行。然而，本书研究的问题毕竟只是农村发展问题的一个侧面，仍然存在许多不足之处，还需要广大读者和专家学者们的指正与建议。最后，衷心希望本书能够成为关于中国农村发展的一部重要参考文献，为我国乡村振兴事业贡献一份微薄之力。

　　愿我们的努力能够为农村的繁荣、农民的幸福贡献一份力量！

笔者

2024 年 3 月

目　　录

第一章 绪 论

第一节 研究背景

随着中国经济的快速发展和城镇化进程的加速推进，农村土地流转与农户增收成为当前中国乡村振兴战略下的热点议题。农村土地流转作为中国农村改革发展的重要一环，旨在通过调整土地产权关系、促进土地集约利用、推动农业适度规模经营，进而增加农民收入，改善农村经济结构，实现农业现代化和乡村振兴。农户增收是农村土地流转的重要目标之一，其关注点主要集中在农民经济收入提升、农村社会稳定和农村经济发展方面。因此，本书将围绕农村土地流转与农户增收这一主题，深入探讨中国乡村振兴战略下的策略与实践，旨在为中国农村经济发展提供理论指导和政策建议。

中国农村土地流转自改革开放以来已有数十年的历史，但其发展呈现多样化和不平衡性。不同地区、不同历史时期的土地流转形式和效果存在差异。随着乡村振兴战略的提出和推进，农村土地流转作为实现战略目标的重要路径，备受关注。乡村振兴战略旨在全面振兴"三农"，着眼于加快推进农业现代化、促进农村经济转型升级、改善农民生活水平。在这一战略框架下，土地流转被视为推动乡村振兴的关键机制之一。土地流转不仅可以促进土地资源的整合和优化配置，提高土地利用效率，还能够推动农村产业结构的调整和升级。通过流转，农村地区可以吸引更多资金、技术和管理经验，推动农业现代化发展，增强农村经济的竞争力和可持续发展能力。然而，土地流转在实践中也面临一系列挑战。其中，土地产权不清晰、农民收益分配不公等问题是最为突出的。土地流转过程中涉及的权益关系错综复杂，需要建立健全的法律制度和市场机制来保障农民的合法权益，维护农村社会的稳定。

同时，土地流转也应该与乡村振兴战略相互融合，形成良性循环。政府应加强对土地流转的指导和管理，建立健全土地流转市场，引导流转资金和技术向农村流动，促进农民参与土地流转的积极性，确保土地流转与乡村振兴战略的相互促进和协同发展。

因此，农村土地流转与乡村振兴之间存在着密切的关联性和相互作用。通过加强土地流转管理、完善相关政策措施，可以实现土地资源的优化配置和农村经济的全面振兴，为实现乡村振兴战略目标提供坚实的制度和政策支撑。

农村土地流转与乡村振兴战略密切相关，其关系体现在多个方面。首先，土地流转作为乡村振兴战略的重要组成部分，旨在通过优化土地利用、推动农业产业结构调整，实现农户增收和乡村经济的持续发展。农户增收受多种因素影响，其中包括土地资源利用效率、农业产业结构、技术水平和市场需求等。农村土地流转与农户增收之间存在着密切的关联。其次，土地流转有助于提高土地利用效率，使农户能够更有效地利用土地资源，增加农产品产量和经济收入。土地流转为农户提供了更广阔的产业发展空间，参与农业产业链的上下游环节，拓展了收入来源。再次，通过土地流转，农户可以引入先进技术和管理经验，提高农业生产水平和产品质量，从而增加经济收入。此外，多元化经营与风险分散也是土地流转的重要作用之一。多样化的经营方式有助于降低生产风险，保障农户的经济收入稳定性。最后，土地流转改善了收入分配格局，农户通过参与土地经营分享土地收益，增加了经济收入。综上所述，农村土地流转对于农户增收具有重要的促进作用。通过优化土地利用、拓展产业发展空间、提高生产水平、多元化经营和改善收入分配等途径，土地流转为农户创造了更多的增收机会，有助于实现乡村振兴战略的目标，促进农村经济的持续发展和农民生活水平的提升。在实践中，应重视农民的合法权益，加强政府引导和监管，保障农户的利益，维护农村社会的稳定和和谐。

目前，国内外对农村土地流转与农户增收的研究已经取得了一定的进展，但仍存在一些尚未解决的问题和有待深入探讨的议题。在国内，一些研究已经证实了土地流转对农户增收的积极影响，但具体的影响机制尚未完全清晰。尤其是土地流转与农村产业发展之间的协同效应尚未得到充分挖掘。一些案例显示，土地流转能够促进农村产业的升级和转型，但在实践中，也存在一些问题，比如流转后产业发展缓慢、农民收益不稳定等。因此，如何实现土地流转与乡村产业发展的良性互动，仍是需要深入研究的课题之一。

此外，土地流转过程中的风险管理与制度建设也是当前亟待解决的问题之一。在流转过程中，存在着土地权益不清晰、流转风险高、合同纠纷频发等问题。当前土地流转的制度体系尚不完善，监管和执法力度有待加强，缺乏有效的风险防范机制和纠纷解决机制，给土地流转的顺利推进带来了一定的障碍。因此，需要进一步加强土地流转制度建设，健全相关法律法规，加强流转合同的监管和执行，建立健全的纠纷解决机制，保障土地流转的顺利进行。

综上所述，尽管在农村土地流转与农户增收的研究领域已经取得了一定的进展，但仍存在着诸多有待解决的重点问题。本书将结合国内外最新的研究成果和实践经验，重点关注土地流转对农户增收的影响机制、土地流转与乡村产业发展的协同效应以及土地流转过程中的风险管理和制度建设等方面，旨在为深入理解和促进农村土地流转与乡村振兴的实践提供理论支撑与政策建议。

第二节　研究目的和意义

一、研究目的

本书旨在深入探讨农村土地流转与农户增收之间的关系，以及它们与乡村振兴战略的互动作用。具体来说，研究目的包括：一是揭示土地流转对农户增收的影响机制，通过系统性的分析和论证，揭示土地流转对农户增收的具体途径和作用机制，深入探讨土地流转对农业生产效率、产业结构调整、技术创新、市场开拓等方面的影响，从而为农户增收提供理论和实践基础。二是探讨土地流转与乡村产业发展的协同效应，研究土地流转与乡村产业发展之间的相互作用关系，分析土地流转对乡村产业结构、经济发展、农村就业等方面的影响，为实现农村产业升级和乡村振兴战略提供理论指导与政策建议。三是分析土地流转过程中的风险管理与制度建设，对土地流转过程中存在的问题和挑战进行深入剖析，重点关注土地权益保护、流转合同执行、纠纷解决机制等方面的制度建设和政策措施，以确保土地流转的有序进行和农民权益的保障。四是提出促进农村土地流转与乡村振兴的政策建议，结合研究成果和实践经验，提出针对性强、可操作性高的政策建议，旨在促进土地流转与乡村振兴的良性互动，实现农村经济的持续发展和农民生活水平的提升。通过对以上研究目的的深入探讨和论证，本书旨在为理论界和决策实践提供关于农村土地流转与乡村振兴的深入理解和系统指导，为推动中国农村经济的全面振兴和乡村治理体系的现代化建设提供理论支撑及政策建议。

二、研究意义

（一）理论意义

农村土地流转与农户增收的研究具有重要的理论意义，主要体现在以下几个方面。

（1）拓展土地经济理论框架。通过深入研究农村土地流转与农户增收之间的关系，可以为土地经济理论框架的拓展提供新的思路。传统土地经济理论多集中在土地利用、土地所有权等方面，而对于农村土地流转对农户经济收入的影响机制缺乏深入研究。本书将填补这一空白，为完善土地经济理论框架提供理论支持。

（2）深化农村发展理论认识。农村土地流转是农村改革发展的重要内容之一，其与农户增收的关系直接关系到农村发展的可持续性和稳定性。通过对农村土地流转与农户增收的研究，可以深化对于农村发展理论的认识，为制定科学合理的农村发展政策提供理论支持。

（3）丰富资源配置理论。土地是农村最重要的生产要素之一，其流转对于农村资源的合理配置和高效利用至关重要。本书将从资源配置的角度出发，探讨农村土地流转与农户增收的关系，丰富资源配置理论，为农村资源的有效利用提供理论指导。

（4）促进乡村振兴理论的发展。乡村振兴是当前中国面临的重大战略任务之一，而农村土地流转作为乡村振兴的重要支撑，其与农户增收的关系直接关系到乡村振兴战略的实施效果。本书将从农村土地流转与农户增收的角度出发，为乡村振兴理论的深入发展提供理论支持和政策建议。

（二）现实意义

农村土地流转与农户增收的研究具有重要的现实意义，主要体现在以下几个方面。

（1）促进农村经济发展。农户增收是农村经济发展的重要动力之一，而农村土地流转作为农村经济转型升级的重要抓手，其与农户增收的关系直接关系到农村经济发展的速度和质量。通过深入研究农村土地流转与农户增收的关系，可以为促进农村经济发展提供科学合理的政策建议。

（2）提高农民生活水平。农村土地流转与农户增收的关系直接关系到农民的生活水平和幸福感。通过促进农村土地流转，提高农民的经济收入，可以有效改善农民的生活条件，提高其生活水平和幸福感。

（3）促进农村社会稳定。农村土地流转与农户增收的关系直接关系到农村社会的稳定。农户增收可以有效缩小农村收入差距，增强农民的获得感和幸福感，从而促进农村社会的稳定。同时，合理有序的土地流转可以优化土地利用结构，提高农村资源的利用效率，增加农民的收入来源，减少农村人口外流，为维护农村社会的稳定作出积极贡献。

（4）推动乡村振兴战略实施。乡村振兴战略是当前中国农村改革发展的重大战略举措，而农村土地流转与农户增收的研究对于乡村振兴战略的实施具有重要的指导意义。通过深入研究农村土地流转与农户增收的关系，可以为乡村振兴战略的实施提供理论支持和政策建议，推动乡村振兴战略取得更好的成效。

（5）促进农村治理现代化。农村土地流转与农户增收的研究也涉及农村治理体系的现代化建设。通过完善土地流转制度、加强土地权益保护、规范流转行为、构建健全的纠纷解决机制，可以有效推动农村治理体系的现代化建设，提高农村治理效能，保障农民的合法权益，维护农村社会的稳定和和谐。

第三节　国内外研究综述

一、国外研究综述

国家不同则国情存在差异性，国外大多数国家主要以土地私有制为主，土地归个人所有和支配，同时土地还可以作为生产要素直接进入市场进行买卖、抵押等交易。因此，国外农村的土地研究主要集中在土地产权制度、土地交易状况以及影响土地流转因素等方面。

（一）土地产权制度

土地流转过程中会产生交易费用，交易费用的高低会在一定程度上阻碍土地流转的进程。而土地产权制度与土地流转的交易成本有关，当土地产权制度相对稳定时，土地流转的交易成本就会降低，由于市场本身就有调节作用，进而有利于实现市场资源的有效配置，达到帕累托最优（Arrow，1969）。鲁登（Ruden，1999）对农村土地问题进行研究时发现生产方式和家庭对土地的所有权产生重要影响，此外在农村土地产权方面的安全性还会受到资金短缺等其他方面的威胁。杜克（Duke，2004）以斯洛伐克为调研地，从土地私有化角度出发，对价格抑制的三种解释进行了评估，包括需求收缩、供应扩张和交易成本；此外，还发现土地私有化、严重的土地细碎化、土地产权不清晰以及因土地产权问题导致土地交易费用偏高等因素制约着土地交易。霍顿等（Holden et al.，2011）评估了 20 世纪 90 年代后期在埃塞俄比亚实施的低成本土地登记和受限产权认证方法对土地租赁市场分配效率的影响，实证研究发现土地确权加速了农户的土地流转，且女性转出土地的意愿高于男性。凯瑟琳·布恩（Catherine Boone，2013）以位于撒哈拉南部地区的国家为研究对象，对该地土地产权方面的影响展开深入研究，研究发现土地产权制度的政治影响不仅体现在土地冲突方面，而且还体现在该地区的民族和种族等方面。

（二）土地交易状况研究

艾伦（Allen，1992）在现代农业合同选择方面进行研究，通过实证分析发现西方农业的土地流转交易费用不仅包括土地交易方式不当带来的损失，同时还包括农业合同签署不当所带来的成本消耗。

德宁格（Deininger，2005）开发了一个具有代理人的土地租赁模型，该模型的核心特征是考虑了农户在能力和非农业劳动力市场中存在的不可观测异质性。这一模型的创新之处在于，它能够更准确地捕捉到农户在土地租赁市场中的行为差异，从而为理解和分析土地流转提供了新的视角。在这种情况下，分散的土地租赁方式可能有助于实现公平和效率的目标，并且与行政重新分配相比可能还具有若干优势。

范戴克（Van Dijk，2003）指出中欧国家的农业用地非常分散，这种情况阻碍了私人商业农业的出现，本书的研究目的是阐述碎片化的发展对土地交易发展的影响，同时它还为土地所有权的发展提供了一个分析框架。一方面，土地所有权分配的发展或多或少受初始情况、人口统计和消费者行为的影响；另一方面，还有相当不确定的影响因素特别是还受农业政策和经济财富水平的影响。雷娜塔·马克斯·比尔斯卡（Renata Marks-Bielska，2013）展示了波兰农业用地市场的现状，并就市场变化提供观点，实证结果表明私人和家庭农场所有权在波兰占主导地位，土地常因继承而获得，其中农户对土地的态度和管理水平是影响农地市场形成的主要因素。易卜拉欣·侯赛因·科比（Ibrahim Hussain Kobe，2018）审查了尼日利亚农村土地交易市场的模式和现状，研究发现相对于直接出售的交易模式，租赁、质押和公共农地等几种土地交易模式市场化程度相对较低，这意味着人为制定土地交易价格直接影响着土地交易市场化的进程。

（三）土地流转影响因素研究

杰克（Jack，1992）认为要保证农村土地流转有序并且稳定地进行，流转中介较高的工作效率、金融信贷方面的支持度以及土地流转制度体系的完善性等都发挥了重大的作用。德宁格和费多尔（Deininger and Feder，1998）提出土地规模经济、劳动力成本的大小、农户资产组合、农村金融市场的完善程度和交易费用的高低等是影响农村土地流转的主要因素。乔舒亚（Joshua，2004）认为土地对于失业的农民具有很强的吸引力，当土地面临私有化改革时，政府和中介的低效率以及高昂的交易费用使得土地交易进程受到阻碍，这在一定程度上影响了农村土地的流转状况。勒曼和莎盖达（Lerman and Shagaida，2007）通过调查研究发现，俄罗斯农业用地已基本私有化，个人土地所有者对该国大部分农业土地拥有合法权利，而土地交易费用过高则影响了农村土地流转的进程。巴拉特和托比约恩（Bharat and Torbjorn，2013）认为影响农村土地流转的因素中家庭因素很重要，家庭中从事非农产业的劳动力越多，农户越希望租出土地；家庭农业劳动力水平越高，农户租入土地的意愿越强烈。澳大利亚联邦曾多次呼吁制定国家土地使用政策，但均未成功，而涉及多重和顺序土地使用的战略是最接近成功的一次，尤其是随着人口增长和气候变化的影响日益恶化，对土地使用造成的压力等因素进一步影响了土地流转（J J Walcott，2019）。有学者调查了农场夫妇外出工作参与的决定因素，其通过使用多项式模型并对农场外工作变量的内生性问题加以控制，估计了农场夫妇联合农场外工作决策对土地转让选择的影响，实证结果表明农场夫妇的非农场工作决策在刺激农村土地租赁市场发展方面发挥了重要作用（Zhou et al.，2020）。

二、国内研究综述

我国实行土地社会主义公有制，土地属于国家或集体所有，因此在影响农户土地流转的因素上与国外存在差异。目前，国内很多学者关于土地流转的研究主要从现状、问题及影响因素等层面展开，结合本书的研究主题，国内研究综述方面选取农村土地流转现状、流转影响因素展开论述。

（一）农村土地流转的现状

从国际上其他国家的土地流转发展经验来看，即使在私有制体系下，土地流转也并非完全自由，仍然具有一定政治约束，并且国家对土地流转拥有着实际的管控权力。但相对而言，其他国家的土地流转体系建立较早，在市场条件、内外部环境等层面更为成熟，为中国农村土地流转的制度改进与规划体系建立提供了良好的经验借鉴。其中，日本以《土地法》《土地利用增进法》《农业基本法》为土地制度基础文件，鼓励土地转让和集中规模经营（郭红东，2003）。美国以家庭农场为基础经营单位，从 20 世纪 60 年代就已开始关注土地流转问题，采用价格补贴、利息调节、信贷支持以及政策引导等一系列手段推动土地流转与家庭经营规模扩大化（范怀超，2010）。俄罗斯不断加强对农村土地问题的重视，从国内实际出发制定了土地自由买卖制度，并通过制定出台《俄联邦土地法典》《农用土地流通法》来规范土地买卖行为、盘活土地资源以及推动农地流转（张术环，2006）。

与许多国家私有制框架下的土地流转行为模式不同，在中国以公有制经济为主体的制度背景下，农村土地归集体所有，不可私自买卖。正因如此，农村土地经营使用权的流转问题逐渐成为众多学者的研究焦点。改革开放以来，尽管中国经历了家庭联产承包责任制、《中华人民共和国农村土地承包法》以及《农村土地承包经营权流转管理办法》、"三权分置"的洗礼，但是国内的土地流转尚处于探索发展阶段，并且一直以来土地流转的进程中也还存在诸如土地产权纠纷、经营分散化、资金缺乏、新型农业经营主体欠缺、农业社会化服务不到位以及政策制度体系不完善等一系列阻碍因素（黄英，2015；洪炜杰等，2021；徐忠，2021；刘洋等，2022）。

　　除了以上对农村土地流转现状的特征事实层面的研究之外，现有研究还基于其他具体层面对农村土地流转现状及存在的问题进行了探讨。具体而言，从土地流转的微观制度创新层面考虑，有学者基于四川省安岳县调研数据研究发现，国家虽然在宏观层面提出了"三权分置"等政策对我国土地产权界定与土地流转决策进行了引导，但在实际过程中还存在土地利用效率低下、农户权益难以保证以及流转行为不够规范等一系列问题。因此，各个地方政策制定主体还需要科学构建土地流转过程中的信用评价与监督体系，以通过实现微观制度的创新来规范土地流转市场（路征等，2017）。从土地流转交易机制层面考虑，由于土地流转过程中的部分监管力度不足，制度法规缺乏执行力，土地流转交易机制在实际的落地过程中存在许多弊端（张溪，2021）。从土地流转的价格层面考虑，我国农地流转过程中还存在流转价格过低、实际价格远低于理论价格、流转价格十分随意以及流转价格区域差异明显等一系列问题（高宇等，2017）。而从农业环境层面考虑，土地流转虽然通过促进固定资产流动来促使农业经营主体实现了利益最大化的目标，但是土地流转过程中的土地利用方式、利用行为还需结合法律规范来对环境问题进行约束，以实现农业经济增长和环境改进双重目标（王玲等，2021）。另外，土地流转进程中农户退休方案制定问题值得关注，如果不制定合理退休方案来保障农户流转出土地后的养老收入水平与生活水平，那么农户退出土地经营使用权的比例将会受到影响，从而不利于土地流转（郎大鹏，2016；薛惠元等，2020）。

（二）农村土地流转影响因素研究

　　现有文献表明，农户土地流转意愿受各种综合因素的影响，如家庭禀赋（年龄、文化程度、职业、家庭收入等）、产业禀赋（产业类型、经济状况等）、外部环境（文化、政策、金融、城镇化发展等）、农户认知角度等。

　　具体而言，在家庭禀赋方面，根据2016年7~9月河北省贫困山区县的调研数据研究发现，性别对土地流转意愿不具有统计意义上的显著影响，农户对土地流转租金的期望、对土地归属的认识、对土地确权内容的认识均对土地流转意愿产生正向影响，年龄、文化程度、家庭总收入和农户对土地流转租期的期望对土地流转意愿具有负向影响（户艳领等，2018）。李振杰和韩杰（2019）同样采用逻辑（Logistic）回归模型分析影响农地流转意愿的影响因素，结果显示，年龄、学历、家庭非农人口数、家庭收入、参与农村巾帼创业工程项目、流转途径、电商销售等均对农地流转产生影响。许连君（2020）从行为经济学角度确定农户自身状况、土地流转环境、土地流转预期收益三个方面对农户土地流转意愿的影响，同时还利用 Logistic 回归模型进行实证研究，结果表明，农户的性别、年龄、就业现状、家庭年收入、土地流转的预期合理租金，以及土地流转方式等因素对农户土地流转意愿有显著影响。王海滋等（2019）对山东省 549 户农户的土地流转意愿和行为展开调查，通过构建意愿模型并利用 Logistic 回归模型进行实证分析，结果发现行为态度中土地流转的成本和土地的养老问题对土地流转意愿产生主要影响，主观规范对意愿的形成主要受周围流转人的影响，感知行为控制对意愿的影响主要集中在基层政府的态度、流转信息的获取及农户自身的特征等方面。王海滋等（2019）利用结构方程模型（SEM）对农户耕地流转意愿进行实证分析发现，主观态度对耕地转入意愿具有显著负向影响且对耕地转出意愿有显著正向影响。郑军和王真（2022）在乡村振兴视角下探究商业养老保险对土地流转影响的研究发现：商业养老保险可通过提高家庭养老保障水平的方式影响家庭参与土地流转的意愿，还可通过增加转移收入的方式影响土地流转的规模。李昊等（2017）运用 Meta 分析法对农户土地流转意愿进行研究发现：文化程度、家庭收入、土地流转规范性、非农生计能力和养老保障对农户土地流转意愿具有显著正向影响，此外，东部地区农户家庭非农收入对土地流转意愿具有正向影响且显著，而中、西部地区对其影响不显著。阿布都热合曼·阿布迪克然木等（2020）从农户产权认知视角出发，在理论与实证层面检验了农地产权完整性和安全性对农户参与农地流转市场的影响，结果表明，产权完整性和安全性主要通过交易成本减少效应和增值保障效应影响农地流转决策。阮海波（2022）从社会交往角度出发，采用最优尺度回归模型得出社会交往成本、交往对象、交往范围和交往感知均对土地流转产生显著正向影响。

在产业禀赋方面，公茂刚等（2019）在"三权分置"背景下了解到农村劳动力转移及劳动力年龄结构、土地产权制度、土地流转市场及农村社会保障制度、农户的土地供求意愿等成为我国土地流转的主要影响因素。同时，苗海民和朱俊峰（2021）基于新家庭经济学相关理论，构建了中国农村家庭半工半耕生产模式下的土地流转微观理论框架，研究发现农村劳动力非农就业依然是土地流转的基本动力，而农村家庭非农就业结构对土地流转的抑制作用更大。王佳月等（2018）利用因子分析方法对影响土地流转的因素进行了归纳和提取，结果表明，土地资源禀赋、经济发展水平、流转交易成本、地权稳定程度等已成为影响土地流转发展的主要因素。此外，王亚辉等（2018）采用 Heckman 两阶段模型识别土地流转区域差异的影响因素，研究表明，土地质量、地理区位、交易费用、家庭及村庄特征等对土地流转的区域差异具有显著影响；土地质量和地理区位在平原地区的边际效应较大，但在丘陵和山区，交易成本已成为影响土地流转的重要因素。

在外部环境方面，农地产权制度是农村土地进行有效流转的制度前提，不健全的土地产权制度会导致土地流转的进程严重受阻，不利于农业进步（刘荣材，2010）。而且，即使在土地产权明晰的条件下，考虑到在农村地区的农户群体长期以农为业、以地为生的生存状态维持已久，所以，农户往往存在"恋地"与"惜地"情感依赖，这种情感归属和农民内心常存的"落叶归根"的地缘情怀是推动农地流转的重要阻力之一（钟文晶等，2013）。金融服务及其可得性也是影响土地流转的重要因素。一方面，金融素养与金融知识对于农民是否流转土地以及流转土地的规模均存在正向促进作用，而且从农地流转的结构差异考虑，相较于金融知识对农户转出土地的促进作用，金融知识对农户转入土地的促进作用更为明显；另外，金融素养可以通过促进农村劳动力非农创业与改善农户风险偏好来间接促进农地流转（苏岚岚等，2018；朱建军等，2020）。另一方面，金融服务的可得性可以显著提高农户流转土地的概率，并且还可以通过促进土地转入和土地转出两条路径来提高农户收入水平（谭燕芝等，2021）。总体而言，农村土地流转金融支持绩效的改进与农户收入水平的提高可以有效推动农村土地流转的进程（黄振香等，2019）。通过对数字普惠金融的数据展开分析，得出其对农村土地流转的影响：一方面，数字普惠金融对土地流转产生正向影响，同时会因流转方向、主体、维度等不同存在显著差异；另一方面，数字普惠金融可以通过缓解信息不对称、提升农户金融素养等途径，来带动农户参与土地流转。在城镇化进程、农村劳动力非农转移对土地流转的影响层面（张永奇，2022），城镇化进程的推进需要劳动力和土地这两个基本面的有效配置（宋宜农，

2017），一方面，土地是城镇化发展和扩张的基本场所依托，而"农村用地闲置"与"城市用地紧张"并存的实际情况恰好达成了城乡之间用地置换的关联运行机制，所以从两者之间的土地供需关系来看，城镇化发展有助于推动土地流转进程；另一方面，劳动力是城镇化发展的基础条件，城镇化发展促使产业结构演化，带动城镇地区工业、制造业以及服务业等非农行业的繁荣，为广大低收入农户群体提供了更多的就业岗位，从而带动农村富余劳动力不断流向城镇地区并进行非农工作，这个过程有助于放活土地经营使用权，推动土地流转的进程（范德成等，2011；张洪潮等，2016）。在农业社会化服务对土地流转的影响层面，随着农业综合技术水平的提升，农机等农业社会化服务越发普遍。但是国内很多农村土地经营方式较为分散零碎，而土地的细碎化不利于农业社会化服务的开展。这种情况不仅直接增加了农户选择农机社会化服务的搜寻成本和价格谈判成本，而且在此过程中，农业社会化服务方和农户方之间还存在信息不对称和监督困难等实际问题（马九杰等，2019）。因此，面临农业社会化服务的可获得性困境，部分农户会倾向于选择转入土地等方式扩大土地经营规模，以减少搜寻和谈判成本。最终，农业社会化服务与土地流转共同形成发展态势（钟真等，2020），从而更有效地获得"相得益彰"的共赢。宋书山和张永奇（2021）基于 CFPS2018 年微观数据，结合区域层面的宏观数据研究发现，家庭老人照料的广度和深度均对中年农户土地流转具有显著的负面作用，此外，可通过成立"国家土地银行"、缩减"地域歧视"等政策减轻家庭负担，促进土地流转。

（三）农户收入影响因素分析

现有文献研究影响农户收入的成果丰富，概括起来主要从人力资本、物质资本和社会资本三个方面展开研究。

农户收入的提高是我国农村发展的核心目标之一，而人力资本作为影响农户收入的关键因素，其在农业经济中的作用日益受到重视。人力资本不仅包括农户的知识和技能，还涵盖了文化水平、健康状况和接受的培训等多个方面。本章将从受教育水平、健康状况和技能培训三个维度，深入分析农户人力资本对其收入的影响。

首先，受教育水平对农户的人力资本具有深远影响，它不仅关系到农户个人的发展，更是推动农业现代化和提升农民收入的关键因素（赵为民，

2018；赵智勇等，2019；阚大学和吕连菊，2020；武焱和马跃进，2021；彭影，2022；岳华等，2024）。在当代农业发展中，教育的作用日益凸显，它为农户提供了必要的知识和技能，使他们能够适应不断变化的农业环境和市场需求。例如，孟盟和于冷（2024）、孙彬等（2024）、杨安慧等（2024）研究认为，教育能够提升农户对新技术的接受能力和应用效率。在现代农业生产中，新技术的运用已经成为提高生产效率和产品质量的重要手段。受过良好教育的农户更容易理解并掌握这些技术，如智能农业设备的操作、新型种植技术的应用等，从而在农业生产中占据优势。这种技术优势不仅提高了农产品的市场竞争力，也为农户带来了更高的经济收益。教育有助于农户更好地理解市场规律和营销策略。受过教育的农户通常具备更强的市场分析能力，能够根据市场信息调整生产计划和销售策略，以满足消费者的需求（廖杉杉，2012；王荷和刘雨欣，2023）。这种市场导向的生产方式有助于农户减少库存风险，提高产品的市场响应速度，从而增加收入。

同时，教育还能提高农户的风险管理能力（胡轶歆，2023）。农业生产面临诸多不确定性，如天气变化、病虫害等自然风险，以及市场价格波动等市场风险。受过教育的农户更可能通过学习相关知识，采取有效的风险管理措施，如购买农业保险、多元化种植结构等，以降低生产风险，保障收入稳定。此外，教育还能促进农户创新意识和创业能力的提升（祝振兵等，2023；李月和刘义兵，2023；朱胜晖，2024）。受过较高教育的农户更可能具备创新思维，愿意尝试新的生产方式和管理方法，甚至开展与农业相关的创业活动。这种创新和创业精神是推动农业发展和农民增收的重要动力。

其次，健康状况是农户人力资本的另外一个关键组成部分，它对农户的劳动能力和生产效率有着直接的影响（李会等，2019；苏钟萍和张应良，2021）。一个健康的农户能够持续地投入农业生产中，维持和提高农田的耕作水平，而健康问题往往会导致劳动能力的下降，从而影响到农作物的种植、收割和销售等各个环节。因此，健康状况不仅关乎农户的生活质量，也直接关系到其经济收入。在农业生产中，诸艳霞等（2022）研究认为，体力劳动占据了很大一部分，因此农户的体力和精力对农业生产效率至关重要。健康状况不佳的农户可能无法承受高强度的农业劳动，这不仅会影响农作物的种植和收割，还可能导致其错过最佳的种植和收割时期，从而影响农产品的产量和质量。此外，健康问题还可能导致农户不得不减少工作时间，甚至完全放弃农业生产（黄毅祥等，2023），这无疑会对其收入产生负面影响。

为了提高农户的健康水平，政府和社会组织可以采取多种措施。第一，提供基本的医疗服务是保障农户健康的基础。通过建立农村医疗点，提供定期的健康检查和疾病预防服务，可以及时发现和治疗农户的疾病，减少因健康问题导致的劳动能力损失。第二，健康教育对于提高农户的健康意识和自我保健能力非常重要。通过开展健康教育活动，教授农户如何预防常见疾病、如何进行合理的饮食和锻炼，可以有效提高农户的健康水平。第三，提供清洁的饮水和良好的卫生设施也是改善农户健康状况的重要措施。清洁的饮水可以预防水源性疾病，而良好的卫生设施则有助于改善农户的生活环境，减少疾病的传播。

最后，技能培训对于提升农户的人力资本至关重要，它直接关联到农户的生产技能和经营能力，是促进农业现代化和提高农民收入的重要手段。通过系统的技能培训，农户可以掌握最新的农业科技知识，如智能农业、节水灌溉、生物防治等先进技术，这些技术的应用不仅能够提升农作物的产量和品质，还能降低生产成本，提高土地利用率，从而直接增加农户的经济收益。

技能培训还能帮助农户更好地理解市场规律，提高其市场分析和预测能力（张晓莉和邢大伟，2014）。在市场导向的农业生产中，农户可以根据市场需求调整种植结构和生产计划，通过生产适销对路的产品来提高市场份额。此外，项质略等（2020）分析认为，技能培训还能增强农户的创新意识和创业能力，鼓励他们开发新的农产品，探索新的销售渠道，如电子商务等，从而拓宽收入来源。因此，为了确保技能培训的有效性，政府和农业推广机构应根据农户的实际需求和农业发展的趋势，设计和实施多样化、实用性强的培训项目。这些项目应涵盖从基础种植技术到高级管理技能的各个层面，以满足不同层次农户的需求。同时，培训方式也应灵活多样，如现场示范、在线课程、工作坊等，以提高农户的参与度和培训效果。另外，姚林香和张维刚（2017）、赵路（2024）研究表明，技能培训还应与农村地区的产业发展相结合，通过培训促使农户参与到当地特色产业的发展中，如特色农产品种植、乡村旅游等，这不仅能够提升农户的专业技能，还能促进农村经济的多元化发展，增加农户的就业机会和收入来源。

在物质资本方面，农户的物质资本投入对农业生产效率和农户收入具有重要影响（张垚和淮建军，2022）。物质资本主要包括农业机械、灌溉设施、仓储设备等，这些资本的投入能够显著提高农业生产的现代化水平，增强抗风险能力，提升农产品的产量和质量，从而直接影响农户的经济收入。

首先，农业机械化是提高农业生产效率的关键。现代农机具的使用能够减轻农户的劳动强度，提高耕作速度和种植效率，使得农户能够在同样的时间内种植更多的作物或管理更大面积的土地。此外，机械化作业还能提高作物种植的精准度，减少对种子和化肥的浪费，提升土地的产出率。根据相关研究，农业机械化水平的提升能够有效增加农户的经营性收入（王水连和辛贤，2016；罗千峰和王可山，2024）。

其次，灌溉设施的建设和改善对于保障农作物的稳定生长至关重要。良好的灌溉系统能够在干旱季节保证农作物的水分供应，减少因天气波动带来的产量损失。同时，高效的灌溉技术还能节约水资源，降低农业生产成本，提高农产品的市场竞争力。研究表明，有效的灌溉设施能够显著提高农作物的单产，增加农户的收入（周利平，2014）。

最后，随着信息技术的发展，信息化物质资本如互联网设施和智能设备在农村地区的普及，为农户提供了新的生产和管理工具。通过这些工具，农户可以实时监控作物生长情况，精准施用化肥和农药，提高资源利用效率。同时，信息化工具还能帮助农户更好地了解市场信息，优化销售策略，提高农产品的市场竞争力（朱秋博等，2022；王汉杰，2024）。

综上所述，物质资本的投入对于提升农户的生产能力和经济收入具有重要作用。政府和相关部门应继续加大对农村物质资本投入的支持，推动农业机械化、灌溉现代化和信息化，提高农业生产效率，促进农户收入的持续增长。

在社会资本方面，农户的社会资本对其收入的影响同样不容忽视（史恒通等，2022；杨萌萌等，2022；华静和潘嗣同，2024）。社会资本指的是农户通过社会网络、社会参与和社会信任等社会联系所形成的关系网络与互惠机制，这些社会联系能够为农户提供信息、资源和支持，从而影响其经济行为和收入水平。

首先，社会网络是农户获取信息和资源的重要渠道。农户通过亲朋好友、邻里关系、合作社成员等社会联系，能够及时了解市场动态、新技术和新政策，这些信息对于农户调整生产结构、提高生产效率具有重要作用。例如，朱述斌等（2022）分析认为，通过社会网络，农户可以获取到优质的种子信息、有效的病虫害防治方法，以及农产品的市场价格，从而作出更合理的生产和销售决策。

其次，社会参与为农户提供了学习和交流的平台。通过参与社区活动、合作社组织、专业协会等，农户不仅可以学习到先进的农业技术，还能与其他农户分享经验、交流心得，从而提高自身的农业生产技能和管理水平（李庆海和徐闻怡，2021；陈义媛，2023；梁海兵和姚仁福，2023）。此外，社会参与还能增强农户之间的合作意识，促进集体行动，共同应对农业生产中的风险和挑战（郭露和刘梨进，2022）。

最后，社会信任是农户进行经济交易的基础。在缺乏正式法律保护的农村地区，社会信任能够有效降低交易成本，促进经济活动的开展。农户之间的相互信任能够促进信贷资源的流动，农户可以通过社会关系获得种子、化肥等生产资料的赊账，或者在资金紧张时获得邻里的借款支持，这些对于缓解农户的资金压力、保障农业生产具有重要意义（杨柳和朱玉春，2016；孙伯驰和曹景林，2020）。

此外，社会资本还能帮助农户拓展市场渠道，提高农产品的销售能力。通过社会网络，农户可以将自己的农产品推荐给更广泛的客户群体，甚至进入更高端的市场。例如，唐立强和周静（2018）研究认为，通过参加农产品展销会、利用电商平台等，农户可以将自己的产品直接销售给消费者或其他商家，从而获得更高的利润。

然而，社会资本的分布往往不均，一些农户由于地理位置偏远、社会参与度低等因素，其社会资本相对较少，这限制了他们获取信息和资源的能力，影响了他们的收入水平。因此，政府和相关机构应采取措施，帮助这些农户建立和扩展社会资本。例如，可以通过建立信息服务平台，提供市场信息和技术支持；通过组织培训和交流活动，提高农户的社会参与度；通过推动合作社和专业协会的建设，增强农户之间的合作和互助。

第四节　研究方法和内容

一、研究方法

（一）文献研究法

本书可通过文献计量法，对知网（CNKI）数据库、万方数据库、维普数据库以及 Web of Science 等数据库收录的文献进行检索、收集与整理，并利用 CiteSpace、COOC 和 VOSviewer 等软件进行多数据库的文献计量分析，系统地分析农村土地流转与农户收入的研究现状，为分析框架的构建提供基础。在此基础上，运用重要文献研究法，通过查阅相关文献分析研究所聚焦的问题，梳理重要文献对所研究问题的价值，查找重要文献所存在的不足，从而找到需要努力的方向，为创新性探索寻求灵感和思路。

（二）定性分析法

本书在研究时，需要进行大量的定性分析，可以运用归纳和演绎、分析与综合以及抽象与概括等方法，对本书的研究对象进行深入的描述和刻画。

（三）问卷调查法

在理论研究基础之上，本书参考国内外与农村土地流转和农户增收相关的成熟调研问卷并咨询专家意见，然后对调研问卷进行修改，形成正式的调研问卷，通过实地调研发放调查问卷。

（四）理论分析与实证分析相结合的分析法

本书通过系统阅读整理与农村土地、农村土地流转以及农户收入等相关的文献资料，把握目前国内外理论研究的进展与前沿问题，借鉴专家学者现有的研究成果，提出所要研究的问题。通过对回收问卷样本数量的整理，先进行数据描述性统计分析，然后利用 STATA 统计软件进行模型实证分析，验证之前相关研究假设，分析影响农地流转和农户收入的因素。

二、研究内容

第一章为绪论。本章对本书研究进行框架构造与总体描述，以研究背景为出发点，结合国内外专家学者的研究，提出所要研究的问题，最后介绍本书的创新点。

第二章为理论基础。本章先对书中所涉及的概念进行阐述，然后论述了一些基础理论，为研究农村土地流转与农户增收问题打下了坚实的理论基础。

第三章为政策环境分析。政策环境分析部分分析了中国农村土地政策变化过程。通过梳理农村土地政策内容，为本书研究奠定了基础。本章具体介绍了中国农村土地制度改革的历程、各阶段政策的主要内容以及对农村经济的影响。特别是要关注近年来乡村振兴战略的实施情况，以及政府在土地流转、农村电商等领域的政策倾向和支持力度的变化。

第四章为地方案例研究：临沂市农户农地转出意愿。本章以山东省临沂市为例，通过查阅相关文献资料和实地调研发现临沂市农村土地流转呈现承载主体多样化、流转模式不断创新的情况，同时分析了该地区在土地流转过程中出现的土地流转效率低、流转行为不规范等问题，并针对性地提出加大政策宣传力度、加强土地流转规范引导、构建土地流转配套机制、继续完善社会保障制度等对策建议。

第五章为地域多样性研究：农户土地流转意愿分析。本章选取吉林、山东、湖北、福建、广东作为样本地区进行调研，分析比较影响农地流转意愿的因素，进一步利用 Logistic 回归模型进行分析。实证结果显示，年龄、受教育程度、职业、家庭成员数量、家庭非农业人口数量、家庭农场的成立、家庭收入、参与农村巾帼创业工程项目、农业种植类型、非农业种植类型、流转途径、电商销售均对农地流转产生影响。同时分析了政策对农地流转的影响。

第六章为农村电商与农户收入关系研究。本章基于山东省东营市农户调查数据，采用倾向得分匹配方法（PSM），分析农村电商对农户收入的影响，探讨发展农村电商对农户收入的增长效应和分配效应。结果表明，农村电商的发展提高了农户参与电商的积极性，降低了农产品流通成本，对增加农户收入具有显著正向作用。一方面，对传统农业地区农户而言，发展电商基础设施、成立家庭农场和农产品品牌对农户收入具有显著影响，对于工业经济发达地区农户影响较小；另一方面，农村电商基础设施建设、农产品品牌建设对于参与电商的高收入群体的增收有益，政府资助对于参与电商农户的增收效果较显著。鉴于此，为增加农户收入，应大力发展农村电商基础设施建设，扩大农业规模经营，树立农产品品牌意识，同时政府应增加财政专项电商扶持经费投入。

第七章为风险规避对果农电商采纳行为的影响研究。本章基于江西省511 户果农实地调研数据，运用实验经济学方法测度果农风险规避程度，运用 Heckman 模型控制了样本选择偏误后，实证分析了风险规避、政府扶持对果农线上销售行为选择以及采纳程度，并引入交互项检验政府扶持对风险规避的调节作用。研究结果表明：（1）风险规避对果农线上销售行为选择与采纳程度具有负向影响，行为选择与采纳程度效应分别为 − 13.2% 和 − 2.7%；（2）政府扶持对果农线上销售行为与采纳程度均有显著正向作用，经营补贴对线上销售行为选择与采纳程度效应分别为 54.5% 和 36.1%，税费优惠对线上销售行为选择与采纳程度效应分别为94%和32.5%，技术培训对线上销售行为选择与采纳程度效应分别为78.5%和28.5%；（3）从政府扶持和风险规避的交互项来看，政府扶持能降低风险规避对果农线上销售行为选择与采纳程度的抑制作用，其效应分别为102.8%和106.2%。因此，加大政府税费优惠和经营补贴力度，完善农业保险，培育新型农业经营主体，重点加强果农线上操作技术培训具有重要意义。

第八章为农户电商销售意愿与行为的悖离研究——以樱桃农户为例。本章基于对福山樱桃产区的调研数据，运用二元 Logistic 模型和解释结构模型（ISM）从农户个体特征、行为态度、主观规范、感知行为控制、家庭资源禀赋以及外部情景因素六个方面对樱桃农户电商销售意愿与行为悖离的影响因素进行研究分析，探索樱桃农户电商销售的内在行动逻辑，为切实推动樱桃农户电商销售意愿向实际行为转化提供思路。

第九章为农民专业合作社营销策略研究——以青州蜜桃合作社为例。本章立足于青州市蜜桃农民专业合作社的发展具体情况，运用问卷调查法、实地访谈法结合层次分析法对青州市蜜桃合作社进行数据分析和整理，构建了营销策略完成度的评价指标体系，重点从合作社的产品策略、价格策略、渠道策略和促销策略对合作社的营销能力作出评价，从而得出营销策略影响因素的权重，找出营销策略运用中的问题，并根据问题提出优化建议。

第十章为农村土地流转与农户增收关系研究。本章以农村土地流转与农民增收的内在关联为研究方向，基于通过对山东、湖南、重庆三地210个自然村共计584位农户调研获得的第一手调研数据，运用倾向得分匹配方法，分析了影响农户参与土地流转的因素，研究结果表明在进行流入土地的农户中，增强社会关系治理、参与合作社经营、发展电商、增加农业投入、政府扶持均有助于提高流入土地农户的实际农业收入。而针对未参与土地流转或流出土地农户，农户的企业家能力、发展电商与其农业收入正相关。

第十一章为结论与展望。本章概括、提炼、凝练本书主要结论，并提出未来研究方向。

第五节　创新之处

本书在研究农村土地流转与农户增收问题上具有以下创新点。

（1）多维度研究框架构造：本书在研究农村土地流转与农户增收问

时，构建了一个多维度的研究框架，包括理论基础、政策环境分析、地方案例性研究、地域多样性研究、农村电商与农户收入关系研究、风险规避对果农电商采纳行为的影响研究等多个方面。这种综合性的研究框架有助于全面深入地理解农村土地流转与农户增收的问题。

（2）理论与实证相结合：本书不仅在理论基础部分对农户行为理论进行了深入阐述，还通过具体的案例研究和实证分析，将理论与实证相结合，验证了理论在实践中的适用性，并从实证研究中得出了一些有益的启示和结论。

（3）深度剖析政策环境：在政策环境分析部分，本书对中国农村土地政策变化过程进行了深度剖析，尤其关注了乡村振兴战略的实施情况及其对土地流转与农户增收的影响。这种对政策环境的深入分析为后续研究提供了重要的政策支撑和借鉴。

（4）地方案例性研究的针对性建议：通过对具体地区（如山东省临沂市）的案例性研究，本书不仅揭示了该地区土地流转的现状和问题，还提出了具有针对性的政策建议和对策，如加大政策宣传力度、加强土地流转规范引导等，具有一定的针对性和实践指导意义。

（5）前瞻性展望：在结论与展望部分，本书对未来研究方向进行了前瞻性的展望，指出了农村土地流转与农户增收领域的研究重点和方向，为后续研究提供了有益的参考和启示。

第二章　理论基础

第一节　土地产权理论

马克思和恩格斯是较早深入系统研究土地流转的学者，其创立的绝对地租理论指出资本主义地租的本质是剩余价值的转化形式之一，是超过平均利润的超额利润，还揭示了土地价格的本质和土地价格的计算方式。马克思认为，土地的地租是由于使用者要用土地所有者的土地进行生产或建筑而支付给所有者的租金，这个租金应该超出土地平均利润的剩余价值。马克思按照土地地租产生的条件和原因，将土地的地租粗略地分为级差的地租、垄断的地租和绝对的地租。① 地租同时也是一个历史性的范畴，在封建社会、资本主义社会和社会主义社会等社会的不同形态下，具有不同形式的地租。资本主义社会的地租形式是货币地租，实质上是地主和资本家联合起来剥削工人。土地的所有权性质表明土地的生产关系，它将导致土地地租的性质、形式和内容出现差异。在社会主义制度下，根本不存在土地的私有和私人之间进行的租佃土地，而土地的地租也消失了。在当前的社会主义的农业中，仍然存在土地的优劣不同导致的土地经济收益的差异。在社会主义制度下，土地的收益分配反映的是国家、集体和个人在基本利益一致的条件下进行的分配。从某种意义上来说，这是国家调节社会的生产与分配平衡的经济杠杆。

马克思是在地租理论基础上，提出土地产权理论。马克思认为，可将土地视作一种特殊的生产要素。通过劳动，土地为人类提供永续的产品和服务，产生了地租，土地价格应运而生。马克思还指出，实际上，这个购买价格购

① 马克思恩格斯全集（第五十卷）［M］．北京：人民出版社，2023.

买的其实是土地的地租。由于土地的地租是土地的所有权，因此，实现土地的所有权就是占有土地的所有权。马克思曾经对土地的产权进行了定义，土地的产权包括占有权、使用权、转让权、出租权、收益权、处分权和终极所有权等诸多权利束，这些权利以终极的所有权利为核心。马克思认为土地的所有权是土地的所有制在法律上的体现，而财产权不单单是一种权利，它是一组权利束，是生产关系在法律上的表现。产权是主体的人对客体的财产的归属性，不仅仅为人与财产的关系，而是不同经济主体的人与人之间的关系。产权是在一定所有制下的市场主体的经济行为权利，所有制的性质决定产权的性质。产权在不同的历史条件下，其本身的内容和形式也在发生着变化，这归根到底是由社会生产力的发展变化所引起的。[①]

在土地流转方面，马克思认为土地流转实际上流转的是经济价值，而经济价值是市场经济的必然结果。在经济价值流转的过程中，最重要的是涉及生产和生活资料的分配。在生产资料中，土地是重要的生产资料，然而土地不是物体不能自由移动，但土地的权利是可以移动的。所以，在经济价值流转中，土地的权利是非常重要的。马克思认为土地产权实质上是一种法权关系，地租是土地所有权的经济表现形式。马克思认为土地产权市场配置的途径为出租、转租、买卖，同时，他认为土地产权的价格不像一般商品价格那样主要由价值决定并受供求关系的影响，而是主要由社会决定，由当时市场上土地产权供需状况决定。

土地产权理论是经济学中关于土地所有权和使用权安排的理论框架。它主要关注土地的所有权、使用权和转让权等方面的安排，以及这些安排对资源配置、经济效率和社会福利的影响。在不同的经济体系和社会背景下，土地产权理论的具体内容和分析方法会有所不同。但是，无论是在市场经济还是在计划经济体系下，土地产权理论都具有重要的研究意义和应用价值。

土地作为一种稀缺资源，在经济发展中发挥着至关重要的作用。土地产权理论的研究旨在探讨如何合理配置和有效利用土地资源，以实现经济增长、社会发展和环境保护的协调统一。土地产权理论的主要内容包括土地所有权、土地使用权和土地转让权等方面的安排，以及这些安排对资源配置、经济效率和社会福利的影响。

---

① 马克思恩格斯文集（第三卷）［M］. 北京：人民出版社，2009.

首先，土地所有权是指土地归属于谁的权利。在传统的封建社会和农业社会中，土地所有权通常由国家、贵族或地主等少数人掌握，农民只能通过承包或租赁等形式获取土地的使用权。而在现代市场经济体系中，土地所有权通常是私人所有或集体所有，土地可以通过买卖、租赁等方式进行交易和流转。土地所有权的明晰与否直接影响着土地资源的配置效率和经济发展的稳定性。

其次，土地使用权是指土地所有者或承包者对土地使用和收益的权利。在农村土地改革和城市土地制度改革中，土地使用权的明晰是一个重要的议题。合理的土地使用权安排可以激发农民的生产积极性，提高农业生产效率，促进农村经济的发展；而在城市土地使用中，土地使用权的明晰可以推动城镇化进程，吸引投资，促进经济增长。

最后，土地转让权是指土地所有者或承包者将土地使用权转让给他人的权利。土地转让权的安排直接影响着土地市场的发展和土地资源的流动性。在农村土地流转和城市土地市场中，土地转让权的安排通常包括土地流转、土地出租和土地出让等形式，这些形式的选择会影响土地市场的竞争性和有效性。

总的来说，土地产权理论是研究土地所有权、使用权和转让权等方面安排的理论框架，它关注土地资源的合理配置和有效利用，以及这些安排对资源配置、经济效率和社会福利的影响。在不同的经济体系和社会背景下，土地产权理论具有重要的研究意义和应用价值，可以为土地制度改革和经济发展提供重要的参考依据。

第二节　制度变迁理论

关于产权的理论主要是以科斯的相关研究为代表，后经众多专家学者在此基础之上进行补充和完善，科斯在《确定产权法》中提道："无论人们最初如何定义权利，只要将交易成本控制在较小范围内，就可以通过市场交易实现资源的最优配置。"科斯产权理论认为制度是人们进行一定行为的权利，也是一切经济活动存在的前提。

制度变迁理论在研究农村土地制度改革方面具有重要的理论价值和实践

意义。农村土地制度改革是中国改革开放以来的重要议题之一，也是制度变迁理论的一个重要应用领域。下面将结合制度变迁理论，详细阐述农村土地制度改革的相关内容。

首先，农村土地制度改革的起源和形成受到多种因素的影响。在改革开放初期，中国农村土地实行的是包产到户的责任制，这一制度安排限制了农民的生产积极性和经济发展空间。随着经济体制改革的深入推进，农村土地制度改革逐步展开，旨在解决土地流转难、农民收入低等问题，推动农业现代化和农民增收。

其次，农村土地制度改革的演变和变迁是一个复杂的历史过程。在改革开放初期，农村土地制度改革主要集中在农村责任制的调整和土地承包经营权的确权发包上。随着城镇化进程的加速和产业结构的调整，农村土地流转成为制度变迁的新方向。政府推出了一系列政策措施，鼓励土地流转和农村土地经营权的有序流转，促进农业适度规模经营，提高农民收入水平。

再次，农村土地制度改革的驱动力和机制主要包括内部因素与外部因素两个方面。内部因素包括农村经济结构、农民利益诉求、农村社会关系等，外部因素包括国家政策、市场需求、科技进步等。在农村土地制度改革的过程中，政府扮演着重要角色，通过出台政策措施和制度安排，引导和推动农村土地制度的改革与演变。

最后，农村土地制度改革对农村社会发展和经济增长产生了深远影响。一方面，农村土地制度改革促进了农村经济的发展和农民收入的提高，加快了农村产业结构的调整和农村现代化进程的推进。另一方面，农村土地制度改革也带来了一些新的问题和挑战，如土地流转中的权益保障、土地资源的合理利用、农民收入分配等问题，这都需要进一步研究和解决。

综上所述，制度变迁理论为我们深入理解农村土地制度改革的起源、演变、驱动力和影响提供了重要的理论框架与分析视角。通过深入研究和分析农村土地制度改革的实践经验和历史变迁，可以更好地指导和推动我国农村土地制度改革的顺利进行，促进农村社会发展和经济增长的可持续性。

第三节　解构计划行为理论

解构计划行为理论作为计划行为理论的成熟阶段，主要经历了以下发展阶段：初始阶段——理性行为理论（TRA）：该理论的源头可以追溯到菲什宾（Fishbein，1963）提出的多属性态度理论。后来阿吉赞和菲什宾（Ajzen and Fishbein，1975）从社会心理学角度出发，阐述了模型里的各个变量、含义及其内在逻辑关系，进而用来解释和预测人们的行为决策过程。阿吉赞（Ajzen，1985）认为 TRA 的假设前提是每个人都是理性的个体，个体的行为又受到行为意向的控制，个体在作出行为决策前会权衡利弊，最终选择最优方案；此外，行为态度与主观规范在信念和行为意向之间发挥间接的影响作用，而行为意向又会在实际生活中对个体的行为产生直接影响。菲兹莫里斯（Fitzmaurice，2005）的研究涉及体育运动行为研究领域，使该理论在社交媒体领域得以运用，由此可知该理论适用于不同的研究领域（谢新洲等，2022）。但是，部分学者通过实证研究表明该理论忽视了客观条件对个体行为意向的影响，致使其适用性受到制约且对行为的解释力、预测力均大大降低。具体模型如图 2 - 1 所示。

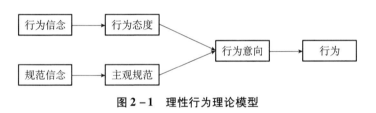

图 2 - 1 理性行为理论模型

此外，戴维斯（Davis，1989）在 TRA 模型的基础上提出技术接受模型（TAM）。该模型将行为态度分解为感知有用性和感知易用性，主要用于行为主体对信息技术的接受情况及使用行为的评估和验证。学者们将该理论运用到在线教学领域（覃红霞等，2020；李笔豪等，2022）；曾志超等（2022）在医疗领域验证了该理论的适用性；安倩男等（2022）对知识共享展开研究。以上的实证结果表明了该理论的广泛适用性。具体的结构关系如图 2 - 2 所示。

图 2 - 2 技术接受模型

发展阶段——计划行为理论（TPB）：为了进一步拓展理性行为理论的适用范围，兼顾客观环境等因素对个体行为的影响，阿吉赞（Ajzen，1991）正式提出了计划行为理论。其具体内容包括：一是行为态度、主观规范和感知行为控制共同决定行为意向并呈正相关关系；二是行为态度、主观规范和感知行为控制这三个变量通过行为意向不仅影响行为，而且还直接决定行为的发生；三是行为态度、主观规范、感知行为控制分别对应行为信念、规范信念和控制信念；四是感知行为控制直接对行为产生影响；五是从概念上来看虽然三个前因变量作为独立存在的个体，但是三者之间既彼此独立又两两相关（段文婷等，2008）。诺曼（Norman，1999）将该理论运用到戒烟行为、维贾亚萨拉蒂（Vijayasarathy，2002）的研究涉及消费者网络购物领域、汪小倩等（2022）将其运用到文化消费领域、张占录等（2021）基于该理论研究农户主观认知对土地流转行为的影响等。以上研究进一步验证了该理论的适用范围。具体模型如图2-3所示。

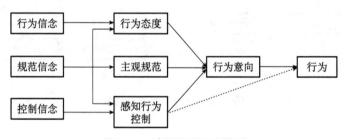

图2-3 计划行为理论模型

随着研究的不断深入，不少研究者通过实证研究发现，虽然理性行为理论和计划行为理论均在各领域广泛使用，但计划行为理论模型的解释度和适用性存在一定的局限性。吴和陈（Wu and Chen，2005）指出TPB中信念结构测量的潜变量在不同条件下的应用是有差别的，因此由这些信念构成的TPB模型很难具有普遍的适用性。为解决这一问题，泰勒和托德（Taylor and Todd，1995）提出了解构计划行为理论（decompose theory of planned behavior，DTPB）。该理论把计划行为理论中的行为态度、主观规范和感知行为控制进行不同维度的分解，这使得其产生的信念结构更加丰富。解构计划行为理论的具体模型如图2-4所示。

从行为态度层面来看，行为信念被解构成感知有用性、感知易用性和兼容性三个前因变量。其中，感知有用性是指行为主体通过实施某项特定的行为能够提高工作效率、效益的程度；感知易用性是指行为主体对某种事物、技术理解和采纳的难易程度；兼容性是指个体通过实施某项特定的行为与其当前的价值观、过往经验和即时需求的匹配程度。

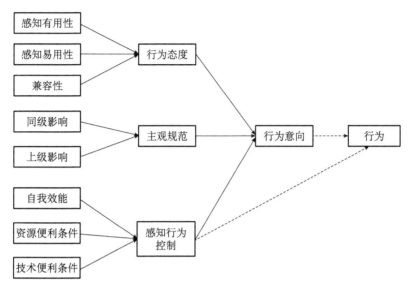

图 2 – 4　解构计划行为理论模型

从主观规范层面来看，将规范信念解构为同级影响和上级影响两个前因变量。其中，同级影响是指个体预期感受到的来自其同级（家人、朋友等）对其采取的行为所给出的意见。上级影响是指来自上级（领导、上级政府等）对个人采取的行为所持有的看法或观点对个体产生的影响。

从感知行为控制层面来看，将控制信念解构为自我效能、资源便利条件和技术便利条件三个前因变量。自我效能是指在执行某项行为时个体所感知到的对于完成该项行为能力大小的评估；而资源便利条件是指所提供的外在物质条件（如资源、金钱等）的支持；技术便利条件是指技术方面提供的帮助。

与理性行为理论（TRA）、计划行为理论（TPB）相比，相关研究表明解构计划行为理论（DTPB）模型提供了对行为意向更高的适用性和更完整的解释力，它可以根据不同研究的需要，有针对性地在模型中增加、减少前因变量，以期进一步探索个体在更深层次的感知程度。DTPB 因其研究内容的深入和细化、信念结构的更加稳定，被广泛应用于多个领域的研究。

在教育教学领域，基于 DTPB 与 TIT 整合的视角，赵建民和张玲玉

（2017）首次在教育教学混合领域对高校教师对混合式教学的接受度进行研究。此外，廖敏慧等（2020）在解构计划行为理论的基础上对影响大学生对混合式教学接受度的因素展开实证研究。马如意（2021）在 DTPB 前提下对涉农高校学生服务基层行为意向展开调研。

在消费者行为领域，杨凯（2017）从消费者视角出发，以解构计划行为理论为基础探讨当代大学生对绿色酒店产品的消费行为意愿，通过实证得出结论从而为我国分阶段、分步骤地培养和发展绿色酒店市场提供有益的参考。朱良昊等（2022）基于四个竞争模型对消费者体育用品网络购买意愿展开实证检验。

在农业研究领域，沈萌等（2019）基于解构计划行为理论来构建理论模型，利用 483 份农户调研数据，运用结构方程模型对农户农地转出意愿及其影响因素进行分析，根据结果提出对策建议，以切实保障农民的利益。沈萌（2020）经过实证研究发现解构计划行为理论适用于农户农地转出意向方面的分析，同时各信念维度下的观测变量对农地转出意愿具有异质影响。孙乐和陈盛伟（2021）通过实证研究发现农户购买农业保险的行为态度维度、主观规范维度均对投保意愿产生正向影响，感知行为控制维度同时影响投保意愿和投保行为，其中个人能力指标仅影响投保行为。

以 DTPB 为研究基础，从行为信念层面选择感知有用性和感知易用性，从规范信念层面选择同级影响和上级影响，从控制信念层面选择自我效能、资源便利条件和技术便利条件共 6 个维度作为前因变量，选择行为态度、主观规范和感知行为控制作为中间变量，最后选择农户农地转出意愿作为结果变量，通过 SPSS22.0 软件对各变量进行信度、效度检验，并运用 AMOS22.0软件构建农户农地转出意愿的结构方程模型。

第四节　农业规模经济理论

古典经济学代表人物亚当·斯密（Adam Smith，1776）[①] 曾提出"斯密定理"，他认为，随着市场容量的增加，企业规模可以无限扩大。马克思认

---

① 查询网址：https://iep.utm.edu/smith/.

为，机器大工业取代手工业是一种历史必然。大规模生产能够提高劳动生产率，是近代工业发展的必由之路。① 生产资料由于大规模积聚得到节约，通过扩大生产规模，能够实现资本扩张和成本降低。约翰·穆勒（John Mueller，1848）将劳动分工理论继续发扬，他认为，大规模生产带来的好处非常大，能够大量节约生产成本，以至于经济生活中任何小经济都抵不住大经济的竞争。

马歇尔（Marshall，1890）系统地表述了规模经济的概念，他认为，生产规模扩大导致平均成本降低，就会产生规模经济。规模经济的长期平均成本曲线呈"U"型，随着规模的扩大，长期平均成本迅速降低，会达到一个最优点或一个区间，这被称为适度规模，在超过适度规模之后，长期平均成本又开始提高。马歇尔将规模经济区分为内部规模经济和外部规模经济，企业扩大生产规模可以降低平均成本，增加经济效益，这被称为内部规模经济；行业联合协作也可以降低平均成本，增加经济效益，这被称为外部规模经济。斯拉法（Sraffa，1925）在其著作中提出，不同的经济现象会带来不同类型的规模收益，收益递增来自积累和技术变化过程，源于市场规模扩大以及劳动分工；收益递减源于土地资源稀缺，当单位土地投资超过一定限度后，就会造成边际收益递减。

后来，学者们对规模经济问题的研究产生分歧，形成了两个学派：英国学派和美国学派。英国学派的代表人物康芒斯（Commons 1934）和熊彼特（Schumpeter 1912）认为，规模经济是从大企业产生的，小企业通过合并成为大企业实现集中生产，才能获取规模经济。美国学派的代表人物西蒙（Simons，1948）认为，小企业成本低、灵活性高，因此，小企业也能够利用规模经济手段获取利益，与大企业相比，小企业更具有相对优势。威廉姆森（Williamson，1985）从市场的效率角度去研究企业规模经济问题，他认为，大型企业将资金流动和奖惩功能内部化，运行效果可能会优于市场，但企业规模过大以及多元化经营可能会导致规模不经济，此时，企业将自动调整规模，直至达到适度规模。从上述规模经济理论可以看出，新古典经济学家主要将研究重点放在内部规模经济上，认为随着企业生产规模扩大，才能产生报酬递增。其实，如果引入外部性，有多个企业在行业内进行生产链条上的

---

① 马克思恩格斯全集（第四十四卷）［M］. 2 版. 北京：人民出版社，2001.

分工和交易，也会产生外部规模经济。因此，规模经济产生的本质在于分工深化（胡新艳等，2016；罗必良，2014）。

通常认为，农业生产要素中的机械具有"不可分性"，因而农业生产应该会出现一定阶段内的报酬递增。但由于土地资源有限，资本和劳动难以实现大规模集中，因而与工业相比，农业报酬递增并不明显。但是，舒尔茨（1964）提出了机械等生产要素存在"假不可分性"，小规模农户可以通过购买生产性服务机构的机械租赁和服务，同样能够使用大型机械，实现一定阶段内的报酬递增。土地规模化只是调整土地这一种生产要素，当土地面积增加后，种子、化肥、农药的投入也随之增加，然而劳动力人数不一定增加，只会增加劳动量的投入。农业规模化也可以通过农户使用农业生产性服务来实现，即通过农业社会化服务体系的建立，形成单个农户小规模但数个农户服务规模化的农业规模经营（谢琳等，2016）。每个农户的土地规模可能比较小，但是这些土地都会经过统一耕种、统一收割和统一营销，表现为服务规模化，这种方式可以实现小农户与现代农业的有机衔接，有利于提高中国农业竞争力（黄祖辉，2017）。

因此，为获取规模经济，有必要开展农业适度规模经营，一种方法是通过土地流转扩大土地规模，实现土地大面积连片经营，获取土地规模经济（姚洋，2000；韩俊，1998）。另一种方法是通过农业社会化服务将农户组织起来，改变单个农户的弱势地位，获取服务规模经济（黄祖辉，2017）。学者们对农业适度规模进行度量和评价最早使用的是土地面积、农业产出、经营收入等指标（芦千文等，2020；Townsend et al.，1998；Kaldor，1964；Sen，1966），但随着商品化程度的提高，又增加了销售额标准和区域发展标准。由于服务规模化的出现，农业适度规模的度量标准还可以使用农业经营主体使用的服务数量、购买服务支出占总支出的比重等指标（Zhang，2017；Ebata and Hernandez，2017）。由于农业经营目标取向和规模化测算方法不同，适度规模标准需统筹考虑经济、社会、政治、文化等多方面目标（姜长云，2016）。

第五节　农户行为理论

农户行为理论是经济学中的一个重要分支，主要研究农村居民在农业生产、农村经济发展和农村社会变迁等方面的行为特征、动机和决策过程。在研究农户行为时，经济学家通常从理性选择、风险与不确定性、心理学因素等多个角度进行分析，以深入理解农户的行为模式和决策规律。以下将详细阐述农户行为理论的相关内容。

理性选择理论认为，农户在面临不同选择时会根据其个人利益和目标作出理性的选择。在农户决策过程中，他们会权衡利弊，选择最符合自身利益的行为方式。这一理论认为，农户行为受到经济激励、市场机制、社会环境等因素的影响，他们会选择最能提高自身福利的决策。风险与不确定性理论关注农户在面临风险和不确定性时的行为特征。农村经济活动存在着不确定性和风险，例如天气变化、市场波动等因素都会影响农户的收入和生活。在这种情况下，农户通常会采取规避风险的行为，通过多样化经营、购买保险等方式降低损失，以保障自身利益。心理学因素理论考虑了农户的主观感受和心理状态对其行为的影响。农户的行为不仅受到经济因素的影响，还受到个人偏好、情感因素、文化传统等非经济因素的影响。例如，农户可能会受到邻里关系、社会声誉等因素的影响，而作出不同于理性选择的行为。社会网络理论认为，农户的行为受到其所处社会网络的影响。农户通常会依赖于亲戚、朋友、邻居等社会联系，获取信息、资源和支持。社会网络可以帮助农户获取就业机会、农业技术、市场信息等资源，影响他们的决策行为。文化因素理论强调了文化传统、价值观念对农户行为的影响。不同地区、不同民族的农户可能有着不同的文化背景和传统习惯，这些因素会影响他们对待土地、劳动、生活等的态度和行为方式。例如，一些地区的农户可能更注重家庭传统和集体荣誉，而在决策时会考虑到这些因素。

在农村土地流转与农户增收研究中，农户行为理论为我们提供了重要的分析框架和思路。通过对农户行为进行深入研究，可以更好地理解他们参与土地流转的动机、态度和行为模式，从而为土地流转政策的制定和实施提供理论支持与政策建议。例如，在研究农户参与土地流转的动机时，可以运用理性选择理论分析农户在决策时考虑的利益因素和选择依据；在分析农户规避风险的行为时，可以借鉴风险与不确定性理论考虑土地流转对农户收入稳定性和风险承担能力的影响；在研究土地流转对农户心理状态的影响时，可以结合心理学因素理论考虑土地流转对农户社会地位、自我认同等方面的影响。

　　因此，农户行为理论为我们深入研究农村土地流转与农户增收问题提供了重要的理论支撑，有助于更全面地理解农户行为的复杂性和多样性，为促进农村经济发展和改善农民生活提供理论指导与政策建议。

第六节　波特五力研究模型分析理论

　　20 世纪 80 年代，迈克尔·波特提出了一个迄今对全人类的社会和经济发展产生重大影响的模式——波特五力模型。其认为各行各业都逃脱不了这一模型的定律，也就是市场竞争对利润的影响，其相关性存在可控波动。这一模型被认为是最有效力的模型之一。

　　企业要稳定地立足于市场，就必须从这五大竞争力来考虑。根据自己的实际情况，选择最佳策略，构建高效运营模式。根据情况变化，及时调整企业运行。紧跟市场，保障企业长期盈利。及时发现潜在威胁者，努力提高自身水平。完善产业结构，调整产业链。

　　潜在威胁者不可忽视。潜在威胁者一旦进入市场，就会冲击原有市场秩序。因为产品的创新，新产品对原有产品产生极大威胁。潜在威胁者会同原有企业抢夺客户抢夺商源。而新入侵者如果不及时应变，早晚会被更新的入侵者威胁甚至取代。更有甚者，潜在威胁者会刺激新行业的产生与发展。要实现企业的持久盈利，就必须拥有及时应变的能力。用实力应对潜在进入者，持久立足于市场之林。

　　议价水平对价格的影响。供应商是生产链的源头，提供源源不断的产品，保障企业的正常运行。供应商主要靠双量获益，即质量和数量。要稳固供应商，保障生产源头，不仅要保障工时，保证量的充足，更要注意工作效率的提高。及时采用高新技术，确保质优价廉，提高产品竞争力。个体生产成本降低，议价空间会相应加大。可在保障利润的同时有限降低商品价格，从而提高销售量，达到靠量取胜的目的。同时，可以通过加工包装等提高产品附加值刺激顾客购买欲望。

　　替代者威胁巨大。随着科技的发展，各种产品之间相互替代性也在提高。举例而言，纸质产品替代塑料制品已成趋势，更加环保的产品替代纸质产品也不无可能。整个社会都在寻求质量更好、价格更低、污染更少的产品。替代者，不可避免，但可以超越。超越的本质要求还是产品的性能。性能更好的早晚会部分进而全面地替代性能差的产品。各行各业都是如此。

　　行业内部也存在竞争，甚至来说，同行业之间的竞争更为激烈。在产品类型大致相同的情况下，同行之间的竞争实质上就是质量、价格、服务的竞争。质越优，价越廉，竞争力便越强。企业拥有突出的实力和持久力，才能长久稳定立足市场，保证企业长久效力。创新，在这一过程中显得尤为重要。现代社会商品更新换代周期大幅缩短，如果无法紧跟市场需要，就会被市场淘汰。

第三章 政策环境分析

第一节 关于土地流转的政策*

农村土地制度改革是中国农村改革的重要组成部分,历经多年的发展和完善,形成了一系列政策措施。以下是农村土地制度改革的主要发展历程和政策内容。

1982 年中央一号文件,第一次正式肯定了包产到户、包干到户等农业生产责任制的社会主义性质。

1983 年中央一号文件,正式确立了家庭联产承包责任制,作为农村改革的一项战略决策,这是中国农村土地制度的重要转折,并在党的十一届三中全会后,拉开了中国农村土地制度乃至全面改革的序幕。

1984 年中央一号文件提出,延长土地承包期,鼓励农民增加投资,培养地力,实行集约经营。具体而言,土地承包期一般应在十五年以上。生产周期长的和开发性的项目,如果树、林木、荒山、荒地等,承包期应当更长一些。在延长承包期以前,群众有调整土地要求的,可以本着"大稳定,小调整"的原则,经过充分商量,由集体统一调整。

1987 年 1 月 22 日,中共中央政治局通过了《把农村改革引向深入》,该文件提出在沿海地区试点兴办适度规模的家庭农场或合作农场,探索土地集约经营的经验。1987 年,国家又开始在沿海省份进行土地适度规模试点,土地使用权的流转终于突破了家庭承包经营的限制,这标志着我国的土地流转制度进入了新的试验期。

---

* 相关资料是笔者由官网查询自行整理得到。

2001年12月30日，中共中央发布了《关于做好农户承包地使用权流转工作的通知》，该文件是我国针对农村土地承包经营权流转的首个正式文件，该文件规定，在以长期稳定家庭联产承包责任制经营制度的前提下，允许农户进行承包地使用权合理流转的实践，农村土地流转必须坚持依法、自愿、有偿的原则。

2008年中央一号文件强调了坚持和完善以家庭承包经营为基础、统分结合的双层经营体制。这是《中华人民共和国宪法》规定的农村基本经营制度，必须毫不动摇地长期坚持。依法加强农村土地承包的规范管理，加快建立土地承包经营权登记制度。严格执行土地承包期内不得调整、收回农户承包地的法律规定。按照依法自愿有偿原则，健全土地承包经营权流转市场。农村土地承包合同管理部门要加强土地流转中介服务，完善土地流转合同、登记、备案等制度，在有条件的地方培育发展多种形式适度规模经营的市场环境。坚决防止和纠正强迫农民流转、通过流转改变土地农业用途等问题，依法制止乡、村组织通过"反租倒包"等形式侵犯农户土地承包经营权等行为。

2009年中央一号文件进一步强调了土地流转中不得改变土地所有权和土地的用途，不得以任何理由损害土地承包方的利益。同时，依法加强土地流转的规范管理，让农村土地承包经营权的流转市场健康发展。

2010年中央一号文件中关于土地流转的内容强调了稳定和完善农村基本经营制度的重要性，提出要加快制定具体办法以确保农村现有土地承包关系保持稳定并长久不变。文件中提到要继续做好土地承包管理工作，全面落实承包地块、面积、合同、证书"四到户"，并扩大农村土地承包经营权登记试点范围。同时，加强土地承包经营权流转管理和服务，健全流转市场，并在依法自愿有偿流转的基础上发展多种形式的适度规模经营。此外，文件还强调了严格执行农村土地承包经营纠纷调解仲裁法，加快构建农村土地承包经营纠纷调解仲裁体系，以保障农民的土地权益。这些措施旨在促进土地资源的合理利用和流转，提高农业生产效率，同时确保农民的土地权益得到保护。

2012年中央一号文件中关于土地流转的内容强调了稳定和完善农村土地政策的重要性。文件提出要加快修改完善相关法律，落实现有土地承包关系保持稳定并长久不变的政策。文件鼓励在依法自愿有偿原则下引导土地承包经营权流转，发展多种形式的适度规模经营，以促进农业生产经营模式的创新。文件提出了加快推进农村地籍调查，基本完成覆盖农村集体各类土地的所有权确权登记颁证，包括农户宅基地在内的农村集体建设用地使用权确权登记颁证工作，稳步扩大农村土地承包经营权登记试点，并提供财政适当补助。文件强调了加强土地承包经营权流转管理和服务，健全土地承包经营纠纷调解仲裁制度，以及加快修改《中华人民共和国土地管理法》，完善农村集体土地征收有关条款，从而健全严格规范的农村土地管理制度。这些措施旨在促进农村土地资源的合理利用和保护，同时保障农民的土地权益。

2013年中央一号文件中关于土地流转的内容强调了稳定农村土地承包关系的重要性，并提出了引导农村土地承包经营权有序流转的措施。文件中指出，要抓紧研究现有土地承包关系保持稳定并长久不变的具体实现形式，并完善相关法律制度。文件鼓励在依法自愿有偿原则下，引导土地承包经营权向专业大户、家庭农场、农民合作社流转，发展多种形式的适度规模经营。同时，文件提出要结合农田基本建设，鼓励农民通过互利互换方式解决承包地块细碎化问题。文件还强调土地流转不得损害农民权益、改变土地用途、破坏农业综合生产能力，并要求探索建立严格的工商企业租赁农户承包耕地的准入和监管制度。此外，文件提出要规范土地流转程序，并逐步健全县乡村三级服务网络，强化信息沟通、政策咨询、合同签订、价格评估等流转服务，同时加强农村土地承包经营纠纷调解仲裁体系的建设。这些措施旨在保护农民权益，同时提高农业生产效率和农村经济发展活力。

2014年中央一号文件中关于土地流转的内容强调了稳定农村土地承包关系并保持长久不变，提出赋予农民对承包地占有、使用、收益、流转及承包经营权抵押、担保权能。文件要求抓紧抓实农村土地承包经营权确权登记颁证工作，并明确了将确权登记颁证工作经费纳入地方财政预算，中央财政给予补助。同时，文件还提到了允许承包土地的经营权向金融机构抵押融资，并要求建立配套的抵押资产处置机制，推动相关法律法规的修订。

2015年中央一号文件中关于土地流转的内容提出了引导土地经营权规范有序流转，创新土地流转和规模经营方式，积极发展多种形式适度规模经营，提高农民组织化程度。文件鼓励发展规模适度的农户家庭农场，完善对粮食生产规模经营主体的支持服务体系。同时，文件还提到了引导农民专业合作社拓宽服务领域，促进规范发展，并实行年度报告公示制度，深入推进示范社创建行动。此外，文件强调了土地经营权流转要尊重农民意愿，不得硬性下指标、强制推动，并要求尽快制定工商资本租赁农地的准入和监管办法，严禁擅自改变农业用途。这些措施旨在保护农民权益，同时提高农业生产效率和农村经济发展活力。

2016 年中央一号文件强调稳定农村土地承包关系，推进土地承包经营权确权登记颁证工作，鼓励农户依法、自愿、有序流转土地经营权，以促进农业适度规模经营。同时，文件提出要深化农村集体产权制度改革，加快农村集体建设用地和宅基地使用权确权登记颁证，探索农民住房保障新机制，并推进农村土地征收、集体经营性建设用地入市、宅基地制度改革试点。此外，文件还提出要完善土地增值收益调节机制，拓展城乡建设用地增减挂钩试点，并编制村级土地利用规划，以确保农民能够分享土地增值收益，从而增加财产性收入。这些措施旨在通过改革土地流转制度，促进农业现代化，提高农业生产效率，同时保障农民的土地权益。

2017 年进一步完善家庭农场的认定办法，扶持适度规模不同特色的家庭农场。发展土地经营权的合法流转、入股参与和股份合作、代耕代种、土地委托管理等多元化方式和模式。加快和推进发展土地流转型、服务带动型等多种形式的土地规模经营。加强各种特色的农民合作社依法规范化建设，积极发展生产、供销、信用"三位一体"综合合作。

2018 年深化农村土地制度改革。系统总结农村土地征收、集体经营性建设用地入市、宅基地制度改革试点经验，逐步扩大试点，修改《中华人民共和国土地管理法》，完善农村土地利用管理政策体系。扎实推进房地一体的农村集体建设用地和宅基地使用权确权登记颁证。完善农民闲置宅基地和闲置农房政策，探索宅基地所有权、资格权、使用权"三权分置"，落实宅基地集体所有权，保障宅基地农户资格权和农民房屋财产权，适度放活宅基地和农民房屋使用权，不得违规违法买卖宅基地，严格实行土地用途管制，严格禁止下乡利用农村宅基地建设别墅大院和私人会馆。在符合土地利用总体规划前提下，允许县级政府通过村土地利用规划，调整优化村庄用地布局，有效利用农村零星分散的存量建设用地；预留部分规划建设用地指标用于单独选址的农业设施和休闲旅游设施等建设。对利用收储农村闲置建设用地发展农村新产业新业态的，给予新增建设用地指标奖励。进一步完善设施农用地政策。

2019 年深化农村土地制度改革。明确要保持农村土地承包关系稳定并长久不变，研究出台配套政策，指导各地明确第二轮土地承包到期后延包的具体办法，确保政策衔接平稳过渡。完善落实集体所有权、稳定农户承包权、放活土地经营权的法律法规和政策体系。在基本完成承包地确权登记颁证工作基础上，开展"回头看"，做好收尾工作，妥善化解遗留问题，将土地承包经营权证书发放至农户手中。健全土地流转规范管理制度，发展多种形式农业适度规模经营，允许承包土地的经营权担保融资。总结好农村土地制度三项改革试点经验，巩固改革成果。坚持农村土地集体所有，不搞私有化；坚持农地农用，防止非农化；坚持保障农民土地权益；不得以退出承包地和宅基地作为农民进城落户条件，进一步深化农村土地制度改革。在修改相关法律的基础上，完善配套制度，全面推进农村土地征收制度改革和农村集体经营性建设用地入市改革，加快建立城乡统一的建设用地市场。加快推进宅基地使用权确权登记颁证工作，力争2020年基本完成。稳慎推进农村宅基地制度改革，拓展改革试点，丰富试点内容，完善制度设计。抓紧制定加强农村宅基地管理指导意见。研究起草农村宅基地使用条例。开展闲置宅基地复垦试点。允许在县域内开展全域乡村闲置校舍、厂房、废弃地等整治，盘活建设用地重点用于支持乡村新产业新业态和返乡下乡创业。严格农业设施用地管理，满足合理需求。巩固"大棚房"问题整治成果。按照"取之于农，主要用之于农"的要求，调整完善土地出让收入使用范围，提高农业农村投入比例，重点用于农村人居环境整治、村庄基础设施建设和高标准农田建设。扎实开展新增耕地指标和城乡建设用地增减挂钩节余指标跨省域调剂使用，调剂收益全部用于巩固脱贫攻坚成果和支持乡村振兴。加快修订《中华人民共和国土地管理法》《中华人民共和国物权法》等法律法规。

2020年破解乡村发展用地难题。坚守耕地和永久基本农田保护红线。完善乡村产业发展用地政策体系，明确用地类型和供地方式，实行分类管理。将农业种植养殖配建的保鲜冷藏、晾晒存贮、农机库房、分拣包装、废弃物处理、管理看护房等辅助设施用地纳入农用地管理，根据生产实际合理确定辅助设施用地规模上限。农业设施用地可以使用耕地。强化农业设施用地监管，严禁以农业设施用地为名从事非农建设。开展乡村全域土地综合整治试点，优化农村生产、生活、生态空间布局。在符合国土空间规划前提下，通过村庄整治、土地整理等方式节余的农村集体建设用地优先用于发展乡村产业项目。新编县乡级国土空间规划应安排不少于10%的建设用地指标，重点保障乡村产业发展用地。省级制定土地利用年度计划时，应安排至少5%新增建设用地指标保障乡村重点产业和项目用地。农村集体建设用地可以通过入股、租用等方式直接用于发展乡村产业。按照"放管服"改革要求,对农村集体建设用地审批进行全面梳理,简化审批审核程序,下放审批权限。推进乡村建设审批"多审合一、多证合一"改革。抓紧出台支持农村一二三产业融合发展用地的政策意见。

2021 年坚决守住 18 亿亩耕地红线。统筹布局生态、农业、城镇等功能空间,科学划定各类空间管控边界,严格实行土地用途管制。采取"长牙齿"的措施,落实最严格的耕地保护制度。严禁违规占用耕地和违背自然规律绿化造林、挖湖造景,严格控制非农建设占用耕地,深入推进农村乱占耕地建房专项整治行动,坚决遏制耕地"非农化"、防止"非粮化"。明确耕地利用优先序,永久基本农田重点用于粮食特别是口粮生产,一般耕地主要用于粮食和棉、油、糖、蔬菜等农产品及饲草饲料生产。明确耕地和永久基本农田不同的管制目标和管制强度,严格控制耕地转为林地、园地等其他类型农用地,强化土地流转用途监管,确保耕地数量不减少、质量有提高。实施新一轮高标准农田建设规划,提高建设标准和质量,健全管护机制,多渠道筹集建设资金,中央和地方共同加大粮食主产区高标准农田建设投入,2021年建设 1 亿亩旱涝保收、高产稳产高标准农田。在高标准农田建设中增加的耕地作为占补平衡补充耕地指标在省域内调剂,所得收益用于高标准农田建设。加强和改进建设占用耕地占补平衡管理,严格新增耕地核实认定和监管。健全耕地数量和质量监测监管机制,加强耕地保护督察和执法监督,开展"十三五"时期省级政府耕地保护责任目标考核。

2022 年落实"长牙齿"的耕地保护硬措施。实行耕地保护党政同责,严守 18 亿亩耕地红线。按照耕地和永久基本农田、生态保护红线、城镇开发边界的顺序,统筹划定落实三条控制线,把耕地保有量和永久基本农田保护目标任务足额带位置逐级分解下达,由中央和地方签订耕地保护目标责任书,作为刚性指标实行严格考核、一票否决、终身追责。分类明确耕地用途,严格落实耕地利用优先序,耕地主要用于粮食和棉、油、糖、蔬菜等农产品及饲草饲料生产,永久基本农田重点用于粮食生产,高标准农田原则上全部用于粮食生产。引导新发展林果业上山上坡,鼓励利用"四荒"资源,不与粮争地。落实和完善耕地占补平衡政策,建立补充耕地立项、实施、验收、管护全程监管机制,确保补充可长期稳定利用的耕地,实现补充耕地产能与所占耕地相当。改进跨省域补充耕地国家统筹管理办法。加大耕地执法监督力度，严厉查处违法违规占用耕地从事非农建设。强化耕地用途管制，严格管控耕地转为其他农用地。巩固提升受污染耕地安全利用水平。稳妥有序开展农村乱占耕地建房专项整治试点。巩固"大棚房"问题专项清理整治成果。落实工商资本流转农村土地审查审核和风险防范制度。

2023年加强耕地保护和用途管控。严格耕地占补平衡管理，实行部门联合开展补充耕地验收评定和"市县审核、省级复核、社会监督"机制，确保补充的耕地数量相等、质量相当、产能不降。严格控制耕地转为其他农用地。探索建立耕地种植用途管控机制，明确利用优先序，加强动态监测，有序开展试点。加大撂荒耕地利用力度。做好第三次全国土壤普查工作。

2024年严格落实耕地保护制度。健全耕地数量、质量、生态"三位一体"保护制度体系，落实新一轮国土空间规划明确的耕地和永久基本农田保护任务。改革完善耕地占补平衡制度，坚持"以补定占"，将省域内稳定利用耕地净增加量作为下年度非农建设允许占用耕地规模上限。健全补充耕地质量验收制度，完善后续管护和再评价机制。加强退化耕地治理，加大黑土地保护工程推进力度，实施耕地有机质提升行动。严厉打击非法占用农用地犯罪和耕地非法取土。持续整治"大棚房"。分类稳妥开展违规占用耕地整改复耕，细化明确耕地"非粮化"整改范围，合理安排恢复时序。因地制宜推进撂荒地利用，宜粮则粮、宜经则经，对确无人耕种的支持农村集体经济组织多途径种好用好。

第二节　政策评述

中国农村土地政策的演变经历了从包产到户等责任制的确立，到家庭联产承包责任制的建立，再到土地流转和农村土地市场化的推进，以及近年来对土地承包经营权流转和土地流转市场化的规范管理与保护。在这一过程中，政府逐步放开土地经营权的流转限制，鼓励多种形式的适度规模经营，为农村经济的发展和农民收入的增加提供了重要支持。同时，为了保护耕地资源，中国也加强了对耕地保护的管理，坚守了耕地保护红线，严格落实了耕地保护制度。这一系列政策的出台和实施，促进了农村经济的稳定发展，保障了农民的合法权益，也为农村土地资源的合理利用和保护提供了重要保障。

第四章 地方案例研究：临沂市
农户农地转出意愿

本章主要基于解构计划行为理论及国内外学者在该领域的研究成果，结合研究区域实际情况，选取变量，而后对其进行解释，并对各潜变量的测量项进行选取，提出假设，构建模型，从而为后续进一步研究奠定基础。

第一节 变量解释与测量项选取

一、变量解释

本章共涉及 10 个变量，通过借鉴相关文献的研究对各变量的解释如表 4–1 所示。

表 4–1 各变量解释汇总

变量名称	代码	变量释义	来源
感知有用性 （perceived usefulness）	PU	农户认知到执行农地转出行为所带来的积极效应	赵建民等 （2017）
感知易用性 （perceived ease of use）	PEOU	农户感知到执行农地转出行为的难易程度	Taylor and Todd （1995）
同级影响 （peer influence）	PI	周围平级群体（家人、亲戚朋友等）的建议对农户执行农地转出行为的影响	沈萌等 （2019）
上级影响 （superior influence）	SI	上级领导或政府的看法对农户农地转出行为的影响	Taylor and Todd （1995）
自我效能 （self-efficacy）	SE	农户对自己执行农地转出行为能力的推测与判断	李普聪等 （2016）
便利条件 （availability）	AVA	外在资源条件对农户执行农地转出行为的支持	金辉 （2015）

续表

变量名称	代码	变量释义	来源
行为态度 （attitude toward the behavior）	AB	农户对执行农地流转行为所持有正面或负面的看法与评价	王海滋等 （2019）
主观规范 （subjective norm）	SN	农户在进行农地流转决策时对外部压力的感知	Ajzen （1992）
感知行为控制 （perceived behavioral control）	PBC	农户在执行农地流转行为时所感知到的难易程度	Bagozzi （1992）
农地转出意愿 （behavioral intention）	BI	农户对执行农地转出行为的倾向程度	吕晓等 （2015）

二、测量项选取

本章所采用的测量项是在借鉴成熟量表的基础上，结合本次研究区域的实际情况来确定的，各潜变量的测量项具体如表4-2所示。

表4-2   各潜变量测量项汇总

变量名称	测量题项	参考依据
感知有用性	PU1：我认为转出农地能节约生产成本（劳动力、收割等）	实地调研结果
	PU2：我认为转出农地能够提高土地利用率	胡程怡（2019）
	PU3：我认为转出农地有利于增加家庭收入	兰勇等（2020）
	PU4：我认为转出农地对村集体发展是有价值的	王海滋等（2019）
感知易用性	PEOU1：以往的农地流转经历使我很容易把土地流转出去	彭开丽（2020）
	PEOU2：平原地区的土地利于种植和收割更容易转出	实地调研结果
	PEOU3：我能够很容易地把自家的农地流转出去	胡程怡（2019）
同级影响	PI1：其他转出人认为转出农地的人是有好处的	王海滋等（2019）
	PI2：我的家人支持农地转出	Ajzen et al.（1991）
	PI3：亲朋好友对农地转出持积极态度	兰勇等（2020）
	PI4：我们家的农地受周边邻地的影响被动转出	实地调研结果
上级影响	SI1：村干部鼓励农地转出	张占录等（2021）
	SI2：地方政府支持农户参与农地转出	谢明志等（2013）
	SI3：村集体对农地转出持积极态度	王海滋等（2019）
自我效能	SE1：我们家成员对土地政策比较熟悉，知道农地如何转出	王鹏丽等（2022）
	SE2：我们家能够承担流转后租金价格波动的风险	张占录等（2021）
	SE3：我们家有能力处理农地流转带来的矛盾/纠纷	沈萌等（2019）

续表

变量名称	测量题项	参考依据
便利条件	AVA1：政府有完善的流转交易平台，促进农地有序转出	刘琴（2018）
	AVA2：政府开展关于农地流转的政策宣传，促进农地转出	王洁等（2022）
	AVA3：村里农地流转信息渠道畅通，利于农地转出	沈萌（2020）
行为态度	AB1：我认为转出农地对双方都是有益的	王海滋等（2019）
	AB2：我认为农地转出利大于弊	沈萌等（2019）
	AB3：农地产权稳定我会选择农地转出	程建等（2017）
	AB4：我认为参与农地转出是一个明智的选择	沈萌（2020）
主观规范	SN1：村里已转出农地的人认为土地流转有好处	殷志扬等（2012）
	SN2：周围邻居认为农地流转能给家庭带来好处	程建等（2017）
	SN3：村里德高望重的人认为农地流转有好处	殷志扬等（2012）
感知行为控制	PBC1：我们家农地流转的事情我们说了算	殷志扬等（2012）
	PBC2：我们家想流转土地外面干涉不了	胡程怡（2019）
	PBC3：如果找到合适的工作，我会选择农地转出	程建等（2017）
农地转出意愿	BI1：我现在参与农地转出的意愿很强	殷志扬等（2012）
	BI2：我以后也愿意参与农地转出	冯露（2019）
	BI3：我会鼓励身边有地的人参与农地转出	胡程怡（2019）

第二节　研究假设

一、影响农户农地转出意愿因素的研究假设

在梳理第二章基础理论时可以发现，计划行为理论（TPB）和解构计划行为理论（DTPB）中的行为态度、主观规范和感知行为控制对行为意向的作用在众多领域已得到验证。对于土地流转意愿方面，农户的行为态度、主观规范和感知行为控制对农户土地流转意愿产生显著的正向影响（刘哲，2020；殷志扬等，2012）。此外，有学者已证实农户的行为态度、主观规范和感知行为控制对农户土地转出意愿产生显著的正向影响（王海滋等，2019；沈萌，2020）。因此，从研究视角出发，当农户对农地转出的意愿态度越积极时，农户的农地转出意愿就越强；当农地转出与农户的主观规范契合度较

高时，农户会表现出更强的农地转出意愿；当农户认为转出农地较容易且可行性较强时，农户农地转出意愿也会较强。

基于上述分析，本章提出以下假设。

H4-1：农户的行为态度对农户农地转出意愿具有显著的正向影响。

H4-2：农户的主观规范对农户农地转出意愿具有显著的正向影响。

H4-3：农户的感知行为控制对农户农地转出意愿具有显著的正向影响。

二、影响农户行为态度因素的研究假设

在解构计划行为理论模型中，泰勒和托德（Taylor and Todd，1995）以TAM模型为基础，将TPB中的行为态度归为行为信念层面，并将行为信念解构为感知有用性、感知易用性和兼容性这三个因素。该信念在解构时考虑的是个体在执行某项行为时所带来的经济效益。在实际应用中，领域不同，对行为态度的解构也不同。感知有用性和感知风险可以作为行为态度的前因变量（沈萌，2020），感知有用性、感知愉悦性和感知文化性亦可以作为行为态度的前因变量等（朱思语，2021）。本章在影响农户行为态度变量的选取上根据实际情况的需要选取感知有用性和感知易用性这两个维度。其中，感知有用性选取集体经济增强、增加家庭收入、节约成本和提高土地利用率这四个测量项来衡量，感知易用性选取流转经历、地形和流转难易程度这三个测量项来衡量。在感知有用性中经济效益是农户参与农地转出的第一驱动力，当农户感知到农地转出能够为自身带来效益时，农户的态度就越积极，参与农地转出的意愿就越强。此外，当农户基于过往的土地流转经验、地形的平坦性（如平原地区），以及转出农地的便捷性，对土地流转持积极态度时，他们进行土地转出的意愿也更为强烈。简而言之，农户对土地流转的态度越积极，他们实际进行土地转出的行为意向就越强。

基于上述分析，本章提出以下假设。

H4-1a：农户农地转出的感知有用性对农户的行为态度具有显著的正向影响。

H4-1b：农户农地转出的感知易用性对农户的行为态度具有显著的正向影响。

三、影响主观规范因素的研究假设

在规范信念层面，DTPB模型将其解构为同级影响和上级影响。一般地，

领域不同，对信念的解构也不同。有学者把规范信念作为单一维度，将家人、朋友、亲戚和同事作为收集顾客信息的主要渠道（Hee，2000；张思思，2012）。高敏等（2022）在基于 TPB 的社区团购生鲜农产品意愿研究中用家庭成员、邻居朋友和团长的影响力来表征主观规范对生鲜农产品购买意愿的影响。此外，兰勇等（2020）从农村土地流转意愿角度出发，采用政府和村干部鼓励流转、亲友支持流转等测量项来衡量其对农户主观规范的影响，总括来讲主要可将这些指标细化为同级影响和上级影响两个维度。因此，从意愿角度出发，将规范信念解构为同级影响和上级影响共计 7 个指标来进行衡量，其中同级影响选取亲朋好友支持、家人支持、其他转出人和周边邻地的影响这四个测量指标；上级影响则选取村干部鼓励、地方政府支持和村集体支持这三个测量指标。研究发现当周围群体和上级关系对土地转出的态度越积极时，农户受他们的影响就越大，则农地转出的意愿就越强烈。

基于上述分析，本章提出以下假设。

H4-2a：同级影响对农户农地转出的主观规范具有显著的正向影响。

H4-2b：上级影响对农户农地转出的主观规范具有显著的正向影响。

四、影响感知行为控制因素的研究假设

TPB 认为农户农地转出意愿的形成不仅受到行为态度、主观规范的影响，而且还受到感知行为控制的影响。在感知行为控制方面为更深入探究农户心理特征对农地转出意愿的影响，DTPB 中，泰勒和托德（Taylor and Todd，1995）将感知行为控制解构为自我效能、资源便利条件和技术便利条件这三个维度。例如，在线上到线下（O2O）轻奢品跨境电商消费者采纳行为研究中把感知行为控制细化为自我效能和便利条件，证实了资源便利条件对青年消费者的感知行为控制的正向影响作用大于自我效能的正向影响作用（曾水花，2021）。消费者的行为控制与自我效能和便利条件正相关（杨凯，2017）。此处自我效能是指消费者对个人查询绿色酒店信息及预订能力大小的判断，便利条件是指消费者在选择绿色酒店时所具备的资金、时间、设备等外在资源。普库朗加拉（Pookulangara，2011）在消费者购物渠道转换行为的研究中同样将感知行为控制解构成自我效能和便利条件。本章将借鉴以上学者研究在不考虑技术便利条件的前提下，将控制信念解构为自我效能和便利条件。其中自我效能选取承担风险、熟悉政策和处理纠纷这三个测量指标，

便利条件从政府和村委会角度选取三个指标，共六个测量指标进行衡量。当农户的自我效能感越高，便利条件越有利时，则认为农地转出越容易，从而进一步提高农户农地的转出意愿。

基于上述分析，本章提出以下假设。

H4-3a：农户农地转出的自我效能对感知行为控制具有显著的正向影响。

H4-3b：农户农地转出的便利条件对感知行为控制具有显著的正向影响。

五、不同个体特征对各因素影响差异的研究假设

DTPB 是从主观角度对农户农地转出意愿及其影响因素展开分析，而本章是基于农户个体特征，从客观角度对农户农地转出意愿及其影响因素展开分析。在调查问卷及模型中所涉及的农户个体特征主要包括性别、年龄、文化程度、职业类型、家庭人口数等。性别不同，在农地转出意愿方面的看法会有所差别，不同年龄段的农户在农地转出意愿及其影响因素上的看法也会不同，此外，文化程度越高的农户在农地转出意愿及其影响因素方面的认知也会越多，从事纯农业职业类型的农户，与从事其他职业类型的农户相比，其农地转出意愿相对较低，不同家庭人口数对各因素的影响也会体现出一定的差异性。

人口统计学变量在研究行为意向方面，通常会作为控制变量存在，研究领域不同，这些控制变量对行为意向的影响力也不同（徐娟，2014）。因此，基于以上因素，本章在农户农地转出意愿的研究中针对不同的人口统计学变量提出以下假设。

H4-4：不同个体特征的农户在农地转出意愿与影响农地转出意愿的因素上存在显著差异。

H4-4a：不同性别的农户在农地转出意愿与影响农地转出意愿的因素上存在显著差异。

H4-4b：不同年龄的农户在农地转出意愿与影响农地转出意愿的因素上存在显著差异。

H4-4c：不同文化程度的农户在农地转出意愿与影响农地转出意愿的因素上存在显著差异。

H4 – 4d：不同职业类型的农户在农地转出意愿与影响农地转出意愿的因素上存在显著差异。

H4 – 4e：不同家庭人口数的农户在农地转出意愿与影响农地转出意愿的因素上存在显著差异。

综上所述，本章的研究假设由以下两部分内容组成：一是本章研究中农户农地转出意愿所涉及变量之间关系的假设（H4 – 1 ～ H4 – 3b）；二是不同个体特征的农户在农地转出意愿及影响农地转出意愿的因素上的差异性假设（H4 – 4 ～ H4 – 4e）。具体的研究假设汇总如表4 – 3所示。

表4 – 3　　　　　　　　　　　研究假设汇总

编号	研究假设
H4 – 1	农户的行为态度对农户农地转出意愿具有显著的正向影响
H4 – 2	农户的主观规范对农户农地转出意愿具有显著的正向影响
H4 – 3	农户的感知行为控制对农户农地转出意愿具有显著的正向影响
H4 – 1a	农户农地转出的感知有用性对农户的行为态度具有显著的正向影响
H4 – 1b	农户农地转出的感知易用性对农户的行为态度具有显著的正向影响
H4 – 2a	同级影响对农户农地转出的主观规范具有显著的正向影响
H4 – 2b	上级影响对农户农地转出的主观规范具有显著的正向影响
H4 – 3a	农户农地转出的自我效能对感知行为控制具有显著的正向影响
H4 – 3b	农户农地转出的便利条件对感知行为控制具有显著的正向影响
H4 – 4	不同个体特征的农户在农地转出意愿与影响农地转出意愿的因素上存在显著差异
H4 – 4a	不同性别的农户在农地转出意愿与影响农地转出意愿的因素上存在显著差异
H4 – 4b	不同年龄的农户在农地转出意愿与影响农地转出意愿的因素上存在显著差异
H4 – 4c	不同文化程度的农户在农地转出意愿与影响农地转出意愿的因素上存在显著差异
H4 – 4d	不同职业类型的农户在农地转出意愿与影响农地转出意愿的因素上存在显著差异
H4 – 4e	不同家庭人口数的农户在农地转出意愿与影响农地转出意愿的因素上存在显著差异

第三节　模型构建

泰勒和托德（Taylor and Todd，1995）系统地提出了解构计划行为理论，该理论把计划行为理论中的行为信念、规范信念和控制信念进行解构。模型包括以下两方面内容。

　　一是探究前因变量对中间变量的作用，即行为信念选取感知有用性和感知易用性，规范信念选取同级影响和上级影响，控制信念选取自我效能和便利条件这6个维度作为前因变量，分别对行为态度、主观规范和感知行为控制这3个维度作为中间变量的影响。

　　二是探究中间变量对结果变量的作用，即行为态度、主观规范和感知行为控制这3个中间变量对转出意愿这个维度作为结果变量的影响。具体如图4-1所示。

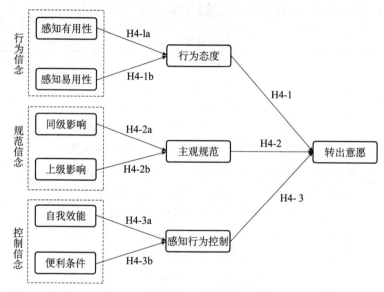

图4-1　费县农户农地转出意愿模型

第四节　农户农地转出意愿影响因素的实证分析 *

一、数据来源

　　费县，隶属山东省临沂市，位于山东省中南部，地处沂蒙山腹地，地形复杂多样，地貌特征为低山地、丘陵地和倾斜的山前平原。《第七次全国人口普查公报》显示：费县常住人口为 79.8 万人，其中 65 岁以上占比

＊　除特别标注外，费县相关资料来源于《临沂统计年鉴》，笔者自行整理得到。

14.57%，这已经超过了"老龄化社会"标准，且已处于深度老龄化区域。截至 2021 年费县人口 92 万人，全县辖 10 镇 1 街 1 乡。

根据《临沂统计年鉴》可知，2019 年农林牧渔业增加值 37.84 亿元，其中：农业增加值 28.96 亿元，林业增加值 2.63 亿元，牧业增加值 4.88 亿元，渔业增加值 1.37 亿元。2020 年农林牧渔业增加值 42.70 亿元，其中：农业增加值 30.34 亿元，林业增加值 2.59 亿元，牧业增加值 8.34 亿元，渔业增加值 1.43 亿元。2021 年农林牧渔业增加值 46.40 亿元，其中：农业增加值 32.69 亿元，林业增加值 2.70 亿元，牧业增加值 9.39 亿元，渔业增加值 1.62 亿元。从农业增加值可知，该地农业仍占主导地位。2021 年费县粮食生产再丰收，粮食作物总播种面积 75 万亩，总产量 31.5 万吨，其中农业占比最大，为 488 130 万元，亩产 419.44 千克。费县 2019～2021 年农业发展情况如图 4-2 所示。

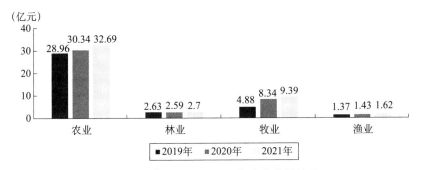

图 4-2　费县 2019～2021 年农业发展情况

资料来源：笔者根据相关年份《临沂统计年鉴》自行整理得到。

在费县赋能乡村振兴，激发"三农"活力，支持农业向产业化、规模化发展的过程中，土地流转发挥了重要作用。截至 2021 年底，费县土地总面积为 1 660 平方千米，2022 年 3 月第三次国土调查主要数据公报显示，费县总面积 248.99 万亩，农用地面积 202.74 万亩，其中耕地总面积 79.46 万亩。通过实地走访调研发现：石井镇翼城村 350 亩黄烟种植区充分发挥地理条件优势，通过转入农户的土地种植黄烟，收烟时节，附近的农户可到烟站工作。因此，黄烟生产发展为该地促农增收、财政增效的重要产业。入选 2022 年临沂市农民专业合作社典型案例的费县金岭果蔬种植专业合作社，在党建引领的作用下，充分挖掘村庄优势，以高于市场的价格流转土地，盘活了收益较低的 200 亩山岭和 300 余亩农田的土地资源，用于培育发展蔬果种植等主导产业，从而有效地带动群众就业、持续增加了全村农民收入，走出了一条强村富民的新路径。

　　本章采用的数据来源于费县 12 个乡镇（或街道）发放的 592 份问卷。剔除无效问卷 53 份，共回收有效问卷 539 份，问卷有效率为 91.05%。问卷采用分层抽样法进行投放，以确保数据的无偏性。为保证数据的完整性，在实地调研时根据山地、丘陵和平原这三种地形面积，以及费县人口数及不同地形特征下相关政策支持度的大小来抽取本书研究的样本量。问卷共包括两个部分：第一部分是农户基本信息，包括性别、年龄、文化程度、职业类型等；第二部分是从农户的心理特征角度出发对其农地转出意愿影响因素展开调查，通过设计 33 个测量项来研究理论模型中各变量之间的关系，以达到本次研究的目的。问卷采用李克特 5 级评分法，按照非常不同意 1 分、不太同意 2 分、一般同意 3 分、比较同意 4 分、非常同意 5 分的标准进行评分。

二、描述性统计

（一）样本描述性统计

　　调查问卷中样本的基本信息主要从人口统计学特征的性别、年龄、文化程度、职业类型等方面展开。该地 539 户样本特征的具体描述如表 4-4 所示。

表 4-4　　　　　　　　　　　样本的基本信息统计

	类别	人数（人）	占比（%）
性别	男	254	47.12
	女	285	52.88
年龄	35 岁及以下	52	9.65
	36~45 岁	81	15.03
	46~55 岁	101	18.74
	56~65 岁	194	35.99
	66 岁及以上	111	20.59
文化程度	小学及以下	272	50.46
	初中	169	31.35
	高中/中专	61	11.32
	专科/本科及以上	37	6.87

续表

类别		人数（人）	占比（%）
职业类型	纯农业	217	40.26
	非农业	89	16.51
	兼业	161	29.87
	其他	72	13.36
家庭人口数	3 人及以下	152	28.20
	4 人	180	33.40
	5 人	151	28.01
	6 人及以上	56	10.39

资料来源：调查问卷统计分析得到。

通过表 4 - 4 可知，费县被调查对象的基本特征如下。

从性别统计结果来看：男性占比 47.12%，女性占比 52.88%，女性略高于男性。

从年龄统计结果来看：56 岁及以上的农户在整体年龄构成中占比 56.58%。随着城镇化、工业化进程的加快，主要以青壮年劳动力为主的农村外出务工人群不断变大；由于留村老年群体年龄较大，部分老年人观念落后且缺乏专业技能，只能靠种地谋生。因此，该地区 56 岁及以上的中老年群体越来越成为务农的主力军。

从文化程度统计结果来看：农户的文化程度主要集中在小学和初中，合计占比 81.81%，这说明该地区农户的整体受教育水平不高。此外，从职业类型和家庭人口数统计结果来看：纯农业和兼业占比较大，分别为 40.26% 和 29.87%；家庭人口数主要集中在 3 ~ 5 人，占比 89.61%。

由于费县地形复杂多样，经实地调研发现地形不同，农户对制约农地转出因素的认知也不同。平原地区的农户认为土地转出价格低是最主要的影响因素，其次为转出后担心养老问题；而丘陵和山区地形的农户认为制约农地转出的主要因素是土地细碎化（零碎、分散、大小不一）和找不到合适的中介组织。此外，在农地流转过程中确实存在部分农户思想观念落后不愿转出、农业项目短缺等问题，需引起相关部门重视。

（二）各变量描述性统计

在问卷的测量项中有感知有用性（PU）、感知易用性（PEOU）、同级影响（PI）、上级影响（SI）、自我效能（SE）、便利条件（AVA）6 个前因变量，行为态度（AB）、主观规范（SN）、感知行为控制（PBC）3 个中间变量，农地转出意愿（Y）1 个结果变量，共计 10 个变量，33 个测量项。

本节基于对以上各变量收集的样本数据，运用 SPSS22.0 对各个问项的均值、标准差等统计指标进行计算，以便为后续相关研究提供一定的参考和依据。在统计学中，平均值反映了一组数据的集中趋势，是指调研对象对各观测变量的平均认知水平；标准差反映的是一组数据平均值的离散程度，是指调研对象对各观测变量看法的一致性，标准差越小，说明数据越稳定，调研对象的观点越接近。

由表 4 - 5 可知，所有观测变量的最小值都为 1，最大值都为 5，整体来看各项测量指标的均值都大于 3，说明受访者对变量的描述比较认同。其中，SI1（村干部鼓励农地转出）、SI3（村集体对农地转出持积极态度）和 AVA3（村里农地流转信息渠道畅通，利于农地转出）这三个测量指标的均值相对高而稳定，表明上级政府对农户参与农地转出的支持度较高。实地调研发现：农户与专业种植大户、农民专业合作社、家庭农场等新型农业经营主体签订流转合同时，村干部会出面担保，或者农户与村委会签订流转合同，村委会再集体转租给其他种植大户等，以此来保障农户的合法权益。此外，整体标准差的取值范围在 0.9 左右，说明受访者的看法相对比较接近。

表 4 - 5　　　　　　　　各观测变量基本情况

题项	样本量	最小值	最大值	平均数	标准差
PU1	539	1	5	3.71	0.845
PU2	539	1	5	3.61	0.942
PU3	539	1	5	3.64	0.875
PU4	539	1	5	3.29	0.961
PEOU1	539	1	5	3.56	1.001
PEOU2	539	1	5	3.47	0.983
PEOU3	539	1	5	3.47	0.953
PI1	539	1	5	3.24	0.965
PI2	539	1	5	3.13	0.921
PI3	539	1	5	3.16	0.885
PI4	539	1	5	3.29	0.871

续表

题项	样本量	最小值	最大值	平均数	标准差
SI1	539	1	5	3.75	0.910
SI2	539	1	5	3.72	0.911
SI3	539	1	5	3.77	0.877
SE1	539	1	5	3.46	0.906
SE2	539	1	5	3.37	0.946
SE3	539	1	5	3.43	0.943
AVA1	539	1	5	3.70	0.893
AVA2	539	1	5	3.73	0.859
AVA3	539	1	5	3.75	0.840
AB1	539	1	5	3.61	0.933
AB2	539	1	5	3.59	0.939
AB3	539	1	5	3.62	0.971
AB4	539	1	5	3.65	0.915
SN1	539	1	5	3.35	1.041
SN2	539	1	5	3.38	1.037
SN3	539	1	5	3.42	1.046
PBC1	539	1	5	3.54	0.902
PBC2	539	1	5	3.44	0.917
PBC3	539	1	5	3.47	0.832
BI1	539	1	5	3.70	0.910
BI2	539	1	5	3.64	0.867
BI3	539	1	5	3.53	0.802

资料来源：经 SPSS22.0 统计分析得到。

三、信度和效度分析

（一）信度检验

信度检验也被称为可靠性检验，它的核心是考察量表的可靠性和一致性。目前学术界对问卷设计普遍采用 Cronbach's α 系数作为测量标准。宋尚峰（2018）指出 α 系数取值在 0～1 之间，α 系数越高，则信度越高，问卷内部一致性越好，说明该问卷是值得信赖的，具体的 α 系数取值标准如表 4 - 6 所示。本章不仅对总量表的信度进行了检验，而且还对各潜变量的信度展开检验。同时还采用更正后项目总计相关性（CITC）对量表项进行优化，一般地，当检验结果满足 CITC 大于 0.5，则无须删除该题项；若 CITC 小于 0.5 且删除后使得 Cronbach's α 系数值显著提升，则可以删除该题项。

表 4 - 6   克隆巴赫系数取值标准

Cronbach's Alpha（α）系数	系数采取的标准
α 系数≤0.5	没有研究价值（舍弃）
0.5＜α 系数≤0.7	信度可接受
0.7＜α 系数≤0.9	信度较高
0.9＜α 系数≤1	信度非常高

本章采用 SPSS22.0 软件对总量表及各潜变量的信度进行检验。通过表 4 - 7、表 4 - 8 可知，量表的整体信度为 0.846，说明总量表的信度较高。各测量项的总 Cronbach's α 系数均大于 0.7，各测量指标的项已删除的 α 系数均小于总 Cronbach's α 系数，且 CITC 值均大于 0.5，说明各潜变量项设置的内部一致性较好且量表信度较高。

表 4 - 7   量表的信度检验结果

Cronbach's α	基于标准化项的 Cronbach's α	项数
0.846	0.845	33

表 4 - 8   各潜变量的信度检验结果

类别	测量变量	测量题项	CITC	测量指标的项已删除的 α 系数	α 系数
前因变量	感知有用性	PU1	0.628	0.750	0.803
		PU2	0.617	0.754	
		PU3	0.653	0.737	
		PU4	0.579	0.774	
	感知易用性	PEOU1	0.545	0.768	0.775
		PEOU2	0.710	0.581	
		PEOU3	0.582	0.726	

续表

类别	测量变量	测量题项	CITC	测量指标的项已删除的 α 系数	α 系数
	同级影响	PI1	0.594	0.779	0.810
		PI2	0.687	0.732	
		PI3	0.669	0.742	
		PI4	0.563	0.790	
	上级影响	SI1	0.579	0.668	0.751
		SI2	0.603	0.639	
		SI3	0.555	0.694	
	自我效能	SE1	0.688	0.678	0.798
		SE2	0.610	0.759	
		SE3	0.630	0.737	
	便利条件	AVA1	0.555	0.702	0.753
		AVA2	0.655	0.583	
		AVA3	0.538	0.718	
中间变量	行为态度	AB1	0.708	0.801	0.849
		AB2	0.684	0.810	
		AB3	0.676	0.814	
		AB4	0.686	0.810	
	主观规范	SN1	0.631	0.732	0.797
		SN2	0.642	0.721	
		SN3	0.647	0.715	
	感知行为控制	PBC1	0.556	0.699	0.752
		PBC2	0.626	0.615	
		PBC3	0.564	0.690	
结果变量	农地转出意愿	BI1	0.694	0.603	0.777
		BI2	0.575	0.740	
		BI3	0.578	0.737	

（二）效度检验

效度是对每一个测量项能效性的具体考察以及对量表正确性和有效性的

评价。本章是基于解构计划行为理论构建农户农地转出意愿模型，在借鉴前人研究成熟量表的基础上又根据实地调研情况对量表中的小部分测量项进行修改，因此本章采用主成分分析法和最大方差旋转法进行因子分析并对问卷量表的效度进行检验。

目前，学术界多数采用 KMO 值和 Bartlett 球形检验来判断样本数据是否可以进行因子分析。沈萌（2020）指出 KMO 值的取值在 0~1 之间，当 KMO值 > 0.5 及 Bartlett 球形检验的 Sig. 值 < 0.05 时，说明该数据适合做因子分析。

1. 可行性检验

先运用 SPSS22.0 软件对总量表及各潜变量进行 KMO 值和 Bartlett 球形检验，通过表 4 - 9、表 4 - 10 结果可知，总量表的 KMO 值 > 0.7，各潜变量的 KMO 值 > 0.6，均在阈值 0.5 之上，且 Bartlett 球形检验的 Sig. 值为 0 < 0.05，这表明样本数据通过检验，适合做因子分析。具体情况分析如表 4 - 9、表 4 - 10所示。

表 4 - 9　　　　　　　　样本 KMO 值和 Bartlett 球形检验

Kaiser – Meyer – Olkin 测量取样适当性		0.801
Bartlett 球形检验	近似卡方	6 803.908
	自由度 df	528
	显著性 Sig.	0.000

表 4 - 10　　　　　　　各潜变量的 KMO 值和 Bartlett 球形检验结果

类别	测量变量	KMO 值	近似卡方	df	Sig.
前因变量	感知有用性	0.800	652.801	6	0.000
	感知易用性	0.652	478.256	3	0.000
	同级影响	0.783	706.529	6	0.000
	上级影响	0.689	376.859	3	0.000
	自我效能	0.701	507.667	3	0.000
	便利条件	0.667	400.652	3	0.000
中间变量	行为态度	0.804	893.675	6	0.000
	主观规范	0.710	490.082	3	0.000
	感知行为控制	0.683	386.191	3	0.000
结果变量	农地转出意愿	0.669	464.734	3	0.000

2. 因子分析

从表 4 - 11 可知，影响行为态度的前因变量、影响主观规范的前因变量、影响感知行为控制的前因变量和影响农地转出意愿的中间变量的累计方差值分别为 65.985%、65.694%、69.328% 和 69.349%，其中最小累计方差值为 65.694% 大于最低标准值 50%；此外各测量项的因子载荷系数在 0.740 ~ 0.887 之间，均大于 0.7，这说明各变量具有良好的结构效度。

表 4 - 11　　　　　　　　　　　因子分析结果

测量变量	测量项	标准因子载荷	累计方差值（%）
感知有用性	PU1	0.809	65.985
	PU2	0.786	
	PU3	0.818	
	PU4	0.760	
感知易用性	PEOU1	0.781	
	PEOU2	0.887	
	PEOU3	0.816	
同级影响	PI1	0.759	65.694
	PI2	0.835	
	PI3	0.847	
	PI4	0.740	
上级影响	SI1	0.816	
	SI2	0.834	
	SI3	0.787	
自我效能	SE1	0.871	69.328
	SE2	0.820	
	SE3	0.840	
便利条件	AVA1	0.798	
	AVA2	0.864	
	AVA3	0.790	
行为态度	AB1	0.829	69.349
	AB2	0.826	
	AB3	0.822	
	AB4	0.817	

续表

测量变量	测量项	标准因子载荷	累计方差值（%）
主观规范	SN1	0.821	
	SN2	0.838	
	SN3	0.854	69.349
感知行为控制	PBC1	0.782	
	PBC2	0.845	
	PBC3	0.812	

第五节　模型结构拟合检验

模型结构拟合检验是对结构方程模型内在质量和外在拟合效果这两方面的检验，验证性因子分析是模型拟合检验的重要方法。本章采用绝对适配统计量、增值适配统计量和简约适配统计量对整体模型的适配度进行评价。

吴明隆（2010）指出绝对适配统计量包括卡方自由度比（χ^2/df）、良性适配指数（GFI）以及渐进残差均方和平方根（RMSEA）等指标，增值适配统计量包括规准适配指数（NFI）、相对适配指数（RFI）、增量拟合指数（IFI）、非规准适配指数（TLI）和比较适配指数（CFI），简约适配统计量包括简约调整规准适配指数（PNFI）、简约适配度指数（PGFI）、简约调整比较适配指数（PCFI）。以上指标取值标准参照徐娟（2014）。

本章拟采用组合信度（CR）和平均方差抽取量（AVE）这两个测量指标对模型内在结构适配度进行评价。徐娟（2014）还选取 AVE 值大于 0.5、CR 值大于 0.6 作为两个指标的判别标准。当 AVE 值越高时，说明观测变量越能有效地代表其潜变量；当 CR 值越高时，说明观测变量间内在关联性越高。

一、前因变量的一阶验证性因子分析

本章采用 AMOS22.0 软件对感知有用性、感知易用性、同级影响、上级影响、自我效能和便利条件这六个前因变量进行一阶验证性因子分析，前因变量的一阶验证性因子分析模型及其适配指标结果如图 4-3、表 4-12 所示。

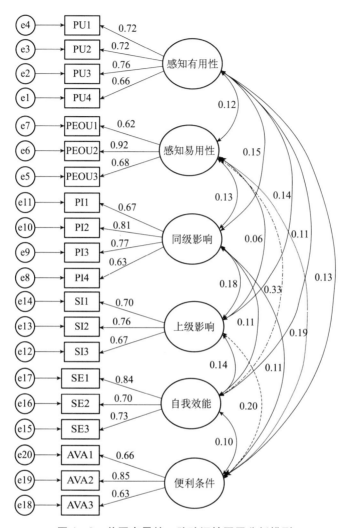

图4-3 前因变量的一阶验证性因子分析模型

表4-12 前因变量的一阶验证性因子分析适配指标结果

指标	检验结果	取值标准	拟合结果
χ^2/df	2.280	$\leqslant 3$	良好
RMSEA	0.049	<0.05	良好
NFI	0.902	>0.9	良好
IFI	0.942	>0.9	良好
TLI	0.929	>0.9	良好
CFI	0.942	>0.9	良好

续表

指标	检验结果	取值标准	拟合结果
PCFI	0.768	>0.5	合理
PNFI	0.736	>0.5	合理

前因变量的一阶验证性因子分析模型和拟合结果如图 4-3、表 4-12 所示：其中 χ^2/df 的值为 2.280 小于 3，RMSEA 小于 0.05，NFI、IFI、TLI 及 CFI 均大于 0.9，上述指标表示良好且 PCFI 及 PNFI 均大于 0.5，说明该模型的适配度良好。

（一）聚敛效度

聚敛效度是指一个特征被其指标很好地衡量的程度，此处用于检验各观测变量是否能够明显地聚焦到与其有作用关系的潜变量上。通过表 4-13 可知，感知有用性、感知易用性、同级影响、上级影响、自我效能和便利条件的 AVE 分别为 0.510、0.562、0.524、0.503、0.574 和 0.519，均大于 0.5，CR 分别为 0.806、0.789、0.813、0.752、0.801 和 0.761，均大于 0.6，这说明模型中的各潜变量能够较好地收敛于其对应的观测变量，模型的聚敛度较好。

表 4-13　　　　　　　　　前因变量的验证性因素分析结果

路径			标准化载荷系数	AVE	CR
PU4	←	感知有用性	0.659		
PU3	←	感知有用性	0.755	0.510	0.806
PU2	←	感知有用性	0.721		
PU1	←	感知有用性	0.718		
PEOU3	←	感知易用性	0.676		
PEOU2	←	感知易用性	0.922	0.562	0.789
PEOU1	←	感知易用性	0.616		
PI4	←	同级影响	0.629		
PI3	←	同级影响	0.768	0.524	0.813
PI2	←	同级影响	0.811		
PI1	←	同级影响	0.672		

续表

路径			标准化载荷系数	AVE	CR
SI3	←	上级影响	0.669		
SI2	←	上级影响	0.758	0.503	0.752
SI1	←	上级影响	0.698		
SE3	←	自我效能	0.728		
SE2	←	自我效能	0.703	0.574	0.801
SE1	←	自我效能	0.836		
AVA3	←	便利条件	0.633		
AVA2	←	便利条件	0.852	0.519	0.761
AVA1	←	便利条件	0.657		

（二）区分效度

福奈尔和拉克（Fornell and Larcker，1981）指出如果每个变量的 AVE 值的平方根均大于其所对应的各因子之间相关系数的最大值，则说明量表区分度较好。由表 4－14 可知，前因变量 AVE 平方根均大于每列各对应变量之间的相关系数，这说明该量表区分度良好。

表 4－14　　　　　　　　　前因变量的区分效度结果

变量	感知有用性	感知易用性	同级影响	上级影响	自我效能	便利条件
感知有用性	0.510					
感知易用性	0.118 *	0.562				
同级影响	0.145 **	0.128 *	0.524			
上级影响	0.138 *	0.059	0.179 **	0.503		
自我效能	0.111 *	0.335 ***	0.110 *	0.143 *	0.574	
便利条件	0.129 *	0.188 ***	0.114 *	0.204 ***	0.098	0.519
AVE 平方根	0.714	0.750	0.724	0.709	0.758	0.720

注：* 、** 和 *** 分别表示在10%、5%和1%的显著性水平上显著。

二、中间变量的一阶验证性因子分析

中间变量的一阶验证性因子分析模型和拟合结果如图4－4和表4－15所示：其中 χ^2/df 的值为 1.997 小于 3，RMSEA 小于 0.05，NFI、IFI、TLI 及

CFI 均大于 0.9，且 PCFI 及 PNFI 均大于 0.5，这说明模型拟合度良好。

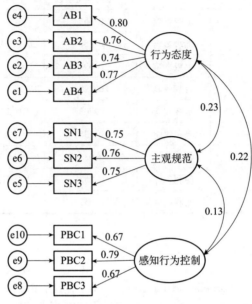

图 4 - 4　中间变量的一阶验证性因子分析模型

表 4 - 15　　　中间变量的一阶验证性因子分析适配指标结果

指标	检验结果	取值标准	拟合结果
χ^2/df	1.997	≤ 3	良好
RMSEA	0.043	< 0.05	良好
NFI	0.966	> 0.9	良好
IFI	0.983	> 0.9	良好
TLI	0.975	> 0.9	良好
CFI	0.982	> 0.9	良好
PCFI	0.699	> 0.5	合理
PNFI	0.687	> 0.5	合理

（一）聚敛效度

通过表 4 - 16 可知，中间变量行为态度、主观规范和感知行为控制的 AVE 分别为 0.586、0.567 和 0.510，均大于 0.5，且其 CR 分别为 0.850、0.797 和 0.756，均大于 0.6，这说明模型聚敛度较好。

表4-16　　　　　　　　中间变量的一阶验证性因子分析结果

路径			标准化载荷系数	AVE	CR
AB4	←	行为态度	0.765		
AB3	←	行为态度	0.740	0.586	0.850
AB2	←	行为态度	0.756		
AB1	←	行为态度	0.799		
SN3	←	主观规范	0.752		
SN2	←	主观规范	0.758	0.567	0.797
SN1	←	主观规范	0.748		
PBC3	←	感知行为控制	0.674		
PBC2	←	感知行为控制	0.789	0.510	0.756
PBC1	←	感知行为控制	0.672		

（二）区分效度

由表4-17可知，中间变量之间的相关系数均小于所对应 AVE 平方根，说明各个中间变量之间具有一定的相关性，彼此间又具有一定的区分度，这说明量表区分度较好。

表4-17　　　　　　　　中间变量的区分效度检验结果

变量	行为态度	主观规范	感知行为控制
行为态度	0.586		
主观规范	0.227***	0.567	
感知行为控制	0.223***	0.132**	0.510
AVE 平方根	0.766	0.753	0.714

注：**、***分别表示在5%、1%的显著性水平上显著。

第六节　相关性分析

相关性分析用来表示变量之间有无相关性及相关程度的大小，具体分析结果如表4-18所示。

表4-18

相关性分析

变量	1. 感知有用性	2. 感知易用性	3. 同级影响	4. 上级影响	5. 自我效能	6. 便利条件	7. 行为态度	8. 主观规范	9. 感知行为控制	10. 农地转出意愿
1. 感知有用性	1									
2. 感知易用性	0.103*	1								
3. 同级影响	0.129**	0.116**	1							
4. 上级影响	0.107*	0.080	0.154**	1						
5. 自我效能	0.088*	0.276**	0.116**	0.125**	1					
6. 便利条件	0.100*	0.133**	0.082	0.164**	0.068	1				
7. 行为态度	0.245**	0.180**	0.070	0.286**	0.080	0.081	1			
8. 主观规范	0.312**	0.200**	0.168**	0.270**	0.072	0.131**	0.182**	1		
9. 感知行为控制	0.111**	0.121**	0.039	0.015	0.138**	0.172**	0.187**	0.101*	1	
10. 农地转出意愿	0.313**	0.162**	0.163**	0.323**	0.123**	0.101*	0.531**	0.397**	0.303**	1

注：*、** 分别表示在10%、5%的显著性水平上显著。

从表 4-18 前因变量与中间变量进行相关性分析的结果可知：前因变量行为信念层面的感知有用性和感知易用性与中间变量行为态度的相关系数分别为 0.245 和 0.180，且通过了 5% 的显著水平，说明感知有用性和感知易用性对农户行为态度有影响，感知有用性对农户行为态度的影响程度大于感知易用性。规范信念层面的同级影响和上级影响与中间变量主观规范的相关系数分别为 0.168 和 0.270，且在 5% 的水平上显著正相关。控制信念层面的自我效能和便利条件与中间变量感知行为控制的相关系数分别为 0.138 和 0.172，且在 5% 的水平上显著正相关。这表明在农户的主观信念中，上级政府的态度和政府提供的便利条件对农户农地转出意愿产生积极的正向影响。

此外，从表 4-18 中间变量和结果变量的相关性分析结果可知：中间变量行为态度、主观规范、感知行为控制和结果变量农地转出意愿之间的相关系数分别为 0.531、0.397、0.303，且都在 5% 的水平上显著正相关。这表明农户的行为态度对其农地转出意愿的影响程度最大。上级影响与感知易用性、同级影响与便利条件之间的系数为正，说明各维度之间并不是独立存在的。政府在制定相关政策时，不能仅单一地注重某一个维度，而是要综合全面地考虑。

第七节　结构方程模型分析

本章拟采用 AMOS22.0 软件构建农户农地转出意愿的结构方程模型，对模型适配度进行检验，并对模型的路径系数展开分析。具体结果如下。

一、农地转出意愿的结构方程模型

费县农地转出意愿的结构方程模型如图 4-5 所示。

二、农地转出意愿模型拟合度检验

模型拟合结果如表 4-19 所示：其中 χ^2/df 的值为 2.404 小于 3，RMSEA 小于 0.08，NFI、IFI、TLI 及 CFI 均大于 0.8，该值为可接受的程度，且 PCFI

及 PNFI 均大于 0.5，说明该模型的适配度可接受，拟合度可接受，为了进一步提高模型的拟合度则需要进行 MI 修正，根据 MI 指标结果可知，残差 e11 和 e25 的值最大为 17.533，且其 Par Change 值为 0.11，这说明 PI1 和 SN1 之间存在很大的相关性。实际上 PI1 代表的测量项为其他转出人认为转出农地的人是可以得到好处的，SN1 代表的是村里已转出土地的人认为土地流转有好处，这说明已转出土地的人的态度或看法对农户农地转出意愿存在一定的影响。

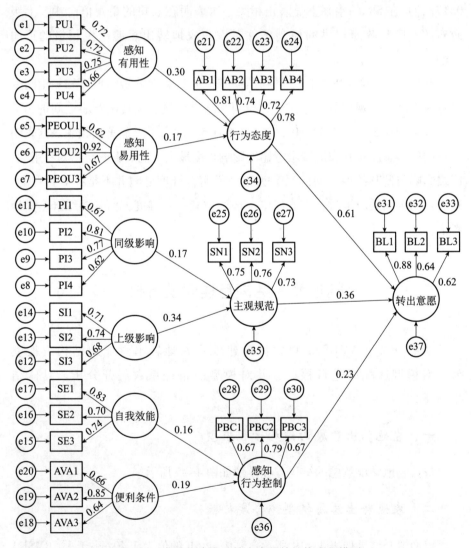

图 4 – 5　费县农户农地转出意愿的结构方程模型

表 4 - 19　　　　　　　　　　　SEM 指标适配结果

指标	检验结果	取值标准	拟合结果
χ^2/df	2.404	≤ 3	良好
RMSEA	0.051	< 0.08	合理
NFI	0.832	> 0.9	合理
IFI	0.895	> 0.9	合理
TLI	0.885	> 0.9	合理
CFI	0.894	> 0.9	合理
PCFI	0.823	> 0.5	合理
PNFI	0.766	> 0.5	合理

依据 SEM 指标适配结果，进行相应的修正，得到修正后的费县农户农地转出意愿的结构方程模型（如图 4 - 6 所示）。修正后的 SEM 指标适配结果如表 4 - 20 所示：其中 χ^2/df 的值为 2.318 小于 3，IFI、CFI 均大于 0.9，且 PCFI 及 PNFI 均大于 0.5。熊无昧和刘永权（2017）指出当指标 NFI 和 TLI 值大于或等于 0.80 时指标适配合理，当 RMSEA 的值为 0.05 时指标适配良好。总体来看，修正后的模型指标适配度比较合理，通过检验。

表 4 - 20　　　　　　　　　　修正后的 SEM 指标适配结果

指标	检验结果	取值标准	拟合结果
χ^2/df	2.318	≤ 3	良好
RMSEA	0.050	≤ 0.05	良好
NFI	0.839	> 0.9	合理
IFI	0.902	> 0.9	良好
TLI	0.892	> 0.9	合理
CFI	0.901	> 0.9	良好
PCFI	0.824	> 0.5	合理
PNFI	0.768	> 0.5	合理

三、农地转出意愿模型标准化路径

模型中各变量之间的路径系数如表 4 - 21 所示，表中所有的路径系数所对应的 C. R. 绝对值均大于 2 且显著性均小于 0.01，结合模型拟合结果得出以下结论。

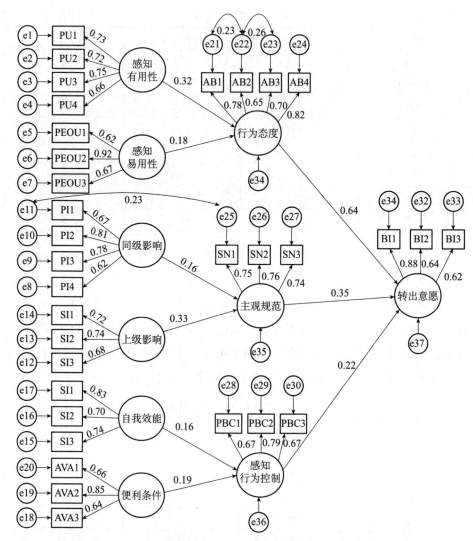

图4-6 修正后的费县农户农地转出意愿的结构方程模型

表4-21 整体模型路径系数及显著性水平

路径			标准化路径系数	S. E.	C. R.	P
行为态度	←	感知有用性	0.316	0.063	5.947	***
行为态度	←	感知易用性	0.176	0.058	3.577	***
主观规范	←	同级影响	0.156	0.074	2.990	**
主观规范	←	上级影响	0.334	0.075	5.772	***
感知行为控制	←	自我效能	0.156	0.048	2.867	**
感知行为控制	←	便利条件	0.194	0.064	3.464	***

续表

路径			标准化路径系数	S. E.	C. R.	P
农地转出意愿	←	行为态度	0.638	0.050	13.151	***
农地转出意愿	←	主观规范	0.352	0.044	7.885	***
农地转出意愿	←	感知行为控制	0.223	0.055	5.038	***

注：**、***分别表示在5%、1%的显著性水平上显著。

第一，前因变量对中间变量具有显著的正向影响。由表4-21可知，感知有用性和感知易用性对农户行为态度的标准化路径系数分别为0.316和0.176，这说明感知有用性和感知易用性对农户行为态度的影响程度分别为0.316和0.176，其显著性P值均在0.001的水平上正向显著，这说明在维持其他变量不变的前提下，感知有用性和感知易用性每提升1，农户行为态度就分别提升0.316和0.176；同理，同级影响和上级影响的显著性P值分别在0.01和0.001的水平上正向显著，这说明在维持其他变量不变的前提下，同级影响和上级影响每提升1，农户主观规范就分别提升0.156和0.334；自我效能和便利条件的显著性P值分别在0.01和0.001的水平上正向显著，这说明在维持其他变量不变的前提下，自我效能和便利条件每提升1，农户的感知行为控制分别提升0.156和0.194。综上所述，本章所提出的H4-1a、H4-1b、H4-2a、H4-2b、H4-3a、H4-3b均成立。

第二，中间变量对结果变量具有显著的正向影响。根据表4-21可知，农户的行为态度、主观规范和感知行为控制对农户农地转出意愿的标准化路径系数分别为0.638、0.352和0.223，这说明农户的行为态度、主观规范和感知行为控制对农户农地转出意愿的影响程度分别为0.638、0.352和0.223，其显著性P值均在0.001的水平上正向显著，这说明在维持其他变量不变的前提下，农户的行为态度、主观规范和感知行为控制每提升1，农户农地转出意愿分别提升0.638、0.352和0.223。综上所述，本章所提出的H4-1、H4-2、H4-3均成立。该研究结论也与我国部分学者在该领域的研究成果一致。

四、农户农地转出意愿影响因素分析

通过图4-7可知，中间变量行为态度（AB）、主观规范（SN）和感知行为控制（PBC）对结果变量农地转出意愿（BI）的标准化路径系数分别为0.64、0.35和0.22，这说明农户的行为态度对农户农地转出意愿影响程度最大，农户的主观规范影响程度次之，而农户的感知行为控制对农户农地转出意愿的影响程度最小。因此，本章将从行为信念、规范信念和控制信念这三个层面对农户农地转出意愿的影响因素具体展开分析。

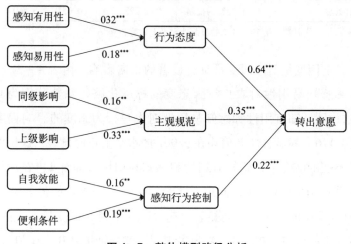

图 4 – 7　整体模型路径分析

（一）行为信念层面影响因素分析

在行为信念层面，感知有用性（PI）→ 行为态度（AB）的标准化路径系数高于感知易用性（PEOU）→行为态度（AB）的路径系数，即 0.32 大于 0.18。这说明农户更加注重农地转出所产生的经济或社会效益。在感知有用性中，增加收益（PU3）、节约成本（PU1）的路径系数相对比较高分别为 0.75、0.73，且 PU3 大于 PU1。一方面，农户作为"理性经济人"在参与农地转出时能够获得经济收益是前提，收益越高，农户参与农地转出意愿就越强；另一方面，当农户参与某项行为时，成本越低意味着收益越高，当农户认为农地转出可以节约生产成本时，则意味着农户参与农地转出能够获得比较理想的收入。此外，提高土地利用率（PU2）和村集体发展（PU4）的路径系数分别为 0.72 和 0.66。这说明农户认为参与农地转出不仅对家庭有益，而且对整个村集体也是有益的。在感知易用性中，平原地形更容易转出（PEOU2）的路径系数为 0.92，在行为信念层面系数最高。之所以出现这种情况主要是受该地区地形的影响，费县地形复杂多样，据不完全统计，费县整体地形中山地、丘陵、平原的面积比约为 4:3:2，因此当被调查者属于山区、丘陵时，大部分农户在自我认知中认为平原地形更有利于转出，实地调研发现确实如此。

（二）规范信念层面影响因素分析

在规范信念层面，上级影响（SI）→主观规范（SN）的标准化路径系数高于同级影响（PI）→主观规范（SN）的标准化路径系数即0.33大于0.16，这说明在农地转出意愿中农户会把上级政府部门的支持作为重要考量。在上级影响中，政府支持（SI2）的路径系数最高为0.74，这是因为国家对"三农"问题特别关注，在促进农业农村现代化、促进土地规模化经营及国家对新型农业经营主体的支持力度不断增大等优势背景下，各级政府部门对农村土地流转持支持态度，农户积极响应号召，并在上级政府的支持下有了底气。村干部鼓励（SI1）和村集体支持（SI3）的路径系数分别为0.72和0.68，通过实地走访发现，上级政府在农地流转过程中发挥了很重要的作用，对于部分山区、丘陵地形而言，上级政府的支持度与农户农地转出意愿呈正比。平原地区有上级政府支持会发展得更好，山区、丘陵地区有上级政府的支持会得到进一步发展。在同级影响中，家人支持（PI2）的路径系数为0.81，这说明农户在最初做决策时，受家人的影响很大，他们会听取家人的意见，进一步作出决策，采取行动。被动转出（PI4）的路径系数在所有路径中最低，实际上农户的农地转出受周边邻地影响被动转出或者有农地转出意愿的情况确实存在，但这种情况发生的概率较低。

（三）控制信念层面影响因素分析

在控制信念层面，自我效能（SE）→感知行为控制（PBC）的标准化路径系数低于便利条件（AVA）→感知行为控制（PBC）的标准化路径系数即0.16小于0.19。这说明便利条件对农户作出某项行为的影响较大。此外，熟悉政策（SE1）、承担风险（SE2）、处理矛盾/纠纷（SE3）的标准载荷系数分别为0.83、0.70、0.74。这表明农户对农地转出的土地政策比较熟悉，知道农地如何转出，这也有助于提高农户的农地转出意愿。而农户自身承担风险和处理矛盾/纠纷的能力相对弱些，究其原因，主要是大部分农户特别是一些偏远山区农户的受教育程度比较低，法律意识淡薄又缺乏维权意识。经实地了解，目前在农地流转过程中还存在口头协议、流转形式不规范等现象，加之受到"乡情"的影响，使得农地流转主体缺位、土地纠纷问题频发，最终导致农户利益受损。在便利条件中，农地流转交易平台（AVA1）、政策宣传（AVA2）、信息渠道（AVA3）的标准化路径系数分别为 0.66、0.85、0.64。随着农民生活水平的提高及科学技术的迅猛发展，智能手机等电子产品慢慢走进千家万户，对于政策的宣传，抖音、快手、西瓜等各种 App、公众号等信息发布渠道使农户更近距离、更全面、更及时地了解相关农业政策。但这种信息接收能力仅有小部分人具备，对于相对年长且受教育水平低的农户而言，还是以传统的信息发布渠道为主。此外，在部分地区确实存在完善的农地流转交易平台，但平台的使用率低、农户对平台的认知较少且缺乏专业的技能培训等问题也存在。因此，相对于农地流转政策的宣传力度，农地流转交易平台的使用程度和信息渠道的畅通程度也使得农户的感知行为控制对农户农地转出意愿的影响较弱。

第八节　异质性分析

本章提出了 H4 - 4：不同个体特征的农户在农地转出意愿与影响农地转出意愿的因素上存在显著差异。本节将采用方差分析的方法对 H4 - 4 进行验证，方差分析是用于两个及两个以上样本均数差别的显著性检验。本章采用方差分析中的独立样本 T 检验和单因素方差分析法这两种方法进行分析。独立样本 T 检验是指检验两个独立组别在某一个连续变量上的均值之间是否存在显著差异的一种统计学方法，单因素方差分析法是指在 T 检验的基础上，仅研究单个因素对观测变量的影响。采用这两种分析方法可有效地检验不同人口变量统计数据对整个模型中各因素影响力的差异性是否存在。

一、独立样本 T 检验

由于性别只有男、女两个组别，因此本部分采用独立样本 T 检验来验证 H4 - 4a：不同性别的农户在农地转出意愿与影响农地转出意愿的因素上存在显著差异。检验结果如下。

根据表 4 - 22 可知，行为信念层面、规范信念层面和控制信念层面下的潜变量，方差齐性的 Levene 检验的 Sig. 值均大于 0.05，应读取"方差齐性"

下的 T 检验值。同时根据结果可知各变量对应的 T 检验 Sig.（双尾）值均大于 0.05，这说明特征与变量之间在统计学意义上不存在显著差异，即不同性别的农户在农地转出意愿与影响农地转出意愿的因素上不存在显著差异。因此，拒绝 H4 -4a。

表 4 -22 性别在各变量上的独立样本 T 检验

变量		方差齐性的 Levene 检验		T 检验		
		F	Sig.	T	df	Sig.（双尾）
感知有用性	方差齐性	0.008	0.93	-1.054	537	0.292
	方差非齐性			-1.054	529.13	0.293
感知易用性	方差齐性	0.025	0.875	-1.086	537	0.278
	方差非齐性			-1.086	529.22	0.278
同级影响	方差齐性	0.297	0.568	-0.961	537	0.337
	方差非齐性			-0.96	527.121	0.337
上级影响	方差齐性	0.061	0.806	1.437	537	0.151
	方差非齐性			1.441	534.972	0.150
自我效能	方差齐性	0.709	0.400	0.566	537	0.571
	方差非齐性			0.568	535.022	0.570
便利条件	方差齐性	1.336	0.248	-0.397	537	0.691
	方差非齐性			-0.398	532.291	0.691
行为态度	方差齐性	2.855	0.092	0.988	537	0.324
	方差非齐性			0.922	536.032	0.322
主观规范	方差齐性	0.466	0.495	0.728	537	0.467
	方差非齐性			0.729	532.807	0.466
感知行为控制	方差齐性	0.137	0.711	0.419	537	0.675
	方差非齐性			0.418	525.385	0.676
农地转出意愿	方差齐性	1.504	0.221	0.798	537	0.425
	方差非齐性			0.800	534.25	0.424

二、单因素方差分析

（一）不同年龄在各变量上的方差分析

对三个及以上的组别在各信念层面上的差异对比，先判断各变量是否满足方差齐性，若满足则采用单因素方差分析法，此时选取 LSD 方法进行两两比较；若不满足则采用韦尔奇方差分析法，此时则选取 Tamhane's T2 比较法来验证 H4 - 4b：不同年龄的农户在农地转出意愿与影响农地转出意愿的因素上存在显著差异，结果如下。

由表 4 - 23 可得：农地转出意愿的显著性水平是 0.012 小于 0.05，说明该变量的数据不具备方差齐性，以韦尔奇检验结果为最终结果；其他变量的显著性水平均大于 0.05，说明数据具备方差齐性，应采用单因素方差分析法。方差分析的结果如表 4 - 23 所示。

表 4 - 23　　　　　　　不同年龄段在各变量上的方差齐性检验

变量	Levene 统计	df1	df2	显著性
感知有用性	1.564	4	534	0.183
感知易用性	2.331	4	534	0.055
同级影响	0.846	4	534	0.496
上级影响	0.111	4	534	0.979
自我效能	0.053	4	534	0.995
便利条件	1.296	4	534	0.271
行为态度	0.294	4	534	0.882
主观规范	1.177	4	534	0.320
感知行为控制	1.429	4	534	0.223
农地转出意愿	3.234	4	534	0.012

由表 4 - 24 和表 4 - 25 可知，农地转出意愿的 P 值小于 0.05，说明不同年龄段的农户在农地转出意愿方面存在显著差异且具有统计学意义；此外，其他九个变量的显著性水平均大于 0.05，说明不同年龄段在感知有用性、感知易用性等九个因素上不存在显著差异，H4 - 4b 部分成立。

表 4 - 24　　　　　　　不同年龄在各变量上的单因素方差分析

变量		平方和	自由度	均值方差	F	显著性
感知有用性	组间	1.167	4	0.292	0.562	0.690
	组内	277.251	534	0.519		
	合计	278.418	538			
感知易用性	组间	3.232	4	0.808	1.225	0.299
	组内	352.406	534	0.66		
	合计	355.638	538			
同级影响	组间	0.132	4	0.033	0.062	0.993
	组内	284.248	534	0.532		
	合计	284.38	538			

续表

变量		平方和	自由度	均值方差	F	显著性
上级影响	组间	0.780	4	0.195	0.359	0.838
	组内	289.842	534	0.543		
	合计	290.623	538			
自我效能	组间	3.499	4	0.875	1.419	0.226
	组内	329.296	534	0.617		
	合计	332.795	538			
便利条件	组间	1.811	4	0.453	0.905	0.461
	组内	267.106	534	0.5		
	合计	268.917	538			
行为态度	组间	3.958	4	0.989	1.634	0.164
	组内	323.424	534	0.606		
	合计	327.382	538			
主观规范	组间	1.808	4	0.452	0.585	0.674
	组内	412.938	534	0.773		
	合计	414.746	538			
感知行为控制	组间	1.303	4	0.326	0.621	0.648
	组内	280.212	534	0.525		
	合计	281.515	538			

表 4-25　　　　不同年龄对农地转出意愿的韦尔奇方差分析结果

变量	渐进 F 分布	df1	df2	显著性
农地转出意愿	3.298	4	202.532	0.012

为了更深层次地分析不同年龄段在农户农地转出意愿方面的差异，由于该变量的显著性水平为 0.012 小于 0.05，不具备方差齐性，则采用 Tamhane's T2 比较法。具体差异如表 4-26 所示。

表 4-26　　　　不同年龄对农户农地转出意愿的多重比较分析

(I) 年龄	(J) 年龄	平均值差值 (I－J)	标准误差	Sig.
35 岁及以下	36~45 岁	－0.12662	0.11702	0.964
	46~55 岁	0.20386	0.13199	0.737
	56~65 岁	0.08921	0.11151	0.996
	66 岁及以上	0.09771	0.12274	0.996

续表

（I）年龄	（J）年龄	平均值差值（I－J）	标准误差	Sig.
36～45 岁	35 岁及以下	0.12662	0.11702	0.964
	46～55 岁	0.33048 *	0.10423	0.018
	56～65 岁	0.21584	0.07666	0.053
	66 岁及以上	0.22434	0.09224	0.148
46～55 岁	35 岁及以下	－0.20386	0.13199	0.737
	36～45 岁	－0.33048 *	0.10423	0.018
	56～65 岁	－0.11464	0.098	0.939
	66 岁及以上	－0.10615	0.11061	0.984
56～65 岁	35 岁及以下	－0.08921	0.11151	0.996
	36～45 岁	－0.21584	0.07666	0.053
	46～55 岁	0.11464	0.098	0.939
	66 岁及以上	0.0085	0.08514	1
66 岁及以上	35 岁及以下	－0.09771	0.12274	0.996
	36～45 岁	－0.22434	0.09224	0.148
	46～55 岁	0.10615	0.11061	0.984
	56～65 岁	－0.0085	0.08514	1

注：＊表示在10%的显著性水平上显著。

由表 4-26 可知 36～45 岁年龄段的农户比其他年龄段农户的农地转出意愿更强，这可能由于大部分中年人认为外出务工的收益会高于在家务农的收益，年轻的劳动力大部分会选择外出务工，因此这部分农户转出的意愿会相对高些。通过表 4-26 也可得出 56 岁及以上年龄段的农户农地转出的意愿会相对低些，这主要是由于一些偏远地区的社会保障体系还不健全，年纪大的农户外出务工机会少，加之受到乡风习俗的影响，人情往来、生活开支等主要来源于务农收入，因此他们不愿意将自家的农地流转出去。

（二）不同文化程度在各变量上的方差分析

为验证 H4-4c：不同文化程度的农户在农地转出意愿与影响农地转出意愿的因素上存在显著差异，本部分同样采用单因素方差分析法进行检验，检验结果如下。

由表4-27可知，自我效能P值为0.028小于0.05，说明该变量的数据不具备方差齐性，以韦尔奇方差分析检验结果为最终结果；其余九个变量的显著性水平均大于0.05，说明数据具备方差齐性，应采用单因素方差分析法。

表4-27　　　　　　　　不同文化程度在各变量上的方差齐性检验

变量	Levene统计	df1	df2	显著性
感知有用性	0.428	3	535	0.733
感知易用性	1.082	3	535	0.356
同级影响	0.869	3	535	0.457
上级影响	1	3	535	0.393
自我效能	3.046	3	535	0.028
便利条件	1.96	3	535	0.119
行为态度	0.337	3	535	0.799
主观规范	0.104	3	535	0.958
感知行为控制	0.269	3	535	0.848
农地转出意愿	0.454	3	535	0.714

由表4-28可知，感知易用性、便利条件、主观规范和农地转出意愿的显著性水平均小于0.05，这说明不同学历的农户在感知易用性、便利条件、主观规范和农地转出意愿上存在显著差异性且具有统计学意义。而其余五个变量的显著性水平均大于0.05，这说明不同文化程度的农户在感知有用性等五个变量上不存在显著差异。

表4-28　　　　　　　　不同文化程度在各变量上的单因素方差分析

变量		平方和	自由度	均值方差	F	显著性
感知有用性	组间	0.718	3	0.239	0.461	0.71
	组内	277.7	535	0.519		
	合计	278.418	538			
感知易用性	组间	5.235	3	1.745	2.664	0.047
	组内	350.404	535	0.655		
	合计	355.638	538			
同级影响	组间	1.601	3	0.534	1.01	0.388
	组内	282.779	535	0.529		
	合计	284.38	538			

续表

变量		平方和	自由度	均值方差	F	显著性
上级影响	组间	0.795	3	0.265	0.489	0.69
	组内	289.828	535	0.542		
	合计	290.623	538			
便利条件	组间	10.231	3	3.41	7.053	0
	组内	258.686	535	0.484		
	合计	268.917	538			
行为态度	组间	1.29	3	0.43	0.705	0.549
	组内	326.093	535	0.61		
	合计	327.382	538			
主观规范	组间	6.203	3	2.068	2.708	0.045
	组内	408.543	535	0.764		
	合计	414.746	538			
感知行为控制	组间	0.887	3	0.296	0.564	0.639
	组内	280.628	535	0.525		
	合计	281.515	538			
农地转出意愿	组间	5.033	3	1.678	3.315	0.02
	组内	270.727	535	0.506		
	合计	275.76	538			

由表 4 - 29 可知，自我效能 P 值为 0，说明不同文化程度的农户在自我效能这个变量上存在显著差异且具有统计学意义。因此，H4 - 4c 部分成立。

表 4 - 29　　　　　不同文化程度对自我效能的韦尔奇方差分析结果

变量	渐进 F 分布	df1	df2	显著性
自我效能	42.306	3	136.18	0

为了更深层次地分析不同文化程度在感知易用性、便利条件、主观规范、农户农地转出意愿和自我效能方面的差异，分别读取 LSD 和 Tamhane's T2 运行结果。

通过表 4 - 30 和表 4 - 31 可知：专科/本科及以上的农户，在感知易用性、便利条件、主观规范、自我效能和农地转出意愿上相对于其他学历段农户的感受度更强，这说明学历越高的农户，对国家政策的了解越多，对土地流转的流程越熟悉，处理问题/矛盾的能力就越强，因此其农地转出意愿就越强，这样自家的农地流转起来也就容易些。

表 4 - 30　不同学历的多重比较分析

(I)学历	(J)学历	感知易用性			便利条件			主观规范			农地转出意愿		
		均值差(I-J)	标准误差	Sig.	均值差(I-J)	标准误差	Sig.	均值差(I-J)	标准误差	Sig.	均值差(I-J)	标准误差	Sig.
1	2	-0.13524	0.07927	0.089	-0.20744*	0.06811	0.002	0.03171	0.08559	0.711	-0.03791	0.06968	0.587
	3	0.02889	0.11465	0.801	-0.38981*	0.09851	0	-0.14254	0.1238	0.250	-0.07674	0.10078	0.447
	4	-0.33605*	0.14181	0.018	-0.24758*	0.12184	0.043	-0.38047*	0.15312	0.013	-0.39043*	0.12465	0.002
2	1	0.13524	0.07927	0.089	0.20744*	0.06811	0.002	-0.03171	0.08559	0.711	0.03791	0.06968	0.587
	3	0.16413	0.12088	0.175	-0.18236	0.12621	0.080	-0.17425	0.13053	0.182	-0.03883	0.10625	0.715
	4	-0.20081	0.14689	0.172	-0.04014	0.12621	0.751	-0.41218*	0.15861	0.010	-0.35252*	0.12912	0.007
3	1	-0.02889	0.11465	0.801	0.38981*	0.09851	0	0.14254	0.1238	0.250	0.07674	0.10078	0.447
	2	-0.16413	0.12088	0.175	0.18236	0.10386	0.08	0.17425	0.13053	0.182	0.03883	0.10625	0.715
	4	-0.36494*	0.16864	0.031	0.14222	0.1449	0.327	-0.23793	0.18209	0.192	-0.31369*	0.14823	0.035
4	1	0.33605*	0.14181	0.018	0.24758*	0.12184	0.043	0.38047*	0.15312	0.013	0.39043*	0.12465	0.002
	2	0.20081	0.14689	0.172	0.04014	0.12621	0.751	0.41218*	0.15861	0.01	0.35252*	0.12912	0.007
	3	0.36494*	0.16864	0.031	-0.14222	0.1449	0.327	0.23793	0.18209	0.192	0.31369*	0.14823	0.035

注：* 表示在10%的显著性水平上显著。表中学历：1代表小学及以下，2代表初中，3代表高中/中专，4代表专科/本科及以上。

表 4 – 31 不同文化程度对自我效能的多重比较分析

（I）学历	（J）学历	均值差（I–J）	标准误差	Sig.
小学及以下	初中	– 0. 12902	0. 07396	0. 401
	高中/中专	– 0. 41412 *	0. 10143	0. 001
	专科/本科及以上	– 0. 99778 *	0. 09112	0
初中	小学及以下	0. 12902	0. 07396	0. 401
	高中/中专	– 0. 28509 *	0. 10587	0. 048
	专科/本科及以上	– 0. 86876 *	0. 09604	0
高中/中专	小学及以下	0. 41412 *	0. 10143	0. 001
	初中	0. 28509 *	0. 10587	0. 048
	专科/本科及以上	– 0. 58367 *	0. 1185	0
专科/本科及以上	小学及以下	0. 99778 *	0. 09112	0
	初中	0. 86876 *	0. 09604	0
	高中/中专	0. 58367 *	0. 1185	0

注：* 表示在 10% 的显著性水平上显著。

（三）不同职业类型在各变量上的方差分析

为检验本章提到的 H4 – 4d：不同职业类型的农户在农地转出意愿与影响农地转出意愿的因素上存在显著差异。先对各变量进行方差齐性检验，检验结果如表 4 – 32 所示。

表 4 – 32 不同职业类型在各变量上的方差齐性检验

变量	Levene 统计	df1	df2	显著性
感知有用性	2. 49	3	535	0. 060
感知易用性	3. 293	3	535	0. 020
同级影响	0. 237	3	535	0. 871
上级影响	1. 569	3	535	0. 196
自我效能	3. 589	3	535	0. 014
便利条件	0. 738	3	535	0. 530
行为态度	0. 199	3	535	0. 897
主观规范	0. 602	3	535	0. 614
感知行为控制	2. 799	3	535	0. 040
农地转出意愿	0. 942	3	535	0. 420

根据方差齐性检验结果可知，感知易用性、自我效能和感知行为控制这三个变量的显著性水平小于 0.05，说明不同职业类型在这三个变量上不具备方差齐性，以韦尔奇方差分析检验结果为最终结果；其他七个变量的显著性水平均大于 0.05，说明数据具备方差齐性，应采用单因素方差分析法。

由表 4 - 33 和表 4 - 34 可知，感知有用性和农地转出意愿显著性水平小于 0.05，这说明不同职业类型的农户在感知有用性、农地转出意愿这两个因素上存在显著差异；其余变量的方差 P 大于 0.05，这说明不同职业类型的农户在感知易用性、同级影响等八个因素上不存在显著差异，H4 - 4d 部分成立。

表 4 - 33　　　　　　　不同职业类型在各变量上的单因素方差分析

变量		平方和	自由度	均值方差	F	显著性
感知有用性	组间	24.389	3	8.13	17.121	0
	组内	254.029	535	0.475		
	合计	278.418	538			
同级影响	组间	1.79	3	0.597	1.13	0.336
	组内	282.589	535	0.528		
	合计	284.38	538			
上级影响	组间	2.876	3	0.959	1.782	0.15
	组内	287.747	535	0.538		
	合计	290.623	538			
便利条件	组间	2.917	3	0.972	1.956	0.12
	组内	266	535	0.497		
	合计	268.917	538			
行为态度	组间	1.701	3	0.567	0.932	0.425
	组内	325.681	535	0.609		
	合计	327.382	538			
主观规范	组间	2.166	3	0.722	0.936	0.423
	组内	412.58	535	0.771		
	合计	414.746	538			
农地转出意愿	组间	5.642	3	1.881	3.725	0.011
	组内	270.118	535	0.505		
	合计	275.76	538			

表4-34   不同职业类型对部分变量的韦尔奇方差分析结果

变量	渐进 F 分布	df1	df2	显著性
感知易用性	0.871	3	210.519	0.457
自我效能	1.238	3	221.317	0.297
感知行为控制	0.707	3	223.211	0.549

继续对差异展开分析，检验结果如表4-35所示：从事纯农业的农户相对于从事其他职业类型的农户对感知有用性的感知程度更高，这说明经济收益是纯农业农户考虑的首要因素，这可能由于从事纯农业的农户家庭收入主要以务农收入为主，若该部分农户年龄大、受教育程度低且不具备专业的技能，他们更不愿将农地流转出去。与此相反的是，对于从事非农职业类型的农户，当其外出务工收入高于务农收入时，该部分农户农地转出的意愿就强。

表4-35   不同职业类型的多重比较分析

(I) 职业类型	(J) 职业类型	感知有用性			农地转出意愿		
		均值差 (I-J)	标准误差	Sig.	均值差 (I-J)	标准误差	Sig.
纯农业	非农业	0.424*	0.09	0	-0.215	0.087	0.085
	兼业	0.331*	0.069	0	0.078	0.072	0.861
	其他	0.563*	0.1	0	0.088	0.106	0.957
非农业	纯农业	-0.424*	0.09	0	0.215	0.087	0.085
	兼业	-0.093	0.097	0.916	0.293*	0.091	0.009
	其他	0.139	0.121	0.826	0.303	0.119	0.071
兼业	纯农业	-0.331*	0.069	0	-0.078	0.072	0.861
	非农业	0.093	0.097	0.916	-0.293*	0.091	0.009
	其他	0.232	0.106	0.172	0.01	0.109	1
其他	纯农业	-0.563*	0.1	0	-0.088	0.106	0.957
	非农业	-0.139	0.121	0.826	-0.303	0.119	0.071
	兼业	-0.232	0.106	0.172	-0.01	0.109	1

注：* 表示在10%的显著性水平上显著。

（四）不同家庭人口数在各变量上的方差分析

本部分要检验本章提到的H4-4e：不同家庭人口数的农户在农地转出意愿与影响农地转出意愿的因素上存在显著差异。表4-36为各变量的方差齐性检验结果。

表 4 – 36　　　　　不同家庭人口数在各变量上的方差齐性检验

变量	Levene 统计	df1	df2	显著性
感知有用性	1.994	3	535	0.114
感知易用性	0.862	3	535	0.461
同级影响	1.117	3	535	0.342
上级影响	0.57	3	535	0.635
自我效能	0.479	3	535	0.697
便利条件	0.764	3	535	0.514
行为态度	2.304	3	535	0.076
主观规范	2.836	3	535	0.038
感知行为控制	0.946	3	535	0.418
农地转出意愿	6.18	3	535	0

根据检验结果可知，主观规范和农地转出意愿的 P 值小于 0.05，这说明各变量数据不具备方差齐性，而其余的感知有用性等八个变量的 P 值均大于 0.05，因此具备方差齐性。

由表 4 – 37 和表 4 – 38 可知，行为态度、主观规范和农地转出意愿的 P 值小于 0.05，这说明不同家庭人口数的农户在行为态度、主观规范和农地转出意愿方面存在显著差异；此外，其他七个变量的显著性水平 P 值大于 0.05，这说明不同家庭人口数在感知有用性、感知易用性等七个因素上不存在显著差异，H4 – 4e 部分成立。

表 4 – 37　　　　　不同家庭人口数在各变量上的单因素方差分析

变量		平方和	自由度	均值方差	F	显著性
感知有用性	组间	2.009	3	0.67	1.296	0.275
	组内	276.409	535	0.517		
	合计	278.418	538			
感知易用性	组间	2.968	3	0.989	1.501	0.213
	组内	352.67	535	0.659		
	合计	355.638	538			
同级影响	组间	0.664	3	0.221	0.418	0.74
	组内	283.715	535	0.53		
	合计	284.38	538			

续表

变量		平方和	自由度	均值方差	F	显著性
上级影响	组间	1.476	3	0.492	0.91	0.436
	组内	289.147	535	0.54		
	合计	290.623	538			
自我效能	组间	2.488	3	0.829	1.343	0.259
	组内	330.307	535	0.617		
	合计	332.795	538			
便利条件	组间	3.285	3	1.095	2.205	0.087
	组内	265.633	535	0.497		
	合计	268.917	538			
行为态度	组间	15.486	3	5.162	8.854	0
	组内	311.897	535	0.583		
	合计	327.382	538			
感知行为控制	组间	1.99	3	0.663	1.27	0.284
	组内	279.525	535	0.522		
	合计	281.515	538			

表4-38   不同职业类型对部分变量的韦尔奇方差分析结果

变量名称	渐进F分布	df1	df2	显著性
主观规范	5.081	3	204.891	0.002
农地转出意愿	9.063	3	199.393	0

　　为了更深入地分析不同家庭人口数在行为态度、主观规范和农地转出意愿方面的差异，本章继续采用 LSD 和 Tamhane's T2 法进行组内比较。比较之后，具体分析结果如表4-39和表4-40所示。

表4-39   不同家庭人口数对行为态度的多重比较分析

(I) 家庭人口数	(J) 家庭人口数	平均值差值 (I-J)	标准误差	Sig.
3人及以下	4人	-0.01623	0.08411	0.847
	5人	0.18068 *	0.08773	0.04
	6人及以上	0.53407 *	0.11936	0

续表

（I）家庭人口数	（J）家庭人口数	平均值差值（I－J）	标准误差	Sig.
4 人	3 人及以下	0.01623	0.08411	0.847
	5 人	0.19691 *	0.08426	0.02
	6 人及以上	0.55030 *	0.11683	0
5 人	3 人及以下	-0.18068 *	0.08773	0.04
	4 人	-0.19691 *	0.08426	0.02
	6 人及以上	0.35339 *	0.11946	0.003
6 人及以上	3 人及以下	-0.53407 *	0.11936	0
	4 人	-0.55030 *	0.11683	0
	5 人	-0.35339 *	0.11946	0.003

注：＊表示在 10% 的显著性水平上显著。

表 4 - 40　　　　　　不同家庭人口数对部分变量的多重比较分析

（I）家庭人口数	（J）家庭人口数	主观规范			农地转出意愿		
		均值差（I－J）	标准误差	Sig.	均值差（I－J）	标准误差	Sig.
3 人及以下	4 人	0.06438	0.08949	0.978	0.0288	0.06922	0.999
	5 人	0.32760 *	0.1004	0.007	0.24223 *	0.08096	0.018
	6 人及以上	0.36623	0.1404	0.063	0.56015 *	0.12582	0
4 人	3 人及以下	-0.06438	0.08949	0.978	-0.0288	0.06922	0.999
	5 人	0.26322 *	0.09917	0.049	0.21343 *	0.07785	0.038
	6 人及以上	0.30185	0.13952	0.184	0.53135 *	0.12384	0
5 人	3 人及以下	-0.32760 *	0.1004	0.007	-0.24223 *	0.08096	0.018
	4 人	-0.26322 *	0.09917	0.049	-0.21343 *	0.07785	0.038
	6 人及以上	0.03863	0.14676	1	0.31792	0.13076	0.098
6 人及以上	3 人及以下	-0.36623	0.1404	0.063	-0.56015 *	0.12582	0
	4 人	-0.30185	0.13952	0.184	-0.53135 *	0.12384	0
	5 人	-0.03863	0.14676	1	-0.31792	0.13076	0.098

注：＊表示在 10% 的显著性水平上显著。

家庭人口数在 4 人及以下的农户在主观规范和农地转出意愿上感知度明显高于家庭人口数在 5 人及以上的农户。家庭人口越少越容易受到周围人的影响，同时与家庭人口数多的农户相比他们的农地转出意愿更强。农户家庭人口数越多，他们对土地的依赖性越强。这可能是由于部分偏远地区的农户家庭人口数越多，他们家中的口粮需求就越大，加之老人受传统"恋土情节"的影响，他们更不愿意将手里仅有的土地流转出去。

第九节　研究结论与对策建议

本书基于山东省临沂市费县 539 户农户的调查数据，以解构计划行为理论为基础，首先针对调研的数据运用 SPSS 软件对样本量进行描述性统计分析，其次对数据进行信度和效度检验，最后利用 AMOS 软件绘制成整体的 SEM 模型，通过路径系数探究各变量之间的关系及影响程度。本节将根据实证分析的结果得出结论，并为提高农户农地转出意愿提出针对性的对策建议。

一、研究结论

第一，进一步验证了解构计划行为理论在农户农地转出意愿领域的适应性和解释力。以武汉城市圈为例，同时以解构计划行为理论为基础对农户农地转出意愿展开研究，研究发现解构计划行为理论适用于分析农户农地转出行为意向（沈萌，2020）。本书在此基础上根据调研区域的特征，选取感知有用性和感知易用性作为行为态度的前因变量、选取同级影响和上级影响作为主观规范的前因变量、选取自我效能和便利条件作为感知行为控制的前因变量，以行为态度、主观规范和感知行为控制作为中间变量，以农户农地转出意愿作为结果变量构建费县农户农地转出意愿的模型，通过实证分析验证模型的合理性。结果表明，区域特征不同，变量的选取也更具有适用性和灵活性。

第二，前因变量感知有用性、感知易用性、同级影响、上级影响、自我效能和便利条件与中间变量行为态度、主观规范和感知行为控制存在显著正相关关系。根据结构方程模型的运行结果可知：6 个前因变量对 3 个中间变量都具备显著的正向影响。其中，感知有用性和感知易用性对农户行为态度的标准化路径系数分别为 0.316 和 0.176，同级影响和上级影响对农户主观规范的标准化路径系数分别为 0.156 和 0.334，自我效能和便利条件对农户感知行为控制的标准化路径系数分别为 0.156 和 0.194，系数越高，意味着前因变量对中间变量的影响越强。H4－1a、H4－1b、H4－2a、H4－2b、H4－3a、H4－3b 均成立。

第三，中间变量行为态度、主观规范和感知行为控制与农户农地转出意愿显著正相关。从实证结果来看，中间变量行为态度、主观规范和感知行为控制对农户农地转出意愿的标准化路径系数分别为 0.638、0.352 和 0.223，其显著性 P 值均在 0.001 的水平上正向显著。H4－1、H4－2、H4－3 均成立。其中，行为态度对农户农地转出意愿正向影响的程度最大。为进一步提升农户农地转出意愿，应在农户的行为态度上下功夫。当农户对农地转出持积极态度，且认为转出后利大于弊或对流转双方均有利时，他们的流转意愿会更强。在感知有用性方面，经济收益对行为态度的影响最大，在感知易用性方面，根据其标准化路径系数可知，平原地形在农地转出上具有显著优势。

第四，不同个体特征的农户在部分影响因素的感受上存在显著差异。根据异质性检验结果可知：除性别外，不同年龄段、不同文化程度、不同职业类型、不同家庭人口数的农户在农地转出意愿上均存在显著差异。其中，不同性别的农户在农地转出意愿与影响农地转出意愿的因素上不存在显著差异，H4－4a 不成立；不同年龄段的农户在农地转出意愿上存在显著差异，在感知有用性等九个变量上不存在显著差异，H4－4b 部分成立；不同文化程度的农户在感知易用性、便利条件、主观规范、农地转出意愿和自我效能上存在显著差异，在感知有用性等五个变量上不存在显著差异，H4－4c 部分成立；不同职业类型的农户在感知有用性和农地转出意愿上存在显著差异，在感知易用性等八个变量上不存在显著差异，H4－4d 部分成立；不同家庭人口数的农户在行为态度、主观规范和农地转出意愿方面存在显著差异，在感知有用性等七个变量上不存在显著差异，H4－4e 部分成立。由此可知，H4－4 部分成立。

此外，年龄段在 56 岁及以上的农户其农地转出意愿会相对低些；学历越高的农户，对国家政策了解越多，对农地流转的流程越熟悉，则处理问题的能力就越强，因此其农地转出意愿就越高；从事非农业比从事其他职业类型农户的农地转出意愿程度更高一些；同时家庭人口数越多（5 人及以上）的农户，他们对土地的依赖性越强，其农地转出意愿就越低。

第五，通过实地调研并结合模型运行结果发现，在保证农户收益的前提下，前因变量中上级影响及便利条件对中间变量的影响较大，为减少农地撂荒率，提高农户农地转出的意愿和行为，促进农业现代化发展，政府应加大对偏远山区和丘陵地区的扶持力度，不断增强该地区农户农地转出的信心。

二、对策建议

（一）加大政策宣传力度，提高农户思想认知

农户对土地流转政策的认知程度对农户农地转出意愿产生重要影响。由于费县部分地区偏远且该地区整体农户的受教育水平不高，对于信息的接收仍然以传统的广播、电视等方式为主。因此，为提高农户农地转出意愿，各级政府部门很有必要在加大农地流转相关政策的宣传力度和提高农户的思想认知方面下功夫。

一方面要畅通信息渠道。随着信息技术的发展，农户获取信息面越来越广，各种短视频、App 提供的信息真假难辨，易对部分农户造成误导。因此，各级地方政府可建立官方账号，实时发布最新政策，政策的讲解要通俗易懂，并对网络资讯加强监管；在政策宣传方面可选派宣讲员带着政策走进田间地头，加强对农户的正确引导，使农户能够真正理解国家的好政策（李梅，2022）。此外相关农业部门可通过开展宣传讲座的方式提高农户的思想认知，使农户意识到参与土地流转的必要性。

另一方面要讲述"英雄"故事，传递榜样力量。村、镇等各级政府可讲述有关土地流转的"创业英雄"故事，营造良好的土地流转氛围。例如，挑选转入方土地英雄创业成功的案例，亦可挑选转出方致富英雄的励志故事，通过短视频、报纸、广播等方式展开宣传，这样不仅可以总结成功经验，而且还可以激发广大农户的创业斗志，加快土地流转的进程。

（二）加强土地流转管理，规范土地流转行为

实地调研发现，受费县复杂地形及农户认知的影响，在农地流转过程中确实存在不同地块之间的租金差异显著、流转合同不规范、土地流转平台利用率低等问题，为切实保障农户的权益，这就需要充分发挥地方性政府职能。

一是制定合理的土地租金管理制度。经实地调研发现，经济收益直接决定农户的行为意愿。由于费县地形分布不均，这使得不同地形的租金之间存在很大的差异，其中山区地形的租金最低。农户土地转出租金过低，基本的

生活费用难以保障，有的农户即使土地撂荒也不愿将土地转出的情况确实存在。为保障农户基本的转租收益，实现土地资源的有效利用，这需要政府因地制宜制定合理的租金制度，并将其落地实施与监督，从而进一步提高农户农地转出的意愿。

二是制定规范化、标准化的土地流转合同。在实际的土地流转过程中，由于农户文化程度比较低，加之受到"乡情"的影响，合同约定条款不明确、流转手续不完备等问题最终导致农民权益受损。在实地走访过程中发现这种情况确实存在，这就需要双方在签订合同时，依靠基层干部见证、法律顾问介入或设置土地流转服务专线等切实为群众答疑，共同营造良好的土地流转环境。

三是建立健全完善县、乡、村三级农村土地流转管理服务平台。设置县、乡、村三级平台既互通又相互监督，平台为土地流转双方提供信息发布、政策咨询、价格评估以及合同范本及鉴定等相关服务，切实维护土地所有者、承包者、经营者三方的合法权益。

（三）持续完善社会保障制度，保障农户的根本利益

土地对于大部分农户来讲就是他们的"命根子"，也是他们最基本的生活保障。实地调研发现，在费县地区农地转出后的养老问题已成为制约其农地转出的主要因素。为从根本上提高农户的生活水平，解决农户土地流转的后顾之忧，提高农户农地转出意愿，应从以下两方面着手。

一是完善社会保障体系建设。要加大农村新型养老保险制度的建设，设置更加灵活的参保缴费方式，提高农户的参保率和养老金的补贴额，使更多的优惠政策向山区倾斜；此外，还要不断创新人口管理模式，让农民成为市民，逐步以社会保障代替土地保障，解决农民心中最担心的问题。

二是要提高农户再就业和创业能力。技能水平直接决定着农户的收入水平，因此加强农户的职业技能培训尤为重要。实际中被调研区域大部分农户的文化水平不高且缺乏专业技能，与城镇职工相比其就业竞争力不强。因此，在职业教育发展的背景下有关部门可加强与费县周边企业的合作，定期组织农户开展与该职业对口的技能培训，还可培育生产经营型、专业技能型、社会服务型等多样的新型职业农民，从而为农户提供更多再就业和创业的机会。

（四）建好建强基层干部队伍，提高农户农地转出意愿

村干部是村集体的"大管家"，当好村里的"管家"要努力加强自身建设，强化为人民服务的本领和能力。实证结果发现：在保证农户收益的前提下，前因变量中上级影响及便利条件对中间变量的影响较大，因此应建好建强基层干部队伍，真正提高干部全心全意为人民服务的本领。

一是要提高干部在农户心中的公信力。定期接受培训和考核，提高干部为人民群众服务的本领，现实中，农户相信本村干部，他们会听取干部的意见，这使得农户在农地流转过程中既少走了弯路，又多了份安心。此外，还要建立基层人才"一人一档"培养方案，建立奖励、惩罚与容错纠错机制。

二是要加强土地转出的监管力度。在转出前，要明确责任主体的权利与义务，做好档案的保管工作；在转出中，要做好土地流转的公正、公开工作，同时发挥群众的监督作用；在转出后，为防止合同违约或因经营不善造成的损失，需要在有条件的地方建立风险保障金制度，为农户农地平稳有序地转出提供保障（李梅，2022）。

（五）因地制宜发展乡村特色产业，增强农户农地转出的信心

要充分有效利用当地资源，因地制宜发展特色产业的重要性。费县石井镇利用当地的自然地貌和气候特征，已经在光伏产业和黄烟产业取得重大成果，这些项目都涉及农户的农地转出。走访调研发现确实如此，年轻的农户会把自家的土地流转出去，可获得工资性和资产性双重收入；家里年龄大些的农户会到当地黄烟合作社打工，他们同样会获得双份收入，这大大提高了农户家庭的整体收入水平。石井镇发展"特色产业"奏响乡村振兴"致富曲"，起到了很好的示范作用，同时还为其他乡镇发展特色产业提供了宝贵经验。例如：自然资源丰富的地区可发展休闲观光与采摘一体的农业项目等。有特色产业做支撑，不仅使承租方在项目发展中充满底气，而且也增强了农户农地转出的信心。

三、未来展望

本书研究虽然参考了大量有关解构计划行为理论、农户土地流转意愿的文献，由于个人学识、精力、资金水平等有限，使本书研究存在以下不足。

第一，量表设计局限性。本书研究是在借鉴前人研究成果的基础上，结合调研区域的具体情况对模型变量及其测量项进行合理性的选择和修正，而对于编制的量表，由于设计量表内容时一些其他相关因素被忽略，从而使本书研究的成果存在一定偏差。

第二，调研对象的局限性。调研对象文化程度不同，农户对信息的接收、理解能力也存在一定的偏差，在收集数据的过程中，一些文化水平偏低的农户需要笔者对测量项给出详细的解释，但在此过程中可能会存在一定的主观判断，因此在一定程度上影响了数据的质量。

结合上述研究局限，如果有机会进入相关研究领域，笔者将会进一步优化量表内容，在变量的选取上，可从数字普惠金融视角研究其对农户农地转出意愿的影响等，从而使得农户农地转出意愿的影响因素更具体、全面。此外，在选择研究问题角度时应更加新颖、细致，可对费县农户农地转出与转入意愿或行为进行差异性分析等。

第五章　地域多样性研究：农户土地流转意愿分析

第一节　背景分析

中央提出巩固和完善农村基本经营制度，落实农村土地承包关系稳定并长久不变政策，衔接落实好第二轮土地承包到期后再延长 30 年的政策，让农民吃上长效"定心丸"。实施新型农业经营主体培育工程，培育发展家庭农场、合作社、龙头企业、社会化服务组织和农业产业化联合体，发展多种形式适度规模经营。事实上，我国耕地面积呈现下滑趋势，国家制定的 18 亿亩耕地面积红线岌岌可危。由西南财经大学和农业银行共同发布的《中国农村金融发展报告 2014》显示，全国农用地当中有 15% 是闲置的，一方面说明我国农地流转速度慢，造成了大量的农地闲置。假设每亩地收益 1 500 元，每年我国农地少收入约 4 500 万元。另一方面也表明我国农地使用效率低下。农地流转闲置、流转缓慢主要有以下几个原因。

一是近年来随着中国农业和农村经济的发展，大量农民进城务工，留守农民进入老龄化，农地撂荒现象严重，传统的精耕细作效率低，农业发展停滞不前，同时想要规模经营土地的农户或组织受到土地资源限制，无法实现农业发展的规模化和机械化，两者之间的矛盾使得我国土地利用配置效率低下，难以实现农业现代化的发展。二是农作物产量太低，导致农户的收益无法满足生活需求，进而转向二三产业。三是农户对农地政策了解不足，缺乏认识，许多农户对农地流转不感兴趣。土地流转可以有效解决上述矛盾，解决土地细碎化问题，优化土地资本劳力等资源配置，促进农业结构的优化，实现农业规模化和产业化。

本章选取吉林、山东、湖北、福建、广东五省中总共 25 个城市作为样本地区进行调研分析，原因在于经济发展水平存在差异化的城市有助于对影响农地流转意愿的因素进行对比分析。

第二节　数据来源、模型设定及研究假设

一、数据变量及说明

为了了解现阶段农民土地流转意愿情况，本章选择吉林、山东、湖北、福建、广东作为调研样本进行分析，进行实地走访调研，采用发放问卷、实地访谈、App 问卷星以及通过邮件与当地农业部门交流等多种形式获取数据，此次调研累计形成问卷 3 500 份，整理得到其中有效问卷 3 328 份，问卷调查有效率95.1%，达到作为计量模型数据来源的标准。[①] 之所以选择吉林、山东、湖北、福建、广东作为样本来源，是因为根据各省份经济发展水平存在差异尤其是各样本地区一二三产业所占比重。充分考虑到农户的特征类型，尽可能选择多种类型的农户样本，以保证调研结果更加接近实际，问卷回收整理后以 Stata15.1 软件进行统计分析，形成分析图表和调研报告。样本农户基本特征如表 5 – 1 所示。

表 5 – 1　　　　　　　　　　　　　样本农户基本特征

指标	年龄	受教育程度	职业	家庭人口数量	非农人口数量	家庭收入	当地经济状况	土地特征
均值	43.73	3.07	1.72	3.82	1.90	8.02	1.97	4.07
标准差	6.76	0.98	1.16	0.86	1.16	9.92	0.29	1.90

（一）因变量选取

本章因变量是农户对农地流转的意愿，设为 Y，如果农户有意愿流转土地，则因变量 Y = 1；如果农户没有流转土地的意愿，则因变量 Y = 0。在调研问卷中设置为：您愿意流转您的农地吗？统计数据如表 5 – 2 所示。

---

① 本章数据来源于实地调研，笔者自行整理得到。

表 5 - 2   样本地区各产业比重及农户流转土地意愿统计   单位：%

省份	地区	第一产业比重	第二产业比重	第三产业比重	愿意流转土地	平均	不愿意流转土地	平均
吉林	长春市	33.8	21.7	44.5	54.2		45.8	
	四平市	31.2	23.5	45.3	57.8		42.2	
	辽源市	35.3	22.6	42.1	60.7	59.42	39.3	40.58
	白山市	34.9	21.4	43.7	58.6		41.4	
	松原市	36.9	20.8	42.3	65.8		34.2	
山东	东营市	3.5	62.2	34.3	82.5		17.5	
	烟台市	6.7	50.0	43.3	78.4		21.6	
	淄博市	7.3	45.4	47.3	75.8	66.98	24.2	33.02
	临沂市	8.9	43.1	48.0	41.4		58.6	
	枣庄市	8.6	39.8	51.6	56.8		43.2	
湖北	武汉市	5.4	57.8	36.8	81.2		18.8	
	襄阳市	11.7	55.4	32.9	74.1		25.9	
	荆门市	13.4	51.1	35.5	71.5	70.96	28.5	29.04
	孝感市	17.1	48.2	34.7	68.3		31.7	
	黄冈市	21.7	38.9	39.4	59.7		40.3	
广东	广州市	1.2	29.4	69.6	95.7		4.3	
	深圳市	0.1	39.8	60.1	98.7		1.3	
	汕头市	5.2	50.5	44.3	92.3	93.66	7.7	6.34
	湛江市	19.3	38.1	42.6	85.4		14.6	
	东莞市	0.3	47.4	52.3	96.2		3.8	
福建	福州市	3.7	34.7	61.6	94.3		5.7	
	泉州市	0.8	52.3	46.9	97.8		2.2	
	漳州市	13.3	46.8	39.9	81.6	90.28	18.4	9.72
	莆田市	6.4	56.0	37.6	92.3		7.7	
	龙岩市	10.5	51.9	37.6	85.4		4.6	

根据表 5 - 2 可以得出：流转土地意愿最高的是广东，达到 93.66%，其次是福建，流转意愿占比 90.28%，次之是湖北 70.96%，再次之是山东 66.98%，流转意愿最低的是吉林，占比 59.42%，原因在于样本地区的经济水平发展存在差异化，通过表 5 - 2 可以看出，广东的 5 个样本地区第一产业占地区生产总值比例非常小，仅为 5.22%，二三产业占比高达 94.78%，这表明处在经济发达的广东农民获得非农就业机会概率大，并且相对于第一产业收益，从事二三产业收益空间大。与之相对应的是经济水平最低的吉林，该样本地区第一产业占比较大，为 34.42%，这说明该地区非农就业机会少，

土地是农户的主要收入来源，农民对土地的依赖程度非常高，因此大部分农户对流转土地兴趣较低。但是同样作为经济发展水平较高的地区，在流出和流入土地意愿上，山东与其他省份相比却出现较大差异，笔者在调研过程中发现，东营市妇联开展了一项农村巾帼创业工程项目，组织赋闲在家的农村妇女进行创业，成立家庭农场，创办农村合作社，进行经济作物种植，形成产业化、规模化经营，在促进自身就业的同时也吸纳了其他劳动者就业，因此需要流入普通农户土地。

（二）自变量选取

本章以农户流转土地意愿（TLF）为因变量，其中包括普通农户流入土地和普通农户流出土地。自变量包括家庭禀赋、产业禀赋和外部环境。具体变量含义及说明如表5-3所示。

表5-3　　　　　　　　　　变量定义与描述性统计

自变量	变量名称	变量含义与赋值	均值	标准差
家庭禀赋	年龄（age）	受访者的实际年龄，取值范围18~80岁	43.73	6.76
	受教育程度（edu）	1＝小学；2＝初中；3＝高中；4＝大专；5＝本科及以上	3.07	0.98
	职业（occ）	1＝务农；2＝城市；3＝乡企；4＝农业服务业；5＝他人接济	1.72	1.16
	家庭成员数量（nfm）	1＝1个；2＝2个；3＝3个 4＝4个；5＝4个以上	3.82	0.86
	家庭非农人口数量（nnfh）	1＝1个；2＝2个；3＝3个；4＝4个；5＝4个以上	1.90	1.16
	家庭收入（hi）	受访者的实际年收入	8.02	9.92
产业禀赋	当地经济状况	1＝欠发达地区；2＝中等；3＝富裕	1.97	0.29
	土地特征（lc）	1＝荒滩盐碱地；2＝滨海地区；3＝丘陵；4＝山区；5＝平原	4.07	1.90
	农业种植产业类型（tfi）	1＝普通农业种植；2＝普通蔬果种植；3＝特色高附加品种植；4＝普通养殖；5＝特色养殖	1.86	1.28
	非农业种植产业类型（tnafi）	1＝涉农服务业；2＝涉农加工业；3＝非农服务业；4＝制造加工业；5＝政府行政	2.01	1.17

续表

自变量	变量名称	变量含义与赋值	均值	标准差
外部环境	有没有电商销售（atecs）	1 = 有；0 = 没有	0.29	0.45
	是否成立家庭农场（eff）	1 = 成立家庭农场；0 = 没有成立家庭农场	0.13	0.34
	流转途径（cr）	1 = 村集体统一流转；2 = 农户单独流转；3 = 合作社流转；4 = 上级行政部门协调流转	1.76	1.09
	是否参与过农村巾帼创业工程项目（rwep）	1 = 听说过；0 = 没有听说过	0.97	0.145

二、模型设定及研究假设

由于因变量是虚拟变量，本章采用二元 Logistic 回归技术来进行分析。如果农户有意愿流转土地，则因变量 Y = 1；如果农户没有流转土地的意愿，则因变量 Y = 0。影响 Y 的 n 个自变量分别记为 X_1，X_2，X_3，$\cdots$，X_n，X_m 所对应的 Logistic 回归模型为：

$$\text{logit}\left[p(y=1)\right] = \ln\left[\frac{p(y=1)}{1-p(y=1)}\right] = \beta_0 + \beta_1 X_1 + \beta_2 X_2 + \cdots + \beta_m X_m$$

$$(5-1)$$

回归模型建立后，需要对整个模型的拟合情况作出判断，可采用似然比检验，似然比检验统计量可表示为：

$$X_{LR}^2 = -2(\ln L_0 - \ln L_1) = (-2LL_0) - (-2LL_1) \qquad (5-2)$$

该统计量服从卡方分布，其自由度为自变量个数的改变量。Logistic 回归的似然函数 L 是每一观察对象的似然函数贡献量的乘积，即似然函数：

$$L = \underset{i=1}{\overset{n}{C}}(\hat{p}_i)^{y_i}(1-\hat{p}_i)^{1-y_i}, i = 1,2,3,\cdots,n \qquad (5-3)$$

在式（5-3）中，因变量为发生土地流转行为的概率，α 为截距项，$\beta_1 \sim \beta_6$ 分别为是否成立家庭农场、农业种植类型、非农业种植类型、是否参与过农村巾帼创业工程项目、流转途径、是否有电商销售，∑ 为随机误差项。

本章提出以下假设。

H5-1：家庭非农人口数量与农户流转土地意愿正相关。

随着城镇化的发展，城市在教育、就业、医疗、基础设施等方面远远优于农村，同时从事农业生产所来的收益较低，农村劳动力纷纷流向城市，农地出现土地闲置、撂荒，因此农户流转土地意愿较高。所以本章假设调整农业产业结构，扩大农业规模化经营，缩小城乡差距，吸引人才回农村，大力发展农村产业融合。

H5-2：家庭收入与农户流转土地意愿正相关。

家庭收入是衡量农户家庭经济水平的一种指标，家庭收入越高表示经济状况越好，进一步表明农户对于土地的依赖程度越低，发生土地流转意愿越强烈。相反，如果农户的家庭收入越低，相应地，农户对土地的依赖程度越高，农户较低的收入主要依赖土地生产资料。在调研过程中可以发现，大部分农户家庭收入主要分为两部分，其中较小一部分来源于农业生产，另一大部分来源于乡镇企业工资性收入。

H5-3：成立家庭农场与农户流入土地意愿正相关。

具体而言，与传统农业相比，成立家庭农场是农业发展的新趋势也是农业发展新业态，流转土地不仅实现了农业规模化、产业化经营以及利润空间的增长，而且还可以获得政府相应补贴。因此本章假设发展农业新业态的农户希望通过流转土地形式扩展种植规模，同时利润增加的意愿也相应增强。

H5-4：农户从事特色产品种植养殖和农户参与电商销售与农户流入土地意愿正相关。

农户通过承包土地、流转土地等形式从事大宗作物种植以及特色海产品养殖加工，网络电商的发展为农户扩大了市场，延长了农业产业链，增加了农业新供给和收入。

H5-5：非农业种植和多形式流转途径与农户流出土地意愿正相关。

随着社会结构的变革和城镇化的发展，各地区农村中有相当一部分农户选择工业、非农服务业或是制造加工业等非农业种植产业，其中山东省东营市大王镇作为全国工业重镇，吸纳了周边青壮年劳动力从事第二产业，导致农村土地大面积闲置、撂荒，上级行政部门或是村集体对闲置农地进行统一流转，一方面增加了土地利用面积，另一方面流转土地的农户获得了额外的财产性收入。因此假设从事非农产业类型的农户与流出土地意愿正相关。

第三节　实证分析

一、影响因素分析

本章进行了效度与信度检验。调查问卷编制好以后，请业内专家进行了指导，并根据专家意见进行了修改，从而增大了问卷内容涵盖研究主题的程度，保证问卷具有较高的内容效度。根据回归模型的拟合信息可知，该模型拟合度较好，具有很强的解释力度，结果如表 5 - 4 所示。

表 5 - 4　　　　　　　　　　模型回归结果

变量	相关系数	P 值	EXP（B）
年龄	- 1.11 **	0.035	1.011
受教育程度	2.104 **	0.042	0.901
职业	1.164 **	0.031	0.849
当地经济状况	0.906	0.106	2.473
家庭所在地特征	0.108	0.191	1.114
家庭成员数量	- 0.091 *	0.072	0.913
家庭非农人口数量	3.361 ***	0.013	0.697
家庭收入	0.042 ***	0.007	1.007
是否成立家庭农场	1.266 ***	0.000	3.545
是否参与过农村巾帼创业工程项目	2.787 **	0.042	0.455
农业种植产业类型	0.236 *	0.057	1.266
非农业种植产业类型	- 0.292 **	0.025	0.747
流转途径	0.035 *	0.078	1.035
有没有电商销售	1.150 ***	0.000	3.158
常量	- 1.521	0.417	0.219

注：* 、** 、*** 分别表示在 10%、5%、1% 水平上显著。

二、结果分析

根据模型回归结果得出，家庭成员数量、年龄、家庭收入、有没有电商销售等变量在 10%、5%、1% 水平上显著。

验证 H5 - 1 成立，家庭非农人口数量在 1% 水平上显著，与土地转出意愿正相关，农户家庭非农人口数量越多，那么从事农业的劳动力越少，导致农地闲置甚至出现撂荒，农户选择流转土地还能获得额外租金收益，增加农户的财产性收入，因此农户非农人口数量与流出土地正相关。

验证 H5 - 2 成立，家庭收入在 1% 水平上显著，与土地流出意愿正相关，家庭收入越高，农业收入较低，非农收入较高，则用于非农产业的时间越多，花费在农业生产上的时间越少，对土地的依赖程度越低，土地的保障功能越不明显，农户往往越愿意流出农地。

验证 H5 - 3 成立，成立家庭农场在 1% 水平上显著，与土地流入意愿正相关，成立家庭农场的目的是整合土地资源，将细碎化土地进一步聚合，形成农业土地规模化效应，农户更愿意流入土地。

验证 H5 - 4 成立，农户从事特色产品种植在 10% 水平上显著，农户参与电商销售在 1% 水平上显著，均与流入土地意愿正相关。在调研过程中发现从事经济作物种植农户与普通农业种植农户相比从事特色产品种植养殖农户利润空间更大。同时随着农村物流渠道的进一步完善，各地区的顺丰、京东、申通、韵达、中国邮政等物流均已覆盖到乡镇一级，而且东营市妇联对农户进行免费农产品电商培训，农户对电商有了进一步认识，销售渠道增加，因此这一部分农户更愿意转入土地扩大种植养殖规模。

验证 H5 - 5 成立，非农业种植产业和流转途径分别在 5% 和 10% 水平上显著，均与土地转出意愿正相关，根据调研发现，现阶段流转土地形式主要有转包、转让、互换、出租、股份合作等形式，流转形式多样化，结果显示面临由政府和村委会牵头组织的土地流转，农户流转土地的意愿更加强烈，进一步表明农户对政府和村委会组织的土地流转形式更加信赖。

进一步分析发现，农户的年龄与土地流转意愿负相关，随着农户年龄的增长，非农就业机会逐渐减少，土地成为农户的主要收入来源，农户对土地的依赖程度越大，农地的保障功能作用越凸显，农户流转土地的意愿越低。同时年龄越大其从事农业劳动的能力越低，难以进行规模化经营，只能经营少量农地用于满足和保障基本生活，转入农地的意愿也越低。因此，农户的年龄越大流转土地的意愿越低。农户的受教育程度与土地流转意愿正相关，农户的受教育程度越高，流转土地的意愿越大。受教育程度越高的农户，对新政策了解度越高，越容易接受新事物和新思想，非农就业机会越多，从事非农的职业收益远远大于农业经营，并且流转土地还可以获取一定的财产性收入，从而受教育程度越高的农户越愿意转出土地，根据在样本地区调研发现，拥有大专及以上学历的农户90%选择非农就业，东营地区得益于农村巾帼创业工程项目，另外，对于部分受教育程度高的农户，大约有10%的农民选择从事农业工作，流转普通农户土地，成立家庭农场，开展规模化经营，吸引高学历人才回农村，培育新型职业农民，这也对实施乡村振兴战略起到重要作用。因此农户受教育程度对农户土地流出意愿的作用较大。家庭成员数量在10%水平上显著，与土地流转负相关，原因在于家庭成员数量越多，从事农业经营的劳动力越充足，农户越愿意流入普通农户农地，扩大规模化经营，因此家庭成员数量与流入农地的意愿正相关。

三、土地流转方向分析

根据表5-4回归结果分析，整理出各个变量对土地流转方向的影响，结果如表5-5所示。

表5-5 土地流转方向

变量	方向
年龄	流出
受教育程度	流出
职业	流出
家庭成员数量	流入
家庭非农人口数量	流出
家庭收入	流出
是否成立家庭农场	流入
是否参与过农村巾帼创业工程项目	流入
农业种植产业类型	流入
非农业种植产业类型	流入
流转途径	流出
有没有电商销售	流入

根据表5-5可知，家庭成员数量、成立家庭农场、参与农村巾帼创业工程项目、农业种植产业类型、非农业种植产业类型以及电商销售变量对土地流入具有积极的正向影响，随着乡村振兴战略的实施，培育和发展农村合作社、开展规模化经营成为发展"三农"的新趋势，村庄能人、返乡农民以及

回乡创业的大学生积极流转普通农户的农地，吸纳了农村闲置劳动力，增加了农民收入，延长了农业生产链。年龄、受教育程度、职业、非农人口数量、流转途径变量对土地流出具有积极的正向影响。农户家庭非农人口数量越多，家庭收入越高，家庭的压力越小，相应地对土地的依赖程度越小，越愿意流出土地。在实地调研中发现农户家庭非农人口数量少于 2 人，农户流出土地的意愿占比 25.20%；非农人口数量超过 2 人，农户流出土地意愿高达 59.80%。家庭收入代表农户家庭的富裕程度，家庭收入越高，农户越富裕，现阶段由于农业收益较低，农户主要依赖于非农收入，因此家庭收入较高的农户更愿意流转土地。随着城镇化的进一步发展，非农就业机会越来越多，兼业农户越来越多，同时农村养老制度的完善解除了农民的后顾之忧，流出土地的意愿更加强烈。

四、边际效应分析

根据变量的参数只能得出表 5 - 4 中的回归结果和表 5 - 5 中的方向，不能判断各变量影响的大小，需要进一步计算各个解释变量变动带来的边际效应（如表 5 - 6 所示）。

表 5 - 6　　　　　　　部分解释变量对被解释变量的边际效应

变量	愿意	不愿意
年龄	0.0258	- 0.0038
家庭成员数量	- 0.0056	0.0134
家庭非农人口数量	0.2205	- 0.0425
家庭收入	0.1124	- 0.0321
是否成立家庭农场	- 0.0038	0.1124
是否参与过农村巾帼创业工程项目	- 0.0046	0.1234
流转途径	0.2405	- 0.0031
有没有电商销售	- 0.0036	0.1524

由边际效应可知，在其他因素不变的情况下，农户的年龄每增加一个层次，流转土地的意愿概率就会增加 2.58%；家庭成员数量每增加一个名额，流转土地的意愿概率降低 1.34%；家庭非农人口数量每增多一个层次，流转土地的意愿概率增加 22.05%；家庭非农收入越高，流转土地的意愿则会增加 11.24%；具有电商销售、成立家庭农场和参与农村巾帼创业工程项目的

农户流转土地的意愿则会下降；面对由政府和村委会组织的流转形式，农户的流转意愿增加 24.05%。上述结果表明，家庭非农人口数量、家庭收入、是否成立家庭农场、流转途径、有没有电商销售对土地流转意愿影响较大。

五、小结

农村土地流转是探索农村经济发展的新途径，它通过改变农村生产关系、推进土地集中流转、发展规模经营、壮大集体经济等新举措，破解了传统农业发展的瓶颈，打开了开展乡村工作的新局面。农民的土地可以变成资本，这使得离开农村去城镇务工或经商的农民通过转让土地获得补偿，有利于他们在城市安家立业。对于继续留在农村的农民，他们可以通过土地承包权入股农业企业，取得土地租金与分红收入。在保证农户承包权不变、收益增加的前提下，职业农民可以从事规模化经营，其他可以成为农业产业工人，也可以流入城市变为农业转移人口，成为市民，拓展了收入渠道，增加了农民收入；同时，解决了当前农村积累的大量矛盾和纠纷，理顺了土地权属关系，维护了群众利益。随着农民搬迁到城镇，城镇化进程加快，将会推动房产、交通、医疗、教育及其他配套生活设施的建设，可以继续确保经济高速发展。

各地区政府把流转到位的土地在信息服务平台上发布，推向市场，引进农业企业、家庭农场、合作社、种植养殖大户等多种新型经营主体，在保证不改变土地用途的前提下发展规模经营，形成农户、集体、经营主体和公司四方共赢的局面；盘活了村、组集体所有土地，农村集体经济组织能够以所有者的身份参与经营权流转的收益分配，壮大了集体组织经济，提高了村级组织兴办公益事业的能力，调动了村级干部工作的积极性，从而提升了村级组织的凝聚力，巩固了基层政权；同时，在落实了集体所有权的情况下，彻底解决了农村乱占乱建等无序建设问题；另外孤寡老人、妇幼伤残等弱势群体可以得到妥善的安置。

在农地流转给农业、农村、农民带来积极影响的同时，也会带来一定的消极影响。第一，农民的土地，除邻近大中城市市郊或沿海发达地区的具有较大资产价值外，其他的多在偏远地区甚至山区，且土地面积小，价值非常有限，对偏远山区大多数农民而言，利益比较有限。第二，农民通过土地流转获得财产性收入，但由于他们大多没有一技之长，在城镇务工时一旦失业，其赖以生存的土地也不复存在，将失去生活的退路。第三，当工商业资本进入农村，农民失去土地、成为农业工资工人，将使他们失去自由安排农耕的权利，要按农业企业的要求去农田里定点定时劳动，这会打击农民自主生产的积极性，给农民和国家利益造成巨大损失。

第六章　农村电商与农户收入关系研究

第一节　背景分析

生活富裕作为乡村振兴的民生目标，居民的收入水平是生活富裕最重要的衡量标志，具体而言，就是增加农民收入，缩小农民收入内部差距，这一直是我国"三农"工作的重点，国家统计局公布数据显示，2014 年农村居民人均可支配收入相较于上一年增长 11.202%，2015 年、2016 年、2017 年农村居民人均可支配收入增长率分别为 8.812%、8.214%、8.632%，农民收入总体呈现减缓趋势。与此同时，农民收入内部差距也在扩大，2013 年我国农村居民人均可支配收入中低收入户（20%）为 2 877.915 元，高收入户（20%）为 21 323.724 元，其差距为 7.411 倍，2014 年、2015 年、2016 年、2017 年其差距分别为 8.652 倍、8.431 倍、9.464 倍、9.483 倍。[①]

伴随着信息技术的快速发展和农村网络基础设施的不断完善，电商经济在农村迅速发展，发展农村电商成为增加农民收入的"引擎"（曾亿武等，2016）。每个农村电商年均零售额 12.624 万元，带动就业人数 2.813 人，带动就业和促进增收效果明显（崔凯，2018）。在农村地区，电商与当地特色农产品相结合，催生出一大批"淘宝村"（曾亿武，2016），据阿里研究院《中国淘宝村研究报告（2018 年）》可知，全国"淘宝村"数量达到 3 202 个，分布在 24 个省（区、市），"淘宝村"网店年销售额超过 2 200 亿元，带动就业机会数量超过 180 万个，随着农村互联网基础设施的进一步完善，农村电商仍将继续增长。农村电商的发展实质是让更多的农民享受数字红利，

---

① 笔者根据各年《国民经济和社会发展统计公报》《中国统计年鉴》整理得到。

解决信息不对称和农产品"卖难"等问题（许竹青等，2013）。因此研究农村电商对农民收入的影响，有利于农民对农村电商发展效应的理解与认知，同时为农村电商的深化发展和农业经济发展提供理论依据与启示。

第二节　农村电商与农户收入文献分析

在"互联网+"背景下，农村电商建设发展迅速，但是关于农村电商建设是否能够促进农民增收这一问题，专家学者却有不同的认识。有的学者认为发展农村电商能够促进农民收入的增加，特别是对于低收入组群体（贾力，2015；韩雷等，2016；李勇坚等，2014；刘秉镰等，2010；刘亚军等，2017），电商经济的发展为我国经济的发展插上了腾飞的翅膀，在现代化农业发展的今天，发展农村电商经济带来的经济效应是农户总收入、农业收入和非农收入的增加，米尔米朗斯夫（Mirmiransf，2014）将这种收入增加效应概括为直接效应、间接效应和动态效应，具体而言：发展农村电商带来的直接效应是发展农村电商优化了农业产业结构，提高了农产品质量，提升了农业生产效率，降低了生产成本，增加了农产品价格，提升了农户的农业收入水平；间接效应是发展农村电商带动了周边产业的发展，增加了就业机会，提高了农民的非农收入；而动态效应是发展农村电商的溢出效应，其带动了农民创业效应，形成了一批具有中国特色的"淘宝村"。另有学者认为农村电商的发展会使财富集聚到少数人手中，最终会加剧农民收入的两极分化（Leong et al.，2016；Qu et al.，2014；Schwab et al.，2016；Kapoor et al.，2007；Terzi et al.，2011）。

电子商务的发展让更多农民享受数字红利，也是促进农民增收的重要途径，专家学者从不同的视角剖析了电商经济的发展与农户增收的关系。国内大部分学者从交易成本的视角进行了探讨，具体而言，有学者认为，农村电商作为连接生产者和消费者的纽带，减少了流通环节，降低了运输成本，进而增加了农民收入（郭美荣等，2017）。也有学者认为，农民收入的增加主要依靠农村电商平台所带来的需求和价格信息，农民可以根据电商平台信息调整农业生产结构（Yang et al.，2007）。梁雯等（2017）研究发现农村电商促进农民增收效应的关键在于模式、渠道、人才、技术四个方面。从信息的有效供给与农民的销售价格进行实证分析，可以发现，使农民跨越数字鸿沟的关键在于信息的有效供给，农民获取信息的能力越强，信息的有效供给能够帮助农户提高市场地位和对价格的反应程度，则越能提高易腐农产品的价格，进而增加农户的收入（许竹青等，2013）。随着农村电商的发展，"淘宝村"成为中国一种富有中国特色的电商经济发展的集聚形态，以社会创新为视角，整合社会资源，有学者发现邻里示范、社交示范、网商协会等新的社会创新因素对于农副产品销售具有明显的提升作用（崔丽丽等，2014）。同样以社会关系作为研究的出发点，有研究表明社会关系的规模、强度以及资源拥有量的多寡与农民收入之间存在显著的相关关系，电商培训扩大了农户的社会关系网络，从而帮助农户增加收入（周静等，2019）。农民的收入主要分为农业收入和非农收入，电子商务的发展可以直接实现农户和消费者沟通，扩宽了农民的销售渠道，农民采纳电子商务对于农户农业收入具有显著的促进作用，减少了流通环节，降低了成本，提高了农户的利润率和销量（曾亿武等，2016）。农村电商经济的发展在增加了农户农业收入的同时，带动了农民尤其是新农人的创业热情。研究表明发展农村电商对于区域创业效应具有显著正向作用，因此应该立足本区域特色农产品，大力扶持农村电商的发展。

虽然电商经济的发展促进了农户收入的提高，但是由于电商经济具有知识技术密集的特点，其发展离不开互联网的基础设施建设、物流渠道的发展以及人才和技术的综合发挥（王胜等，2015；李海舰等，2014），因此电商发展的短期经济效应主要集中在经济发达地区。基于中国 2002～2013 年省级动态面板数据进行分析，研究发现电商经济发展不仅对于我国收入分配格局产生重要影响而且影响着整个社会经济结构的变化（张磊等，2017）。发展电商经济一方面提升社会个体经济的参与度，显著地促进了城乡居民收入的提高；另一方面电商经济产生的收入水平提升效应并不均衡，城市居民的收益远高于农村居民，进而城乡居民收入差距逐渐增大。同样的现象也存在于东中西部地区，东部地区经济基础优于中西部地区，电商经济的发展也扩大了东中西部地区的城乡居民收入差距。因此实现电商经济发展的公平和共享成为发展电商经济的重要议题。电商的投资从短期来看，并不能起到立竿见影的效果，在一定程度上扩大了城乡差距，但是从长远来看，哈里斯（Harris，2003）认为欠发达地区在电商经济发展中获益最大。刘晓倩等（2018）研究分析了农村居民使用互联网对其收入和收入差距的影响，结果表明，采纳电商确实能够增加农民收入，尤其是增加农民的农业收入效果显著，但是也会导致农村居民内部收入差距过大。凯尼斯顿（Keniston，2004）认为经济基础较好的家庭会获得更为丰富的信息，导致农民内部之间收入差距越来越大，此外发展农村电商需要掌握并熟练使用互联网，通常低收入者家庭的互联网普及速度远低于高收入者家庭，"数字鸿沟"导致低收入者和高收入者的收入差距增大。

综上所述，已有的相关文献研究主要表现在以下几方面：一是分析农户采纳农村电商的影响因素，针对不同类型的农户采用哪种电商模式的研究较少；二是大部分专家学者剖析了农村电商经济的发展对于城乡居民收入的影响以及导致的城乡收入差距，缺少对农村电商经济发展对于农民收入的增长效应和分配效应，以及农村电商的建设对于低收入群体和高收入群体农民收入的影响程度的研究。

第三节　数据来源、变量选取与模型构建

一、研究区域概况

东营市是山东省地级市，位于山东省东北部、黄河入海口的三角洲地带，地理位置位于东经118°5′，北纬38°15′。东营市属暖温带大陆性季风气候，地势沿黄河走向自西南向东北倾斜，下设 5 个区县，地貌以微斜平地（54.54%）和海滩地（27.05%）为主。① 东营市经济发展迅速，根据 2019 年东营市统计年鉴可知，农村居民人均可支配收入由 2013 年的 13 000 元增加到 2018 年的 16 252 元。东营市作为我国为数不多的石油主产区，属于典型的资源型城市，近年来由于过度依赖资源消耗，产业结构单一，同时面临着石油开采带来的环境污染问题，加强生态环境建设，促进产业结构转型升级，已经成为东营市经济发展过程中亟待解决的问题之一。与此同时，农民纷纷转向新业态产业，依靠滩涂积极发展农副产品种（养）殖，其中，建立

---

① 笔者自东营市自然资源和规划局查询得到（http：//dyzrzy. dongying. gov. cn/art/2013/1/15/art _39353_2979923. html）。

黄河口大闸蟹与稻米等品牌，依托农村电商平台扩大销售模式，成为增加农民收入的有效途径之一。因此，本章以资源型城市产业转型升级为研究对象，据此展开研究具有重要的现实意义。

二、数据来源

本章所采用的数据来源于 2018 年 6 月笔者在山东省东营市（东营区、河口区、广饶县、利津县、垦利区）针对农村电商与农民收入方向的调研。相关问卷采用分层抽样方法投放，保证了数据的无偏性。各个区县均投放问卷 70 份，共回收有效问卷 315 份，样本有效率为 90%。① 选取东营市作为研究对象的原因如下：东营市作为沿海地区既有传统农业区域，又有经济发达区域。

三、变量选取

本章选取农民收入作为被解释变量，解释变量中，基础设施变量包括宽带网络和物流站点、产品品牌变量包括地理标志产品、宣传推广变量包括技能培训和政策扶持，解释变量均为虚拟变量，控制变量具体分为农户实际年龄、农户受教育程度、农户工作年限之和。描述性统计如表 6 - 1 所示。

表 6 - 1　　　　　　　　　　描述性统计

变量	定义	样本量	平均值	标准差	最小值	最大值
lny	农户收入对数值	315.000	1.835	0.957	- 1.204	5.298
Network	宽带网络，可得取值为1，不可得取值为0	315.000	0.267	0.443	0.000	1.000
Express	物流站点，可得取值为1，不可得取值为0	315.000	0.981	0.137	0.000	1.000
Brand	地理标志产品，可得取值为1，不可得取值为0	315.000	0.317	0.466	0.000	1.000
Train	技能培训，可得取值为1，不可得取值为0	315.000	0.841	0.366	0.000	1.000
Support	政策扶持，可得取值为1，不可得取值为0	315.000	0.981	0.137	0.000	1.000

---

①　本章数据来源于实地调研，笔者自行整理得到。

续表

变量	定义	样本量	平均值	标准差	最小值	最大值
Age	农户实际年龄	315.000	43.546	6.847	25.000	65.000
Edu	农户受教育程度	315.000	3.089	0.996	1.000	5.000
Work	农户工作年限之和	315.000	1.863	1.230	1.000	5.000

四、模型构建

本章运用Stata15.0对样本数据进行OLS回归分析，建立模型研究农村电商对农民收入的影响，模型如下：

$$Y_i = \alpha + \beta X_i + Controls + \varepsilon_i \quad (i = 1, 2, 3, \cdots, n) \tag{6-1}$$

其中，i为农户，Y为农民收入，α为截距项，X为解释变量，Controls为控制变量，ε为随机误差项。

第四节　实证分析

一、农村电商的增长效应

表6-2展示了农村电商对农民收入影响的回归结果，其中被解释变量是农户收入，核心解释变量是农村电商，其余变量被作为控制变量。在进行模型构建之前，先对模型的自变量进行多重共线性检验，模型整体运行平均VIF为1.200，最大值为1.650，最小值为1.040，远远低于合理值10.000，因此模型不存在多重共线性问题。在控制了其他变量的基础上，本章分别对三种农村电商三项具体内容进行回归检验，回归结果如表6-2所示。

表6-2　　　　　　　　　　回归结果

解释变量	系数	T值
Network	0.388 ***	3.104
Express	0.570 **	2.077
Brand	0.214 *	1.930
Train	0.513 ***	3.641
Support	0.570 **	2.077

续表

解释变量	系数	T值
Age	0.007	1.052
Edu	0.042	0.830
Work	0.256 ***	5.382
R-squared	0.803	

注：*、**、*** 分别表示在10%、5%、1%的水平上显著。

基础设施（宽带网络和物流站点）对农民收入影响显著，其中宽带网络、物流站点与农民收入的系数分别在1%和5%水平上显著；特色产品品牌认证在10%水平上显著；体制机制支持（技能培训和政策扶持）与农民收入呈正相关，技能培训与政策扶持分别在1%和5%水平上显著。由此表明，农村电商对农民增收具有明显的正向作用，进一步解释发展农村电商存在显著的外部正效应。通过政府、社会和农户三方力量共同促进农村电商进一步发展，政府提供公共产品与政策扶持，社会力量借助舆论引导和理念输入，农户通过电商平台连接市场，可以促进农村地区产业发展，调整农业生产结构，创建地理标志产品品牌，促进农民增收，进而优化农村人居环境。

二、不同地区的农村电商增长效应

为探究农村电商的设施建设对不同地区农民收入增长的影响，本章按照地区经济产业类型不同，将东营市划分为传统农业区和工业发达区，分别进行回归分析，回归结果如表6-3所示。

表6-3　　　　　　　　　不同地区农民收入增长效应回归

解释变量	传统农业区		工业发达区	
	系数	T值	系数	T值
Network	0.087 **	2.529	0.220 *	1.801
Express	0.176 **	2.054	0.019	0.406
Brand	0.096 ***	2.772	0.015	0.535
Train	0.486 ***	3.092	0.085	1.607
Support	0.523 ***	3.172	0.495 **	2.201
Age	-0.083	-0.883	0.0121	0.140

续表

解释变量	传统农业区		工业发达区	
	系数	T 值	系数	T 值
Edu	0.008	0.208	0.036	0.733
Work	0.015	0.237	0.905 ***	3.928
Constant	1.698 **	2.111	0.577	0.872
R-squared	0.485		0.382	

注：*、**、***分别表示在10%、5%、1%的水平上显著。

表6-3结果显示，农村电商建设的不同类型对不同地区农户的收入存在差异性，总体而言，农村电商对传统农业区农民收入的显著性远远高于工业发达区农民收入。对于传统农业区农户而言，宽带网络和物流站点与农民收入的系数在5%水平上显著，特色产品品牌认证、农民技能培训和政策扶持对农民收入的增长效应均在1%水平上呈现正向相关性。由此说明，农村电商的发展在传统农业区中发挥着重要作用，农民依托电商平台，解决了农产品"卖难"问题，从而增加了收入。但是农村电商在工业发达区的作用有限，仅有宽带网络和政策扶持在10%和5%水平上通过检验，其他变量则未通过检验。究其原因，可解释为工业发达区基础设施建设完善，经济发展水平较高，农民收入主要依赖于二三产业，工资性收入在农民收入中所占比重较大，因此农村电商对于工业发达区的农民收入增长效应较低。

三、农村电商的分配效应

为了进一步验证农村电商在农民收入分配效应方面的影响，本章将农户收入分为高收入组和低收入组，回归结果如表6-4所示，农村电商对高收入组影响较大，对低收入组影响效果不显著，这表明高收入组从中获益更大，究其原因可以解释为高收入组群体原有资本基础优厚，利用网络宽带和物流站点，借助电商平台，对接市场，进一步拓宽了农业规模经营，农户的规模经营越大，越有助于农户吸引政府关注，政府关注程度越高，获得政府资助扶持越多，进而越有利于农户增收。对于低收入组群体而言，农民收入更加需要基础设施建设的拉动以及政策的扶持。因此，农村电商的发展带动农民增收的同时，也存在收入的分配效应，发展农村电商可以缩小农民收入差距，促进收入公平。

表 6 - 4 分配效应回归

解释变量	低收入组		高收入组	
	系数	T 值	系数	T 值
Network	0.214 *	1.734	0.213 *	1.694
Express	0.215 ***	3.537	0.262	1.011
Brand	0.208 *	1.680	0.083	0.874
Train	0.588 **	2.142	0.136	0.925
Support	0.215 ***	3.537	0.262	1.011
Age	0.005	0.719	0.005	0.704
Edu	0.006	0.104	0.044	1.039
Work	0.132 ***	2.673	0.030	0.824
Constant	2.613 ***	34.78	0.798 **	2.285
R-squared	0.054		0.012	

注：*、**、*** 分别表示在 10%、5%、1% 的水平上显著。

四、倾向得分匹配的稳健性检验分析

按照前面回归结果分析，为了探究农村电商发展对农民收入的影响，排除内生性问题，本章采用倾向得分匹配方法（PSM）对农村电商对农民收入的影响进行稳健性检验，为此本章建立如下模型：

$$Y_i = \alpha + \delta D_i + X_i + \varepsilon_i \qquad (6-2)$$

其中，i 为农户，Y 为农户收入，D 为农户是否选择农村电商，若 D = 1 表示农户选择农村电商；若 D = 0 表示农户没有选择农村电商。X 为控制变量，ε 为随机干扰项。

表 6 - 5 中匹配后三种匹配结果显示，匹配前平均标准偏差为 29.9%，通过近邻匹配、半径匹配、核匹配三种匹配方法匹配后，解释变量的平均标准偏差减小到 7.2% ~ 8.0%，差异性逐渐缩小。同时 LR 统计量 P 值显示，解释变量的联合显著性检验在匹配后被拒绝，伪 R^2 值下降明显，再次证实匹配后的解释变量分布未呈现系统差异，样本匹配成功。

表 6 – 5		倾向得分匹配前后的平衡性检验结果		
项目	Pseudo R^2	LR 统计量	P 值	平均标准偏差
未匹配	0.048	17.48	0.001	29.9
近邻匹配	0.004	1.02	0.797	7.2
半径匹配	0.006	1.32	0.725	8.0
核匹配	0.005	1.02	0.796	7.6

图 6 – 1 显示平衡性检验结果。各个变量的标准化偏差出现明显缩小，同样图 6 – 2 中也显示大多数观测值均在倾向得分共同取值范围内，进行倾向得分匹配仅损失少量样本。

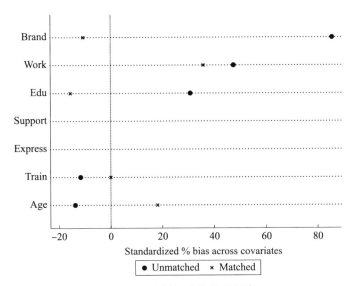

图 6 – 1　变量标准化偏差示意

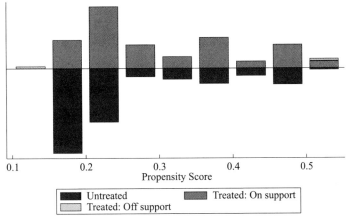

图 6 – 2　倾向得分共同取值范围

通过倾向得分匹配方法，解决了内生性问题。接着本章对宽带网络进行稳健性检验，结果如表 6-6 所示，三种匹配中 ATT 值分别为 0.493、0.429 和 0.451，T 值分别为 3.47、3.02 和 3.40，均显示变量在 5% 水平上统计显著，同时控制组与处理组的共同取值范围也比较理想。因此进一步说明，宽带网络基础设施建设对农民收入具有正向作用，要增加农户宽带网络安装率，让越来越多的农民享受数字红利，缩小收入差距，实现共同富裕。

表 6-6 宽带网络倾向得分匹配结果

项目	变量		取值数据		ATT	T 值
			非共同取值范围	共同取值范围		
近邻匹配	宽带网络	控制组	0	231	0.493	3.47 **
		处理组	2	82		
半径匹配	宽带网络	控制组	3	228	0.429	3.02 **
		处理组	4	80		
核匹配	宽带网络	控制组	0	231	0.451	3.40 **
		处理组	2	82		

注：** 表示在 5% 的水平上显著。

表 6-7 为地理标志产品的倾向得分匹配结果，控制组和处理组匹配完成之后，近邻匹配、半径匹配、核匹配三种匹配中 ATT 值分别为 0.273、0.245 和 0.297，分别在 10%、10% 和 5% 水平上统计显著。由此表明，创建地理标志产品对农民增收具有重要意义，加快推动地标农产品产业发展，不断增加绿色优质农产品有效供给，创响一批特色农产品品牌，有助于增加农民收入。

表 6-7 地理标志产品倾向得分匹配结果

项目	变量		取值数据		ATT	T 值
			非共同取值范围	共同取值范围		
近邻匹配	地理标志产品	控制组	6	209	0.273	1.99 *
		处理组	0	100		
半径匹配	地理标志产品	控制组	6	209	0.245	1.90 *
		处理组	0	100		
核匹配	地理标志产品	控制组	6	209	0.297	2.37 **
		处理组	0	100		

注：*、** 分别表示在 10%、5% 的水平上显著。

第五节　结论与建议

本章根据基线调研数据实证分析了农村电商对农民收入的影响，研究结论如下。

第一，农村电商对农民收入具有显著增长效应，农村电商的基础设施、地理标志产品以及政策扶持都在不同水平上呈现正向作用。基础设施的建设为农村电商的发展创造了有利条件，宽带网络使用率的增加有助于农民参与农村电商，农村物流站点的建设使农户运输产品降低了成本，提高了收益；地理标志产品品牌的创建增加了农户优质农产品的有效供给，调整了农业生产结构，延长了农业生产链，提高了农业附加值；政策扶持为农村电商的发展注入了外部力量，电商农户发展成为电商精英，进而影响到普通商户。

第二，农村电商的发展对于不同经济程度地区的农民收入影响存在差异，对于传统农业地区农民收入影响的显著性高于工业发达地区农民收入。

第三，农村电商发展存在收入分配效应，对低收入组群体的影响高于高收入组群体，表明农村电商的发展可以增加低收入组群体的收入，缩小农户之间收入差距，促进收入公平。

根据上述研究结论，本章提出如下建议。

第一，全面加大农村电商建设投资力度。农村电商俨然已经成为农村地区促进农民增收的一条重要途径，政府要加大对农村电商投资力度，持续改善农村地区的交通、物流、宽带网络等基础设施，缩小各地区互联网接入可及性差异，为农户发展农村电商创造良好的条件。同时，针对农村电商建设投资时间长、获取收益较慢等特征，需要创新发展多元化投资模式，积极扩展融资渠道，吸收各类投资主体，形成以政府为主导，社会资本积极参与农村电商建设的投资方式，最终合力扩大投资规模。此外，应该在保障投资力度的同时，加强对投资行为的监督，合理评估投资收益，各级政府明确具体的投资责任与义务，更要监督各投资主体的投资执行行为。

第二，增加公共产品的有效供给。各级政府要集中解决农村电商发展中面临的突出问题，如土地问题、资金问题、人才问题，提高宽带网络的安装率，进一步缩小数字差距，让更多的农户享受数字红利，对于传统农业地区农户来说，大力修建农村公路，打通农村地区"最后一公里"，为农村传统产业地区设置更多的物流站点，增加农产品运输的便利程度。与此同时，为传统农业地区和低收入组群体农户提供技能培训、政策扶持等，政府部门要根据农户的实际需求，进行针对性的技能扶持，积极与科研院所合作，帮助农户电商向企业化、品牌化、生态化发展，提升自身竞争力。

第三，合理规划各地区项目建设，提高农村电商投资资金的使用效率。各级政府用于农村电商建设的财政支出应当合理分配，提高专项资金的使用效率。既要保证农村电商专项资金充足，投资及时，又要确保在农村电商建设过程中，坚持以效率优先为分配原则，建立长效约束机制，保证农村电商设施建设全面发展。不同地区的基础设施建设不同，需要分类指导，对于偏远落后山区需要加大宽带网络、物流站点以及农民的技能培训投资力度，对于农村电商发展比较完善的地区，应当在项目支持、农产品品牌等方面给予指导。针对不同地区的农村电商设施需求应建立相适应的专项项目，需要政府对农村电商投资行为实行目标成果管理，以检验农村电商专项项目建成成效以及使用效率，为政府对农村电商设施建设投资以及管理等行为的制度化、科学化、规范化奠定基础。

第四，培育和扶持地理标志产品，推进地理标志产品的产业化发展。品牌具有识别性，能够用来区分产品之间的差异，尤其是在信息不对称情况下，发展农产品品牌建设具有重要意义。加强农业地理标志产品品牌建设，需要明确品牌建设对于农业发展的重要性，农产品品牌建设是顺应市场经济发展的必然趋势。市场经济越繁荣，人们的生活水平越高，对优质农产品的需求越旺盛，需要引导农民树立品牌意识，增加优质农产品有效供给。政府部门要为发展好、培育好地理标志产品创造有利条件，积极引导农户摒弃传统生产观念，采纳新技术、新理念，让农产品生产标准化。加强与当地重点企业合作，制定并实施优惠措施和政策，为农产品生产和发展创建品牌。通过培育和扶持农产品品牌建设，才能使农产品在市场竞争中更具优势，进而更好地促进农民增收。

第七章 风险规避对果农电商采纳行为的影响研究

第一节 背景介绍

随着我国农业产业化与规模化以及农村信息化的推进，加之第三方配送体系辐射范围扩大，线上销售模式成为农产品营销模式的重要组成部分。从发展进程及政策走向来看，线上销售模式已进入新的发展阶段，其发展劲头势不可挡。所谓线上销售模式，是指以电子商务为载体，实现网上交易和在线支付的运营销售模式，是对以批发、农贸市场和商超销售等为主的传统销售模式的有效补充。近年来，中共中央、国务院和各部委共发布 100 多个支持电商建设的政策文件，我国农产品电子商务得到迅速发展，截至 2021 年底，全国农产品电子商务交易额突破 8 000 亿元，农产品在线经营企业和商户超过 100 万家。①

线上销售突破了农产品销售的地域限制，扩大了销售半径，降低了市场交易成本，减少了流通环节，提高了流通效率，进而推动了农民增收、农业增效、农村增福，这正是小农户链接大市场的有效载体，也是实现农村经济转型与升级的微观基础。因此，积极拓展农产品线上销售渠道、探索高效的线上流通机制已经成为农产品流通新业态下迫切需要解决的问题。

本章的主要研究思路为：以江西省农户实地调研数据作为研究样本，结合研究框架，分析风险规避和政府扶持分别对果农线上销售采纳行为的影响，进一步分析政府扶持中经营补贴、税费优惠和技术培训三个变量对果农线上销售采纳行为的可能性以及采纳程度的影响，同时探析政府扶持与风险规避

---

① 相关信息来自《中国农村电子商务发展报告（2021－2022）》。

对果农线上销售采纳行为的交互影响效应，最后验证政府扶持对风险规避的抑制作用，为果农提供差异化的政策建议。

本章的创新之处在于：一是既有文献大多是单独分析风险规避和政府扶持对果农线上销售采纳行为的影响，未将风险规避和政府扶持纳入同一框架系统下进行分析，更缺乏对政府扶持在其中的作用机理的研究，因此，本章从风险规避和政府扶持两个角度同时分析对果农线上销售采纳行为的影响，探究政府扶持的调节作用，以期为线上销售的推广提供理论依据和政策启示。二是研究方法的创新，基于现有的文献分析，鲜有文章采用 Heckman 两阶段模型，既分析果农线上销售采纳行为，又分析果农线上销售采纳程度，本章对果农线上销售渠道拓展的内在机理进行揭示，可视为方法应用上的突破。

第二节　果农线上销售文献分析

线上销售是当前农产品销售的重要渠道，积极拓展农产品线上销售渠道、探索高效的线上流通机制已经成为农产品流通新业态下迫切需要解决的问题。由于果农风险偏好不同，加之农业生产本身具有天然风险，所以果农风险规避与线上销售采纳行为息息相关。因此，本章围绕果农线上销售采纳行为，从研究内容和研究方法两个方面进行文献回顾与评述。

随着人们收入水平的提高以及对农产品需求的快速变化，农产品电子商务也迎来了迅猛发展，引起了专家学者们的广泛关注（林莉等，2020；吕丹等，2021；胡焕清等，2021；宋瑛等，2022）。"互联网＋"时代下农村电子商务实现了"小农业"对接"大市场"，果农通过网络和电子商务平台，通过农产品的在线交易，可以让农产品销售突破地域限制，拥有广阔的市场空间，激活购买者购买意愿，解决销售不畅问题（普尔，2001；曾亿武等，2016；王燕，2018），同时农产品电子商务发展改善了销售中信息不对称的问题，使买卖双方实现信息互通有无，提高了农产品流通效率（郑彤彤等，2017；何小洲等，2018）。

从研究内容来看，专家学者从内外部两个角度探究果农决策行为，从农户主体特征、交易特征、产品因素等方面考察农产品电子商务营销渠道选择的影响因素（白懿玮等，2016；孙金丽，2016）。果农智能手机使用，特别是图片、视频处理等技术要求较高（张益丰等，2019）。研究外部因素对线上销售的影响包括农产品的特殊性、网络基础设施、物流配送体系、法律保障体系等（王燕2018）。另外，果农作为"理性经济人"选择任何一项新的生产销售决策行为主要是考虑如何做到风险最小化、成本最低化和收益最大化（冯晓龙等，2018；韩杰等，2020），农户为了规避风险、降低成本，往往会选择传统销售模式而避开采纳新的销售模式，风险规避是影响新技术推广的重要因素（康利，2010；谭永凤，2021）。为了提升果农规避风险能力，解决线上销售所面临的各种障碍，已有学者从政府扶持角度展开研究，帮助果农降低风险，主要研究农村地区个体发展电商行为，重点阐述政府扶持对个体创业过程具体影响机制，发现政府扶持对农村电商发展具有重要意义（梁强等，2016）。政府加大对农村电商金融扶持力度，推进金融和电商行业融合发展。果农在政府扶持过程中获取成熟技术经验，逐步修正对线上销售行为的评价，有效降低预期收益的不确定性，为线上销售采纳行为提供风险保障（张雷等，2020）。此外，为了提升农产品网络适应性，品牌认证也是提升果农线上销售采纳行为的关键因素。农产品品牌认证能够促进线上销售，目前品牌消费已成为农产品消费需求新的增长点，消费者线上购买农产品对品牌的依赖程度越来越大，对于果农来说，农产品品牌认证有助于线上销售产品差异化，同时能够拓展线上销售业务和培养消费者品牌忠诚度（王可山等，2020；张晓东，2020；郭锦墉等，2022）。原因在于"三品一标"是一个由政府主导的安全优质农产品公共品牌，它满足了消费者对农产品质量的需求，能够保障农产品质量安全。

从研究方法来看，现阶段已有的研究成果主要是通过定性研究得到的，定量分析的较少，且主要在农户拓展线上销售渠道的问题分析上采用（高海俐等，2020）。已有的研究方法主要有数据挖掘技术和LDA模型（王二朋等，2020）、多元回归模型和Logit模型（何德华等，2014；刘滨等，2017）。

基于以上文献分析可知，专家学者们对线上销售对于果农增加销量和增收具有重要意义已经达成共识，目前专家学者们主要从农产品电子商务发展形势、产品网络适应性、农产品线上销售渠道拓展机理、果农线上销售渠道拓展行为、农产品电子商务绩效等方面进行研究，鲜有文献从风险规避和政府扶持角度对果农线上销售行为进行分析，更缺少结合果农和消费者视角对果农线上销售渠道拓展问题的研究，同时，关注农产品和果农网络适应性匹配问题以及政府扶持对果农线上销售渠道拓展的影响程度的研究较少。鉴于此，本章基于"理性经济人"假设理论，以江西省 15 个县（市）511 户果农作为研究对象，将风险规避和政府扶持纳入同一分析框架中，分析风险规避与政府扶持对果农线上销售采纳行为的影响，进一步分析政府扶持的中介作用，探究政府扶持能否有效降低果农风险规避程度，为解决果农因风险规避导致线上销售采纳程度较低的问题提供破解思路。

第三节　理论分析框架与研究方法

果农线上销售行为是学术界研究的热点话题，也是农产品线下营销和线上融合的新零售方式。根据新古典主义的农户行为理论，假定果农行为决策基于经济理性，对于果农而言，追求的是农业收入最大化。在果农进行线上销售采纳行为决策过程中，其预期的收益是风险规避与政府扶持的函数。

一、研究假设

（一）风险规避对果农线上销售采纳行为的影响

基于"理性经济人"理论，在果农进行线上销售采纳行为决策时，主要考虑成本投入、效益、有无风险、操作难易程度等信息，进而会形成对线上销售的综合认知，最终会影响到果农对线上销售的采纳程度（李卫等，2017；颜廷武等，2017；李曼等，2017）。理性果农是否采纳线上销售必定符合其认知，因此果农在进行生产决策时，不仅会考虑到收益最大化，还会权衡风险规避程度（冯晓龙等，2018）。同时，农业天然的弱质性和生产规模的分散性，使果农直接面对自然风险的约束（黄飞等，2011），多重风险的叠加使得果农收益不稳定，进而影响到果农对线上销售的采纳行为。研究结果表明，果农风险规避程度越大，其线上销售采纳行为越低，尤其是对于小规模果农而言，其承担风险能力较低，在追求效用最大化的同时会尽可能削弱风险。因此，本章提出 H7 - 1。

H7 - 1：风险规避对果农线上销售采纳行为具有抑制作用。

（二）政府扶持对果农线上销售采纳行为的影响

随着社会经济的发展，农产品电商通过整合农村传统要素与网络资源，实现农户与市场的有效连接（考尔等，2012），拉近了农户与消费者之间的空间距离，改变了农户销售方式和生产经营方式（彭小珈等，2018）。但是果农在进行线上销售时会遭遇技术、政策、环境等困难，需要社会和政府提供更多的扶持。研究发现，政府扶持能够显著提升果农干事创业的意愿和绩效（侯立松等，2017），进一步证实了政策扶持力度越大对果农发展农村电商的影响也越大（陈文超等，2014；张益丰等，2019）。

具体而言，政府扶持主要体现在经营补贴、税费优惠和技术支持等方面，果农作为"理性经济人"，会追求自身效用最大化（韩杰等，2020），需要考虑发展农村电商实行线上销售的投入成本，如果前期投入成本过高，尤其是对于小农户而言，采纳线上销售行为的意愿则会大大降低，政府经营补贴能够降低农户生产成本，提升农户尤其是小农户实施线上销售采纳行为的比率。同样，税费也是影响果农收入的重要因素，税费优惠能够降低生产成本，故而也是影响果农线上销售的重要因素。此外，果农实施线上销售采纳行为对果农有一定的技术要求，需要农村电商从业者利用计算机相关知识进行文字和图片处理，这样能将产品和互联网结合起来（崔丽丽等，2014）。一般而言，果农的受教育程度普遍较低，农户电商技术处理能力也就普遍较低，所以需要政府扶持满足果农对于技术的需求。因此，本章提出 H7 - 2。

H7 - 2：政府扶持对果农线上销售采纳行为具有显著正向作用。

（三）政府扶持能降低风险规避对果农线上销售采纳行为的抑制作用

政府扶持能降低风险规避对果农线上销售采纳行为的抑制作用，主要是通过提升网络适应性和减少信息不对称两个方面来抑制风险。关于网络适应性对果农线上销售采纳行为的影响，学术界主要有两种观点：一种观点认为，商品的网络适应性越高，实行线上销售可能性越大（姜丽媛等，2016），同时商品的网络适应性受到商品属性和消费者特征等多方面影响。商品特征越标准和越不需要消费者体验的商品，越适用于线上销售，而对于信用型产品和体验型产品则更适用于线下销售（徐晓辉等，2000），因此产品的网络适应性对于研究果农线上销售渠道拓展具有重要意义。消费者更倾向于通过线上销售渠道购买林果产品，产品包装、产品质量以及售后服务等环节成为影响产品网络适应性的重要属性，提升这些属性则能提升产品的网络适应性（姜丽媛等，2016）。另一种观点认为，果农网络适应性，即果农线上销售渠道接受程度同样对果农线上销售采纳行为的影响作用较大，曹等（Cao et al.，2003）研究发现，果农期望销售的价格与消费者愿意支付的价格匹配结果不同，带来的效应存在差距，匹配程度越高，越容易线上渠道拓展。

纵观学术界观点，农村信息基础设施建设的完善，使得农村地区线上销售渠道发展迅速，但仍需要政府扶持（崔宝玉等，2020）。政府扶持主要体现在两个方面：一是给予政策性扶持，如经营补贴、税费优惠等；二是提供排忧解难的服务性支持，如拓宽创业信用贷款渠道、提供技术指导与培训、搭建有助于开辟线上销售渠道的商业互动平台等（许晟等，2020）。相关研究进一步证实，政府所提供的政策性扶持和服务性支持对果农网络适应性的影响具有较强的促进效应，并能强化果农采纳线上销售渠道的意愿（石智雷等，2010）。因此，政府扶持能够解决果农在线上销售初期所面临的诸多困难，降低果农因为农业生产成本高所带来的风险，进而有效减少农业生产的不确定性和信息不对称性（王格玲等，2015），逐步提升果农对线上销售行为的认知，最终提升果农线上销售采纳程度。因此，本章提出 H7 - 3。

H7 - 3：政府扶持能降低风险规避对果农线上销售采纳行为的抑制作用。

二、研究方法

果农采用线上销售行为实际上是两个互不独立的决策过程。第一个阶段是果农采纳决策选择，是一种选择方程；第二个阶段是果农采纳线上销售程度，是一种结果方程。如果果农未采纳线上销售，那么其采纳程度则无法观测到。当果农采纳线上销售行为时，才能观测到其线上销售采纳程度，果农线上销售采纳行为存在自选择偏差问题，一般来说，风险规避程度越小的果农越倾向于采纳线上销售，而小规模果农，由于成本压力大等因素极有可能对线上销售采取消极态度。简单的线性回归无法满足果农风险规避与线上销售采纳行为之间的因果识别要求，针对果农线上销售采纳行为存在自选择偏差问题，需要采用 Heckman 模型进行处理。果农线上销售采纳行为的选择机制如图 7 - 1 所示。

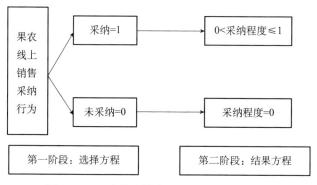

图7-1　果农线上销售采纳行为的选择机制

三、模型设定

Heckman 的样本选择模型不仅能考虑到样本自选择问题，还能反映出在果农线上销售采纳行为决策两阶段中的不同影响因素。因此，本章将应用 Heckman 样本选择模型，先用 Probit 模型建立果农是否采取线上销售的选择方程，估计出每一个果农的逆米尔斯比（λ），将其作为一个修正选择性偏差的工具变量和其他变量一起纳入果农采取线上销售的结果方程中，用来修正第二阶段的结果方程（李朝柱等，2020；吕杰等，2021）。本章基于图7-1样本选择机制构建模型，具体分析分为两个阶段。

第一阶段：采用二值 Probit 模型分析果农是否选择线上销售，如式（7-1）所示。

$$Y_{1i} = \beta_0 + \beta_1 X_i + \mu_i \qquad (7-1)$$

其中，Y_{1i} 为果农线上销售选择行为，如果果农选择线上销售，则 $Y_{1i}=1$；如果果农未选择线上销售，则 $Y_{1i}=0$。β_0 为常数项，β_1 为解释变量的系数，X_i 为第 i 个果农线上销售采纳影响因素，μ_i 为误差项。

第一阶段 Probit 决策模型设定如式（7-2）所示。

$$P_r(Y_{1i}=1) = \varphi(\beta_0 + \beta_1 X_i) \qquad (7-2)$$

其中，$P_r(Y_{1i}=1)$ 为果农 i 决定线上销售采纳行为的概率，φ 为标准正态分布的累积分布函数。λ 为式（7-2）计算得出的逆米尔斯比，是利用总体样本里的全部观测值估计果农选择线上销售行为的概率，并计算出每一个观测值的逆米尔斯比。

第二阶段：利用选择样本，即 $Y_{1i}=1$ 的观测数据，将逆米尔斯比 λ 作为修正变量加入政府扶持对果农线上销售的回归方程，如式（7-3）所示。

$$Y_{2i} = \beta_{2i}X_{2i} + \alpha_{2i}\lambda_{2i} + \mu_{2i} \tag{7-3}$$

其中，Y_{2i} 为第二阶段回归模型的被解释变量，即果农线上销售采纳程度，χ_{2i} 为第 i 个果农风险规避、政府扶持以及两者交乘项及控制变量，这里的 X_{2i} 变量都包含在 X_{1i} 中，即果农线上销售采纳程度中的解释变量是选择线上销售方程中解释变量的完全子集。λ_{2i} 为由式（7-1）计算得到的第 i 个果农的逆米尔斯比，μ_{2i} 为误差项。如果 λ 显著不为 0，则证明存在选择性偏误，应采用 Heckman 二阶段模型控制选择偏误，否则，表明选择性偏误不存在，可以直接用 OLS 进行估计。

四、变量选取和说明

（一）因变量

本章因变量为果农线上销售采纳行为，包括采纳选择和采纳程度。采纳选择是指果农是否采纳线上销售行为，属于二元离散变量，如果果农愿意采纳线上销售则赋值为 1，果农未选择线上销售则赋值为 0；采纳程度是指果农线上销售行为采纳率，利用果农采用线上销售量与果农总销售量之比来表示，属于连续变量。

（二）核心变量

借鉴实验经济学方法测度果农风险规避程度（仇焕广等，2017）。首先，向果农介绍实验方案和规则，如表 7-1 所示，向果农提供 5 组实验方案，每组选择都包括抛硬币（根据字面和国徽结果代表不同金额）和固定金额两组具体实验方案。其次，果农对这 5 组实验依次选择，假设果农在 5 个方案中全部选择抛硬币型的 A 选项，则其风险规避程度值为 0，表示该果农属于极度偏好风险型；若果农全部选择固定金额型的 B 选项，则其风险规避程度值为 1，表示该果农属于极度风险规避型。根据实验所得数据，借鉴侯麟科等（2014）、吕杰等（2021）的研究，分别计算果农的风险规避程度值，如式（7-4）所示。

风险规避程度 =（选择 B 的个数/5）= 1-（选择的 A 的个数/5） （7-4）

表 7 - 1　　　　　　　　　　果农风险规避程度实验设计方案

实验方案	A 选择（个数）		B 选择（个数）	
	字面	国徽	字面	国徽
1	20	30	25	25
2	15	35	25	25
3	10	40	25	25
4	5	45	25	25
5	0	50	25	25

　　果农通过政府扶持能够提高其采纳线上销售行为概率，本章根据已有研究并结合调研实际情况，选取 3 个变量作为政府扶持的测量指标，主要分为经营补贴、税费优惠与技术培训三个方面，分别是"政府是否给予经营电子商务方面的补贴？""政府是否就经营电子商务给予税费优惠？""政府是否提供果品电子商务经营技术培训？"，其均为二分类变量，如果是为 1，否则为 0。

（三）控制变量

　　本章把可能影响果农线上销售采纳行为的控制变量分成两类：一是果农个体特征，主要包括性别、年龄、受教育程度、是否具有外出工作经历等，这些特征变量会影响到果农新鲜事物接受程度、经营水平等方面，进而对果农线上销售行为产生不同程度影响；二是果农家庭经营特征，主要包括家庭劳动力数量和果农种植年限，在一定程度上反映出果农生产规模大小，果农规模经营越大，其采纳线上销售概率越高。

第四节　数据来源与描述性统计

　　本章所使用的数据来源于江西农业大学经济管理学院郭锦墉教授课题组成员[①]2020 年 6 ~ 7 月在江西省安远县、奉新县、南城县、赣县、会昌县、宁都县、瑞金市、万安县、信丰县、于都县、广昌县、广丰区、吉水县、遂川县、上高县农村的实地调研。本次调研方案采用分层逐级抽样和随机抽样相

---

①　本章所用数据来源于江西农业大学经济管理学院郭锦墉教授课题组，在此一并感谢。

结合的办法，在选取的 15 个样本县中每个县随机抽取 40 位农户，总共发放调研问卷 600 份，回收问卷 541 份，剔除部分信息缺失的问卷后，最终得到有效问卷 511 份，问卷有效率为 94.45%。

一、数据来源

本章选择江西省作为调研样本的原因有三点：首先，江西省作为一个农业大省，尤其是果品资源丰富，具备发展线上销售的基础。其次，江西省的电商示范县（包括国家级和省级）数量众多，达到 29 个，为果农采纳线上销售提供了便利条件。最后，解决农产品"卖难"问题和持续增加农民收入一直是"三农"核心问题，扩展线上销售渠道成为解决农产品销售不畅的重要途径，因此，样本选择区域具有良好的典型性和代表性。同时，本次调研的内容主要分为七个部分，即果农个人及家庭特征、果农生产经营情况、林果产品与林果产业情况、线上平台特性、外部环境特征、果农线上销售平台拓展情况以及政府扶持政策情况。

二、样本描述性统计分析

一般认为年龄对果农线上销售行为产生正向影响，随着年龄的增长，个体的知识学习和适应能力以及"干中学"会促使其知识存量增加（杨校美，2018），但是受社会发展和早期教育不平衡的影响，中国农村中高龄劳动力受教育年限普遍较少，存在较为严重的教育缺失现象，早期教育的缺失使得年龄较大的果农知识增长存量是有限的，同时接受新鲜事物程度较低（张童朝等，2020），即年龄与果农参与线上销售行为呈现倒"U"型曲线关系（苏群等，2020）。外出工作经历越丰富，社会资本相对越高，越有助于果农采纳线上销售。在果农家庭经营特征方面，果农家庭务农劳动力数量越多，其规模经营可能越大，为了解决果品"卖难"问题，对于线上销售的需求则越大。另外，种植年限也能反映果农对于线上销售行为的需求意愿，部分研究已对该变量进行考量。变量含义、赋值及描述性统计如表 7-2 所示。

表 7-2 　　　　　　　变量含义、赋值与描述性统计 （n=511）

变量	变量定义	均值	标准差
线上销售选择	您是否通过线上渠道销售农产品？1=是，0=否	0.762	0.426
线上销售采纳程度	线上销售量占总销售量比例	0.482	0.375

续表

变量	变量定义	均值	标准差
风险规避	取值范围 0~1	0.475	0.211
经营补贴	政府是否给予经营电子商务方面的补贴？1 = 是，0 = 否	0.663	0.472
税费优惠	政府是否就经营电子商务给予税费优惠？1 = 是，0 = 否	0.402	0.490
技术培训	政府是否提供果品电子商务经营技术培训？1 = 是，0 = 否	0.858	0.349
使用电商平台熟练程度	您是否能熟练使用电子商务平台（淘宝/天猫/京东等）？1 = 是，0 = 否	0.632	0.451
性别	果农的性别 1 = 男，0 = 女	0.841	0.366
年龄	受访果农的实际年龄	46.017	9.801
受教育程度	高水平教育 = 1，低水平教育 = 0	2.631	0.875
外出工作经历	您是否有外出工作经历？1 = 是，0 = 否	0.500	0.500
劳动力数量	果农家庭务农劳动力数量	2.292	1.427
果品种植年限	果农经营果品种植年限	12.080	8.283

第五节　经验性结果分析

本章实证研究首先探讨风险规避、政府扶持分别对果农线上销售采纳行为的影响；其次剖析政府扶持各维度对果农线上销售采纳行为的影响；最后探析政府扶持与风险规避对果农线上销售采纳行为的交互影响效应，验证政府扶持对风险规避的抑制作用。

一、风险规避对果农线上销售采纳行为的影响

表 7-3 中模型（1）、模型（3）、模型（4）以及表 7-4 中模型（6）的回归结果显示：风险规避程度对果农线上销售采纳行为具有显著负向影响，果农风险规避程度越高，越不会采纳线上销售，同时果农线上销售采纳程度也会降低，H7-1 得到验证。主要原因在于正规保险机制不完善，小规模种植果农风险规避倾向性较高，始终坚守"安全第一"原则，宁可选择收益不

持续，也不会冒险追求平均收益的最大化，因此，农户生产行为日益趋于保守，倾向于推迟采纳线上销售行为（谭永风等，2021）。

表7-3　　风险规避、政府扶持对果农线上销售行为的估计结果

变量	选择方程（Probit）			结果方程（OLS）	
	模型（1）	模型（2）	模型（3）	模型（4）	模型（5）
风险规避	-0.132 ***		-0.095 **	-0.027 **	
	(0.051)		(0.049)	(0.005)	
经营补贴		0.545 **	0.536 **		0.361 **
		(0.247)	(0.235)		(0.112)
税费优惠		0.940 ***	0.924 ***		0.325 ***
		(0.263)	(0.235)		(0.149)
技术培训		0.785 ***	0.732 ***		0.285 *
		(0.288)	(0.267)		(0.157)
性别	0.390	0.390	0.390	0.390	0.390
	(0.302)	(0.302)	(0.302)	(0.302)	(0.302)
年龄	0.016	0.016	0.016	0.016	0.016
	(0.071)	(0.071)	(0.071)	(0.071)	(0.071)
受教育程度	0.223 *	0.223 *	0.223 *	0.223 *	0.223 *
	(0.133)	(0.133)	(0.133)	(0.133)	(0.133)
外出工作经历	1.277 ***	1.277 ***	1.277 ***	1.277 ***	1.277 ***
	(0.257)	(0.257)	(0.257)	(0.257)	(0.257)
劳动力数量	0.285 ***	0.285 ***	0.285 ***	0.285 ***	0.285 ***
	(0.111)	(0.111)	(0.111)	(0.111)	(0.111)
果品种植年限	0.019	0.019	0.019	0.019	0.019
	(0.016)	(0.016)	(0.016)	(0.016)	(0.016)
观测值	511			511	
对数似然值	-285.214				
R^2	0.105			0.126	
逆米尔斯比（λ）				-1.623 **	2.245 **

注：*、** 和 *** 分别表示在10%、5%和1%的显著性水平上显著。

二、政府扶持对果农线上销售采纳行为的影响

表 7 - 3 中模型（2）、模型（3）、模型（5）与表 7 - 4 中模型（7）的实证结果表明：政府扶持对果农线上销售采纳行为具有明显的正向影响，这体现出政府扶持不仅有助于果农提升线上销售采纳的可能性，也能提高果农线上销售采纳程度，H7 - 2 得到验证。究其原因可能是，线上销售是解决农产品"卖难"的重要途径，但是采纳线上销售前期所需的费用对于果农尤其是小农户来说相对较大，影响到果农采纳线上销售行为，果农如果获得政府给予的电商经营补贴，就能缓解果农前期投入压力，因此，果农获得政府经营补贴越大则采纳线上销售行为的可能性越高。在信息对称的情形下，果品的价格越来越透明，果农的盈利空间被进一步压缩，政府是否进行税费优惠对果农线上销售采纳行为产生较大的影响，政府税收优惠力度越大果农线上销售采纳行为的概率会越大。技术培训也是影响果农采纳线上销售行为的重要因素，政府组织果农进行培训，能够解决农户的技术难题，进而有助于促使果农采纳线上销售行为。

表 7 - 4　　　　　　　　　风险规避、政府扶持交互作用的估计结果

变量	选择方程（Probit）模型（6）	结果方程（OLS）模型（7）
政府扶持	1.117 *** (0.347)	0.357 ** (0.168)
风险规避	- 1.015 *** (0.208)	- 0.106 ** (0.043)
风险规避 × 政府扶持	1.028 *** (0.321)	1.062 *** (0.338)
性别	0.054 (0.068)	0.485 (0.087)
年龄	- 0.000 (0.000)	0.003 (0.001)
受教育程度	1.095 *** (0.273)	0.236 ** (0.256)
外出工作经历	0.239 ** (0.109)	0.805 *** (0.107)

续表

变量	选择方程（Probit）模型（6）	结果方程（OLS）模型（7）
劳动力数量	0.017 (0.017)	0.232 ** (0.102)
果品种植年限	0.080 ** (0.037)	0.030 * (0.038)
对数似然值	-225.265	-213.302
逆米尔斯比（λ）	-1.654 ***	-1.725 ***

注：*、** 和 *** 分别表示在10%、5%和1%的显著性水平上显著。

三、政府扶持的调节作用对果农线上销售采纳行为的影响

为进一步检验政府扶持在风险规避影响果农线上销售采纳行为的作用机制，本章将政府扶持和风险规避的交互项引入模型。表7-4结果显示，风险规避、政府扶持的交互项对果农线上销售采纳行为具有显著正向影响，并且在1%的显著性水平上显著，H7-3得到验证。可见，政府扶持在一定程度上会有效缓解风险规避对果农线上销售采纳行为的抑制作用。可能的原因是，当果农受到政府扶持后，通过信息对称和风险分担功能改变果农对果品销售的风险预期，政府扶持力度越大，果农对于风险规避程度就越低，采纳线上销售行为的可能性会越大，如果果农选择了线上销售，通过线上销售获得的收益就会增大，政府扶持就能抑制果农出于规避风险减少对线上销售的路径依赖。

四、控制变量对果农线上销售采纳行为的影响

在控制变量中，根据表7-3和表7-4分析可知，除了性别、年龄对果农线上销售采纳行为影响不显著以外，其他变量均在不同程度上对果农线上销售采纳行为产生影响。具体而言：受教育程度对果农线上销售采纳行为产生正向作用，受教育程度越高其接受新鲜事物能力和学习能力越强，例如果农"如何操作智能手机""如何处理果品照片""如何在电商平台发布相关果品信息"等技术需要其具备一定的受教育水平。果农家庭劳动力越丰富，越倾向于采纳线上销售行为。同时果农的外出工作经历会提高其对线上销售采

纳行为的认识，在信息对称下，果农对农业收入期望值较高，进而驱动其主动采纳线上销售行为。

第六节　研究小结

线上销售俨然已经成为当前中国果农扩大销售的重要途径，通过探究发现风险规避和政府扶持是影响果农线上销售采纳行为的关键因素。基于赣农微观调研数据，运用实验经济学方法测度果农风险规避程度，采用 Heckman 两阶段模型控制样本选择性偏误进行实证分析，并引入交互项检验政府扶持对风险规避的抑制作用，得出研究结论，经讨论后提出本章政策启示。

一、研究结论

果农风险规避程度越高，其线上销售采纳行为意愿越低，政府扶持能显著提升果农线上销售采纳行为以及采纳程度。从果农选择行为结果来看，经营补贴、税费优惠、技术培训分别在 5%、1%、1% 的显著性水平上显著，政府在果农选择线上销售中发挥了重要作用。一方面，减税和补贴降低了果农参与电商发展的成本，尤其是对于小农户来说，提高了其参与线上销售的信心；另一方面，实施技术培训帮助果农解决信息不对称问题和提高果农线上销售技能，有助于果农合理开展种植行为，增加果农经营性收入。从果农采纳结果来看，政府扶持印证了对果农线上销售采纳行为的作用，保护果农作为电商参与主体的合法权益，为果农线上渠道拓展提供保障。

政府扶持能有效抑制风险规避程度对果农线上销售采纳行为的抑制作用，提升果农线上销售采纳行为。政府扶持和风险规避的交互项对果农线上销售选择与采纳程度均在 1% 的显著性水平上显著。风险规避影响了果农对线上销售采纳行为，当果农感知风险较大时，不会选择线上销售模式，否则果农会更加倾向于选择线上销售模式。通过政府扶持能够有效降低果农参与线上销售的风险，从两者的交互项结果来看也证实了这一研究结论。

二、讨论

从研究内容来看，本章从风险规避和政府扶持对果农线上销售采纳行为的影响入手，探究果农线上销售选择行为以及采纳程度，并通过中介效应模型进行检验。从实证分析结果来看，果农农业生产风险对线上销售采纳行为有着重要影响，通过政府扶持则能有效缓解果农风险规避程度。本章厘清了风险规避程度对果农线上销售采纳行为的影响机理，为解决果农线上销售问题、拓展销售渠道提供了相关理论依据。

从研究结果来看，本章提出降低果农风险、加大政府扶持力度有助于提高果农线上销售率，但从实地调研结果来看，果农线上销售采纳率仍然较低，说明风险规避与果农线上销售采纳行为利益机制并不完善。究其原因，一是果农实施线上销售投入成本高，承担风险大，加之农业自身具有天然弱质性和生产规模的分散性，果农不得不面对天然风险等外部约束；二是政策措施难以充分落地，制度本身的缺陷、内生发展扶持不足和低效能机制等导致政策在实施过程中存在阻隔因素，使得政策实施效果不尽如人意（陈铭昊等，2021）；三是果农经营者受教育程度较低，在信息不对称的情形下，短时间内难以接受新鲜事物，特别是小农户的"小农经营"思想与现代经济发展体系不适应，阻碍了线上销售渠道的拓展。

三、政策启示

一是提升果农对线上销售的认知程度，降低果农因线上销售风险而产生的风险规避程度。加强线上销售采纳行为的宣传与培训力度，相关部门可以为果农提供线上销售技术信息与培训服务，引进从事农村电商的专业人才，培育新型职业农民，积极鼓励大学生、返乡创业农民工等群体进入农村电子商务发展领域。同时提高对采纳线上销售果农的补贴力度，降低果农经营成本，进而降低果农风险规避程度，改善果农线上销售采纳行为。

二是加大政府扶持力度。针对线上采纳销售成本高、技术难度大以及信息不通畅等问题，对于政府来说，第一，应继续为其提供资金、税收优惠、技术支持以及信息服务等优惠政策；第二，搭建各类培训平台，促使果农通过学习教育方式提升线上销售采纳程度；第三，充分发挥线上销售运营较好的农户的示范作用，其他农户通过学习模仿其成功经验，提高果农线上销售采纳的主动性和持续性。

三是完善农业保险体系。针对风险厌恶型果农，以及我国农村地区缺乏正规的风险规避机制，果农为了降低风险，其生产决策行为往往受限于利润最大化。因此，为了完善农业风险规避机制，应当建立适合我国农村地区农业生产的保险体系。政府除了采取降低保费、加大保额等优惠政策以外，应根据果农实际需求，推行不同类型的农业保险，为果农建立全方位的安全保障网，增强果农的风险应对能力，减轻其线上销售采纳风险负担。

第八章 农户电商销售意愿与行为的
悖离研究——以樱桃农户为例

第一节 研究背景

　　随着互联网技术的普遍应用,在农业领域逐渐形成"互联网＋农业"的模式,有效带动了农村电商的发展。自 2014 年起,我国强调农产品电商对于乡村经济发展的重要作用,同时加大对农村电商的扶持力度。2021 年中央一号文件中明确提出,全面促进农村消费,为了深入推进电子商务进农村和农产品出村进城两大举措,不断完善农村物流体系,有效促进工业品下行,丰富农户消费选择。完善农产品电商平台,有效促进农产品上行,增加农户收入。近年来,许多农村地区出现了生鲜农产品滞销的情况,导致农户赔本销售,甚至出现烂在地里的情况,从而制约了农户收入的增加。然而农村电商以互联网技术为基础,它的出现进一步完善了原有的农产品销售渠道,有效地调节了农产品供给和需求之间的矛盾,有利于农户收入的增加以及乡村振兴目标的实现。

　　烟台樱桃最具代表性的核心产地是烟台市福山区,当地已经形成了特色农业、招牌产业,目前福山区大樱桃种植面积为 11 万公顷,总产量达到 8 万吨,约占烟台总产量 1/3,品牌价值达到 23.21 亿元。① 2020 年顺丰投入多架樱桃全货机,增加多条航线,进行全面提速,货机运能大幅增长。顺丰还投入高铁专线和冷链专用来保障生鲜的时效性。因此,生鲜农产品电商销售渠道逐渐完善,这都为电商销售农产品创造了良好条件,为农户销售农产品创造了良好的销售途径。2021 年烟台政府与天猫平台共同举办了原产地启动仪

---

　　① 相关信息自福山区人民政府网和齐鲁网查询得到。

式，这标志着烟台樱桃电商销售渠道得到了进一步拓宽。综上所述，对樱桃种植的农户来说，当地已经形成良好的电商销售环境，电商销售有利于缩短生鲜农产品的供应链，使得农户能够实现利润最大化。那么，福山樱桃产区农户电商销售意愿与实际行动的现状如何？电商销售意愿与行为是否一致？如果出现不一致又是什么因素导致的呢？因此，有必要分析樱桃农户电商销售意愿、行为、意愿与行为悖离。本章试图探讨农户电商销售意愿与行为悖离的影响因素，并提出相应的政策建议，促进农户电商销售意愿转化为电商销售行为，这有利于当地樱桃电商的发展，也有利于农户收入增长以及乡村振兴战略目标的实现。

第二节　樱桃农户电商销售意愿与行为的调研分析

一、调研区域概况

（一）调研区域樱桃种植生产概况

烟台市福山区地处北纬 37 度附近，属于暖温带东亚季风区大陆性气候，四季变化比较明显，季风进退有规律，夏季受太平洋暖气团的控制，温度适中，雨量充沛，空气湿润，与美国加州樱桃生长环境相同，其被认为是樱桃生长的黄金纬度带，保证了福山樱桃的高品质，是全球为数不多的大樱桃黄金产区之一。烟台大樱桃素有"北方春果第一枝"的美誉。

截至统计，福山产区大樱桃种植面积达 11 万亩，占全国种植面积的 20%，其中包括露天栽培 10.8 万亩，设施栽培 0.25 万亩，总产量超过 8 万吨。[①] 数据统计情况如表 8 - 1 所示。

表 8 - 1　　　　　　　　福山樱桃生产数据统计情况

福山产区	种植面积 （万亩）	占全国种植面积 （百分比）	总产量 （万吨）	产值 （亿元）	品牌价值 （亿元）
樱桃数值	11	20%	8	11	23.21

资料来源：表格信息来自福山区人民政府网。

---

① 本章数据来源于实地调研，笔者自行整理得到。

（二）调研区域樱桃产业发展概况

近年来，福山大樱桃产业发展取得了显著成绩，福山区大樱桃商标注册达到 40 个，"三品认证" 27 个，认证基地达到 20 个。[①] 福山区政府把目光瞄准"互联网＋"的新模式，为了更好地大力发展生鲜农产品电子商务产业，牵头成立了福山区农产品电子商务协会。2015 年福山区政府又与阿里巴巴集团合作实施"千县万村"农村淘宝项目，建立福山阿里巴巴村淘服务中心，成立了"福樱天下"农村淘宝团队，开拓了多家农村电商服务站，让福山大樱桃乘上了电子商务发展的"快速列车"。福山区为电商发展建设 4 个镇级服务中心，累计发展 60 个村级服务站，培养 10 个村淘示范点，平均每年通过电商销售额超过 8 亿元。[②] 这都彰显出福山大樱桃的领跑地位，福山大樱桃产业的蓬勃发展推动福山乡村振兴大步前进。福山樱桃所获荣誉统计如表 8 - 2 所示。

表 8 - 2　　　　　　　　　福山区樱桃所获荣誉统计

年份	获得荣誉	颁发单位
1996	"中国樱桃之乡"荣誉称号	中国特产之乡命名组委会
2003	"中国大樱桃之乡"荣誉称号	中国优质农产品开发服务协会
2007	"中国优质大樱桃基地重点县（区）"	中国果品流通协会
2011	"国家级大樱桃标准化示范县（区）"	中华人民共和国农业部
2011	张格庄镇被授予"中国大樱桃第一镇"荣誉称号	中国果品流通协会
2014	"中国樱桃产业最具国际竞争力十强区"	—
2017	"全国大樱桃全产业链运营示范县（区）"	中国果品流通协会樱桃分会
2018	"中国特色农产品优势区"	中国农业农村部、国家发展改革委等
2021	"中国最受市场欢迎的樱桃区域公用品牌 20 强"	中国樱桃展组委会

资料来源：笔者自福山区人民政府网公开信息整理得到。

二、数据来源

本章以烟台福山大樱桃产区为调研区域，调研涉及了福山区四个镇和一个街道，分别是东厅街道，门楼镇、高疃镇、回里镇、张格庄镇，采用问卷

[①] 福山：11 万亩大樱桃红遍大江南北 ［EB/OL］. （2024 - 05 - 18）. https：//www. ytfushan. gov. cn/art/2024/5/18/art_15952_2941876. html.

[②] 相关信息来自《烟台市福山区农业农村"十四五"规划》。

调查获取第一手资料，并采用分层随机抽样的方式，对农户进行访谈，最终收回 527 份农户的调查问卷，剔除无效问卷 26 份，实际获得有效问卷 501 份，有效率 95.1%。总样本分布情况如表 8 – 3 所示。

表 8 – 3　　　　　　　　　　　总样本分布情况表

调研区域	样本总数（人）	有效样本数（人）	问卷有效率（%）
东厅街道	138	135	97.5
门楼镇	111	105	94.6
高疃镇	90	87	96.6
回里镇	120	105	87.5
张格庄镇	68	67	98.5
总计	527	501	95.1

资料来源：根据调研数据整理得到。

三、樱桃农户基本特征分析

（一）樱桃农户个体特征

为了准确了解样本樱桃农户的个体特征，分别从农户的性别、年龄、受教育程度、网购频率、是否参与电商培训、是否加入合作社等方面对样本樱桃农户的个体特征进行描述性统计分析，具体情况如表 8 – 4 所示。

表 8 – 4　　　　　　　　　　　农户个体特征

类别	选项	频数	百分比（%）
性别	女	224	44.7
	男	277	55.3
年龄	20 岁及以下	2	0.4
	21～30 岁	28	5.6
	31～40 岁	127	25.4
	41～50 岁	170	33.9
	50 岁以上	174	34.7
学历	小学及以下	42	8.4
	初中	255	50.9
	高中或中专	150	29.9
	大专及以上	54	10.8

续表

类别	选项	频数	百分比（%）
网购频率	从不	76	15.2
	基本不	85	17.0
	偶尔	166	33.1
	比较频繁	122	24.4
	非常频繁	52	10.4
是否参与电商培训	是	111	22.2
	否	390	77.8
是否加入合作社	是	65	13.0
	否	436	87.0

资料来源：根据调研数据整理得到。

通过调研数据发现，在性别方面男女基本持平，男性樱桃农户略多于女性樱桃农户。其中，女性农户占总样本量的44.7%，为224人；男性农户占总样本量的55.3%，为277人。

在年龄方面，樱桃农户年龄大多集中在中老年阶段，30岁以下农户样本相对较少。其中，50岁以上的样本樱桃农户共有174人，占总样本量的34.7%；41~50岁的样本樱桃农户共有170人，占总样本量的33.9%；31~40岁的样本樱桃农户共有127人，占总样本量的25.4%；21~30岁的样本樱桃农户共有28人，占总样本量的5.6%；20岁以下的样本樱桃农户共有2人，占总样本量的0.4%。

在学历方面，样本樱桃农户整体学历不高，主要集中在初中，大专及以上和小学及以下相对较少。其中，受教育程度为初中水平的有255人，占总样本量的50.9%；受教育程度为高中或中专的有150人，占总样本量的29.9%；受教育程度为大专水平的有54人，占总样本量的10.8%；受教育程度为小学及以下水平的有42人，占总样本量的8.4%。

在网购频率方面，样本樱桃农户网购频率主要集中在偶尔和比较频繁网购，且前者人数小于后者人数。其中，样本樱桃农户的网购频率处于偶尔的共有166人，占总样本量的33.1%；样本樱桃农户的网购频率处于比较频繁的共有122人，占总样本量的24.4%；样本樱桃农户的网购频率处于基本不的共有85人，占总样本的17.0%；样本樱桃农户的网购频率处于从不的共有 76 人，占总样本量的 15.2%；样本樱桃农户的网购频率处于非常频繁的共有 52 人，占总样本量的 10.4%。

在是否参加电商培训方面，样本樱桃农户中参加电商培训的相对较少，大部分农户都未参加过电商培训。其中，参加过电商培训的有 111 人，占总样本量的 22.2%；未参加过电商培训的有 390 人，占总样本量的 77.8%。

在是否加入合作社方面，加入合作社样本樱桃农户占总样本量的比例较低。其中，加入合作社樱桃农户有 65 人，占总样本量的 13.0%；未加入合作社樱桃农户有 436 人，占总样本量的 87.0%。

（二）樱桃农户家庭特征

为了准确了解样本中樱桃农户的家庭特征，分别从农业人口数、种植农产品面积、家庭年收入等方面对样本樱桃农户的家庭资源禀赋特征进行描述性统计分析，具体情况如表 8 - 5 所示。

表 8 - 5　　　　　　　　　　　　农户家庭特征

类别	选项	频数	百分比（%）
农业人口数	1 个及以下	63	12.6
	2 个	277	55.3
	3 个	117	23.4
	3 个以上	44	8.8
种植农产品面积	3 亩以下	289	57.7
	3~5 亩	131	26.2
	5~8 亩	63	12.6
	8 亩以上	18	3.6
家庭年收入	1 万元以下	52	10.4
	1 万~3 万元	121	24.2
	3 万~5 万元	181	36.1
	5 万~10 万元	108	21.6
	10 万元以上	39	7.8

资料来源：根据调研数据整理得到。

通过调研发现，样本中樱桃家庭农业人口数为 2 个的居多，而家庭农业人口数为 3 个以上的占比最低。其中，家庭农业人口数为 2 个的有 277 人，占总样本量的55.3%；家庭农业人口数为3个的有117人，占总样本量的23.4%；农业人口为1个及以下的有63人，占总样本量的12.6%；农业人口数为3个及以上的有44人，占总样本量的8.8%。

在种植农产品面积方面，样本中樱桃农户种植面积普遍较小，调研区域樱桃农户种植以小规模种植为主。其中，樱桃种植面积3亩以下的较多，占总样本量的57.7%；样本中樱桃农户种植面积在3~5亩的有131人，占总样本量的26.2%；样本中樱桃农户种植面积在5~8亩的有63人，占总样本量的12.6%；而仅有3.6%的樱桃农户种植面积在8亩以上。

在家庭年收入方面，样本中樱桃农户的家庭年收入较低。其中，年收入在3万~5万元的家庭占比较高，占总样本量的36.1%，家庭年收入在1万~3万元与5万~10万元的家庭年收入占比相当，分别占总样本量的24.2%和21.6%，而收入达到10万元以上的占比较低，仅占有效样本的7.8%。

第三节　樱桃农户电商销售意愿与行为分析

一、樱桃农户电商销售意愿分析

农户电商销售的意愿受到农户个体特征、行为态度、主观规范、感知行为控制、家庭资源禀赋、外部情景因素六类因素影响。因此，本章根据问卷调研数据整理结果，运用SPSS22分析软件，将农户电商销售意愿与各影响因素进行卡方检验（交叉分析）。

（一）樱桃农户电商销售意愿与个体特征交叉分析

表8-6展示了利用交叉分析法去研究电商意愿与性别、年龄、学历、网购频率、是否参与电商培训以及是否加入合作社共6项的差异关系的结果。

表8-6　　　　　　　　　　电商销售意愿与个体特征

个体特征	特征描述	电商销售生鲜农产品意愿		总计	χ^2	p
		否	是			
性别	男	64（41.56%）	160（46.11%）	224（44.71%）	0.894	0.344
	女	90（58.44%）	187（53.89%）	277（55.29%）		

个体特征	特征描述	电商销售生鲜农产品意愿		总计	χ^2	p
		否	是			
年龄	20 岁以下	1（0.65%）	1（0.29%）	2（0.4%）	111.300	0.000***
	20～30 岁	3（1.95%）	25（7.2%）	28（5.59%）		
	31～40 岁	5（3.25%）	122（35.16%）	127（25.35%）		
	41～50 岁	44（28.57%）	126（36.31%）	170（33.93%）		
	51 岁以上	101（65.85%）	73（21.04%）	174（34.73%）		
学历	小学及以下	38（24.68%）	4（1.15%）	42（8.38%）	97.939	0.000***
	初中	87（56.49%）	168（48.41%）	255（50.9%）		
	高中或中专	21（13.64%）	129（37.18%）	150（29.94%）		
	大学及以上	8（5.19%）	46（13.26%）	54（10.78%）		
网购频率	从不	59（38.31%）	17（4.9%）	76（15.17%）	173.078	0.000***
	基本不	53（34.42%）	32（9.22%）	85（16.97%）		
	偶尔	24（15.58%）	142（40.92%）	166（33.13%）		
	比较频繁	13（8.44%）	109（31.41%）	122（24.35%）		
	非常频繁	5（3.25%）	47（13.54%）	52（10.38%）		
是否参加电商培训	是	3（1.95%）	108（31.12%）	111（22.16%）	52.644	0.000***
	否	151（98.05%）	239（68.68%）	390（77.84%）		
是否加入合作社	是	7（4.55%）	74（21.33%）	81（16.17%）	22.159	0.000***
	否	147（95.45%）	273（78.67%）	420（83.83%）		

注：*** 表示在1%的水平上显著。

从表 8-6 可以看出，通过百分比对比差异可知，在电商意愿与性别关系方面，性别与农户电商意愿表现并不明显，在没有电商意愿和有电商意愿中女性农户人数都明显高于男性农户。在电商意愿与年龄关系方面，在没有电商意愿的农户中，中老年人居多，在有电商意愿的农户中，明显中年人居多。由此可以看出，年龄越大对电商销售意愿越弱。因为年轻人接受新鲜事物速度快，学习能力强。随着农户的年龄越来越大，学习能力逐渐下降，接受新鲜事物越来越慢，所以高龄农户的电商意愿相对较弱。在电商意愿与学历关系方面，在没有电商意愿的农户中，学历在小学及以下与初中的农户居多，在有电商意愿的农户中，学历在初中与高中或中专的农户相对较多。由此可以看出学历越高对电商销售意愿越强。在电商意愿与网购频率关系方面，在没有电商意愿的农户中，网购频率低占比较大，在有电商意愿的农户中，网购频繁占比较大。这说明随着网购频率提高，对电商销售越了解，越有利于产生电商销售意愿。在电商意愿与是否参与电商培训关系方面，在没有电商意愿的农户中，未参与电商培训的比重为 98.05%，而在有电商意愿的农户中，未参与电商培训的比重为 68.68%。因此参与电商培训有利于提升参与电商意愿。在电商意愿与是否加入合作社关系方面，在没有电商意愿的农户中，未加入合作社的比重为 95.45%，而在有电商意愿的农户中，未加入合作社的比重为 78.67%。因此加入合作社有利于提升参与电商意愿。

基于以上分析可知，对农户电商销售意愿具有明显影响的个体特征因素主要包括年龄、学历、网购频率、是否参与电商培训以及是否加入合作社。

（二）樱桃农户电商销售意愿与行为态度交叉分析

表 8 - 7 展示了利用交叉分析法去研究电商意愿与收益预期、风险预期以及利润预期共 3 项的差异关系的结果。

表 8 - 7　　　　　　　　　　　　电商意愿与行为态度

行为态度	特征描述	电商销售生鲜农产品意愿		总计	χ^2	p
		否	是			
收益预期	非常不同意	17 (11.04%)	4 (1.15%)	21 (4.19%)	137.753	0.000 ***
	比较不同意	43 (27.92%)	22 (6.34%)	65 (12.97%)		
	一般	80 (51.95%)	111 (31.99%)	191 (38.12%)		
	比较同意	12 (7.79%)	151 (43.52%)	163 (32.53%)		
	非常同意	2 (1.30%)	59 (17.00%)	61 (12.18%)		
风险预期	非常不同意	7 (4.55%)	9 (2.59%)	16 (3.19%)	9.719	0.045 **
	比较不同意	16 (10.39%)	54 (15.56%)	70 (13.97%)		
	一般	87 (56.49%)	201 (57.93%)	288 (57.49%)		
	比较同意	42 (27.27%)	67 (19.31%)	109 (21.76%)		
	非常同意	2 (1.30%)	16 (4.61%)	18 (3.59%)		
利润预期	非常不同意	5 (3.25%)	4 (1.15%)	9 (1.80%)	178.364	0.000 ***
	比较不同意	83 (53.90%)	18 (5.19%)	101 (20.16%)		
	一般	46 (29.87%)	127 (36.60%)	173 (34.53%)		
	比较同意	18 (11.69%)	142 (40.92%)	160 (31.94%)		
	非常同意	2 (1.30%)	56 (16.14%)	58 (11.58%)		

注：** 、*** 分别表示在 5%、1% 的水平上显著。

从表8-7中可以看出，在电商意愿与收益预期关系方面，通过百分比对比差异可知，在没有电商销售意愿的农户中，大多数农户对收益预期的选择是一般，占比为51.95%；在有电商销售意愿的农户中，选择比较同意的农户最多，占比为43.52%。在电商意愿与风险预期关系方面，通过百分比对比差异可知，在没有电商销售意愿和有电商销售意愿的农户中，大多数农户对风险预期的选择都是一般，占比分别为56.49%和57.93%。在电商意愿与利润预期关系方面，通过百分比对比差异可知，在没有电商销售意愿的农户中，大多数农户对利润预期的选择是比较不同意，占比为53.90%；在有电商销售意愿的农户中，选择比较同意的农户最多，占比为40.92%。

基于以上分析可知，对农户电商销售意愿具有明显影响的行为态度因素主要包括收益预期、风险预期以及利润预期。

（三）樱桃农户电商销售意愿与主观规范交叉分析

表8-8展示了利用交叉分析法去研究电商意愿与政府宣传和邻里效应共2项的差异关系的结果。

表8-8 　　　　　　　　　　　　电商意愿与主观规范

主观规范	特征描述	电商销售生鲜农产品意愿		总计	x^2	p
		否	是			
政府宣传	非常不同意	47（30.52%）	12（3.46%）	59（11.78%）	139.447	0.000 ***
	比较不同意	72（46.75%）	82（23.63%）	154（30.74%）		
	一般	29（18.83%）	122（35.16%）	151（30.14%）		
	比较同意	6（3.90%）	96（27.67%）	102（20.36%）		
	非常同意	0（0.00%）	35（10.09%）	35（6.99%）		
邻里效应	非常不同意	24（15.58%）	7（2.02%）	31（6.19%）	137.090	0.000 ***
	比较不同意	74（48.05%）	50（14.41%）	124（24.75%）		
	一般	49（31.82%）	130（37.46%）	179（35.73%）		
	比较同意	7（4.55%）	126（36.31%）	133（26.55%）		
	非常同意	0（0.00%）	34（9.80%）	34（6.79%）		

注：*** 表示在1%的水平上显著。

从表8-8可以看出，通过百分比对比差异可知，在电商意愿与政府宣传关系方面，在没有电商意愿的农户中，大多数农户并没有感受到政府宣传，其中非常不同意和比较不同意占比较大，分别占比 30.52% 和 46.75%；在有电商意愿的农户中，大多数农户对收益预期的选择是一般，占比为 35.16%。在电商意愿与邻里效应关系方面，在没有电商意愿的农户中，大多数农户对邻里效应的选择是比较不同意和一般，占比分别为 48.05% 和 31.82%；在有电商意愿的农户中，大多数农户对邻里效应的选择是一般和比较同意，占比分别为 37.46% 和 36.31%。

基于以上分析可知，对农户电商销售意愿具有明显影响的主观规范因素主要包括政府宣传和邻里效应。

（四）樱桃农户电商销售意愿与感知行为控制交叉分析

表 8-9 展示了利用交叉分析法去研究电商意愿与网络技能、政策扶持和电商使用共 3 项的差异关系的结果。

表 8-9　　　　　　　　　　　　电商意愿与感知行为控制

感知行为控制	特征描述	电商销售生鲜农产品意愿		总计	χ^2	p
		否	是			
网络技能	非常不同意	58（37.66%）	13（3.75%）	71（14.17%）	150.743	0.000***
	比较不同意	61（39.61%）	78（22.48%）	139（27.74%）		
	一般	28（18.18%）	133（38.33%）	161（32.14%）		
	比较同意	4（2.60%）	88（25.36%）	92（18.36%）		
	非常同意	3（1.95%）	35（10.09%）	38（7.58%）		
政策扶持	非常不同意	50（32.47%）	6（1.73%）	56（11.18%）	140.683	0.000***
	比较不同意	59（38.31%）	86（24.78%）	145（28.94%）		
	一般	33（21.43%）	114（32.85%）	147（29.34%）		
	比较同意	12（7.79%）	105（30.26%）	117（23.35%）		
	非常同意	0（0.00%）	36（10.37%）	36（7.19%）		
电商使用	非常不同意	50（32.47%）	8（2.31%）	58（11.58%）	149.855	0.000***
	比较不同意	67（43.51%）	80（23.05%）	147（29.34%）		
	一般	32（20.78%）	159（45.82%）	191（38.12%）		
	比较同意	4（2.60%）	77（22.19%）	81（16.17%）		
	非常同意	1（0.65%）	23（6.63%）	24（4.79%）		

注：*** 表示在 1% 的水平上显著。

从表 8-9 可以看出，在电商意愿与网络技能关系方面，通过百分比对比差异可知,在没有电商意愿的农户中,大多数农户对网络技能掌握程度较低,其中选择非常不同意和比较不同意的农户占比分别为37.66%和39.61%;在有电商意愿的农户中,大多数农户对网络技能表示一般掌握,占比为38.33%。在电商意愿与政府扶持关系方面,通过百分比对比差异可知,在没有电商意愿的农户中,大多数农户表示比较不同意政府扶持对农产品电商销售有影响;在有电商意愿的农户中,大多数农户表示政府扶持对农产品电商销售影响一般。在电商意愿与电商使用关系方面,通过百分比对比差异可知,在没有电商意愿的农户中,大多数农户比较不同意电商农产品销售门槛较低;在有电商意愿的农户中,大多数农户表示电商农产品销售门槛一般。

　　基于以上分析可知,对农户电商销售意愿具有明显影响的感知行为控制因素主要包括网络技能、政策扶持和电商使用。

(五) 樱桃农户电商销售意愿与家庭资源禀赋交叉分析

　　表8-10展示了利用交叉分析法去研究电商意愿与农业人口数、种植农产品面积以及家庭年收入共3项的差异关系的结果。

表8-10　　　　　　　　　　　　电商意愿与家庭资源禀赋

家庭资源禀赋	特征描述	电商销售生鲜农产品意愿		总计	χ^2	P
		否	是			
农业人口数	1 个及以下	39 (25.32%)	24 (6.92%)	63 (12.57%)	50.085	0.000***
	2 个	92 (59.74%)	185 (53.31%)	277 (55.29%)		
	3 个	16 (10.39%)	101 (29.11%)	117 (23.35%)		
	3 个以上	7 (4.55%)	37 (10.66%)	44 (8.78%)		
种植农产品面积	3 亩以下	106 (68.83%)	183 (52.74%)	289 (57.68%)	15.885	0.001***
	3~5 亩	34 (22.08%)	97 (27.95%)	131 (26.15%)		
	5~8 亩	8 (5.19%)	55 (15.85%)	63 (12.57%)		
	8 亩以上	6 (3.90%)	12 (3.46%)	18 (3.59%)		
家庭年收入	1 万元以下	39 (25.32%)	13 (3.75%)	52 (10.38%)	89.410	0.000***
	1 万~3 万元	56 (36.36%)	65 (18.73%)	121 (24.15%)		
	3 万~5 万元	37 (24.03%)	144 (41.50%)	181 (36.13%)		
	5 万~10 万元	13 (8.44%)	95 (27.38%)	108 (21.56%)		
	10 万元以上	9 (5.84%)	30 (8.65%)	39 (7.78%)		

　　注: *** 表示在1%的水平上显著。

从表8-10可以看出，通过百分比对比差异可知，在电商意愿与农业人口数关系方面，在有电商意愿与没有电商意愿的农户中，家庭人口数在2~3人的居多。在电商意愿与种植农产品面积关系方面，在有电商意愿与没有电商意愿的农户中，种植农产品面积在3亩以下的居多。在电商意愿与家庭年收入方面，在没有电商意愿的农户中，低收入人群占比相对较高，其中收入在1万~3万元的占比最高，为36.36%；在有电商意愿的农户中，高收入人群占比相对较高，其中收入在3万~5万元的占比最高，为41.50%。

基于以上分析可知，对农户电商销售意愿具有明显影响的家庭资源禀赋因素主要包括农业人口数、种植农产品面积以及家庭年收入。

（六）樱桃农户电商销售意愿与外部情境因素交叉分析

表8-11展示了利用交叉分析法去研究电商意愿与基础设施、物流费用、物理距离以及电商培训共4项的差异关系的结果。

表8-11 电商意愿与外部情景因素

外部情景因素	特征描述	电商销售生鲜农产品意愿		总计	χ^2	p
		否	是			
基础设施	非常不完善	10 （6.49%）	6 （1.73%）	16 （3.19%）	50.767	0.000***
	比较不完善	31 （20.13%）	37 （10.66%）	68 （13.57%）		
	一般	89 （57.79%）	141 （40.63%）	230 （45.91%）		
	比较完善	23 （14.94%）	138 （39.77%）	161 （32.14%）		
	非常完善	1 （0.65%）	25 （7.20%）	26 （5.19%）		
物流费用	非常低	1 （0.65%）	1 （0.29%）	2 （0.40%）	51.346	0.000***
	比较低	6 （3.90%）	24 （6.92%）	30 （5.99%）		
	一般	40 （25.97%）	193 （55.62%）	233 （46.51%）		
	比较高	79 （51.30%）	110 （31.70%）	189 （37.72%）		
	非常高	28 （18.18%）	19 （5.48%）	47 （9.38%）		
物流距离	非常远	9 （5.84%）	9 （2.59%）	18 （3.59%）	47.112	0.000***
	比较远	47 （30.52%）	59 （17.00%）	106 （21.16%）		
	一般	78 （50.65%）	130 （37.46%）	208 （41.52%）		
	比较近	20 （12.99%）	124 （35.73%）	144 （28.74%）		
	非常近	0 （0.00%）	25 （7.20%）	25 （4.99%）		

续表

外部情景因素	特征描述	电商销售生鲜农产品意愿		总计	χ^2	p
		否	是			
电商培训	非常低	133（86.36%）	182（52.45%）	315（62.87%）	54.589	0.000***
	比较低	15（9.74%）	85（24.50%）	100（19.96%）		
	一般	6（3.90%）	59（17.00%）	65（12.97%）		
	比较高	0（0.00%）	15（4.32%）	15（2.99%）		
	非常高	0（0.00%）	6（1.73%）	6（1.20%）		

注：*** 表示在1%的水平上显著。

从表8-11可以看出，在电商意愿与基础设施关系方面，通过百分比对比差异可知，在有电商意愿和没有电商意愿的农户中，大多数农户认为当地基础设施建设一般。在电商意愿与物流费用关系方面，通过百分比对比差异可知，在没有电商意愿的农户中，大多数农户认为当地物流费用比较高；在有电商意愿的农户中，大多数农户认为当地物流费用一般。在电商意愿与当地物流距离关系方面，通过百分比对比差异可知，在没有电商意愿的农户中，大多数农户认为当地物流距离比较远或一般；在有电商意愿的农户中，大多数农户认为当地物流距离一般或比较近。这说明较近的物流距离会影响农户电商意愿。在电商意愿与电商培训关系方面，通过百分比对比差异可知，在没有电商意愿和有电商意愿的农户中，大多数农户电商培训的频率都非常低，占比分别为86.36%和52.45%。

基于以上分析可知，对农户电商销售意愿具有明显影响的外部情境因素主要包括基础设施、物流费用、物流距离以及电商培训。

二、樱桃农户电商销售行为分析

农户电商销售的行为受到农户个体特征、行为态度、主观规范、感知行为控制、家庭资源禀赋、外部情景因素六类因素影响。因此，本章根据问卷调研数据整理结果，运用SPSS22分析软件，将农户电商销售行为与各影响因素进行卡方检验（交叉分析）。

（一）樱桃农户电商销售行为与个体特征交叉分析

表8-12展示了利用交叉分析法去研究电商行为与性别、年龄、学历、

网购频率、是否参与电商培训以及是否加入合作社共 6 项的差异关系的结果。

表 8 – 12 电商行为与个体特征

个体特征	特征描述	电商销售生鲜农产品行为		总计	χ^2	p
		否	是			
性别	男	150（41.44%）	74（53.24%）	224（44.71%）	5.658	0.017 **
	女	212（58.56%）	65（46.76%）	277（55.29%）		
年龄	20 岁以下	1（0.28%）	1（0.72%）	2（0.40%）	116.240	0.000 ***
	20 ~ 30 岁	16（4.42%）	12（8.63%）	28（5.59%）		
	31 ~ 40 岁	51（14.09%）	76（54.68%）	127（25.35%）		
	41 ~ 50 岁	128（35.36%）	42（30.22%）	170（33.93%）		
	51 岁及以上	166（45.86%）	8（5.76%）	174（34.73%）		
学历	小学及以下	42（11.60%）	0（0.00%）	42（8.38%）	83.470	0.000 ***
	初中	216（59.67%）	39（28.06%）	255（50.90%）		
	高中或中专	80（22.10%）	70（50.36%）	150（29.94%）		
	大学及以上	24（6.63%）	30（21.58%）	54（10.78%）		
网购频率	从不	73（20.17%）	3（2.16%）	76（15.17%）	110.049	0.000 ***
	基本不	82（22.65%）	3（2.16%）	85（16.97%）		
	偶尔	126（34.81%）	40（28.78%）	166（33.13%）		
	比较频繁	63（17.40%）	59（42.45%）	122（24.35%）		
	非常频繁	18（4.97%）	34（24.46%）	52（10.38%）		
是否参加电商培训	是	29（8.01%）	82（58.99%）	111（22.16%）	151.357	0.000 ***
	否	333（91.99%）	57（41.01%）	390（77.84%）		
是否加入合作社	是	29（8.01%）	52（37.41%）	81（16.17%）	64.046	0.000 ***
	否	333（91.99%）	87（62.59%）	420（83.83%）		

注：** 、*** 分别表示在5%、1%的水平上显著。

从表 8 – 12 可以看出，通过百分比对比差异可知，在电商行为与性别关系方面，在没有电商行为的农户中，女性农户人数都明显高于男性农户；但在有电商行为的农户中，男性农户占比要高于女性农户。在电商行为与年龄关系方面，在没有电商行为的农户中，51 岁及以上农户有 166 人，占比最多为 45.86%；在有电商行为的农户中，31 ~ 40 岁农户有 76 人，占比最多为 54.68%。随着农户的年龄越来越大，学习能力逐渐下降，接受新鲜事物越来越慢，高龄农户的电商行为相对较弱。在电商行为与学历关系方面，在没有电商行为的农户中，学历在初中的农户居多，占比为 59.69%；在有电商行为的农户中，学历在高中或中专的农户相对较多，占比为 50.36%。由此可以看出学历提高有利于推动电商销售行为。在电商行为与网购频率关系方面，在没有电商行为的农户中，网购频率低占比较大；在有电商行为的农户中，网购比较频繁和非常频繁占比大。这说明网购频率越高，越有利于产生电商销售行为。在电商行为与是否参与电商培训关系方面，在没有电商行为的农户中，未参与电商培训的占比为 91.99%；而在有电商行为的农户中，未参与电商培训的占比为 41.01%。因此电商培训有利于提升参与电商行为。在电商行为与是否加入合作社关系方面，在没有电商行为的农户中，未加入合作社的占比为 91.99%；而在有电商行为的农户中，未加入合作社的占比为 62.59%。因此加入合作社有利于提升参与电商行为。

基于以上分析可知，对农户电商销售行为具有明显影响的个体特征因素主要包括性别、年龄、学历、网购频率、是否参与电商培训以及是否加入合作社。

（二）樱桃农户电商销售行为与行为态度交叉分析

表 8 – 13 展示了利用交叉分析法去研究电商行为与收益预期、风险预期以及利润预期共 3 项的差异关系的结果。

表 8 – 13　　　　　　　　　　　　电商行为与行为态度

| 行为态度 | 特征描述 | 电商销售生鲜农产品行为 | | 总计 | χ^2 | P |
		否	是			
收益预期	非常不同意	21 (5.80%)	0 (0.00%)	21 (4.19%)	140.209	0.000 ***
	比较不同意	64 (17.68%)	1 (0.72%)	65 (12.97%)		
	一般	169 (46.69%)	22 (15.83%)	191 (38.12%)		
	比较同意	92 (25.41%)	71 (51.08%)	163 (32.53%)		
	非常同意	16 (4.42%)	45 (32.37%)	61 (12.18%)		
风险预期	非常不同意	12 (3.31%)	4 (2.88%)	16 (3.19%)	5.852	0.211
	比较不同意	48 (13.26%)	22 (15.83%)	70 (13.97%)		
	一般	200 (55.25%)	88 (63.31%)	288 (57.49%)		
	比较同意	88 (24.31%)	21 (15.11%)	109 (21.76%)		
	非常同意	14 (3.87%)	4 (2.88%)	18 (3.59%)		

续表

行为态度	特征描述	电商销售生鲜农产品行为		总计	χ²	p
		否	是			
利润预期	非常不同意	8 (2.21%)	1 (0.72%)	9 (1.80%)	168.472	0.000***
	比较不同意	99 (27.35%)	2 (1.44%)	101 (20.16%)		
	一般	157 (43.37%)	16 (11.51%)	173 (34.53%)		
	比较同意	86 (23.76%)	74 (53.24%)	160 (31.94%)		
	非常同意	12 (3.31%)	46 (33.09%)	58 (11.58%)		

注 *** 表示在 1% 的水平上显著。

从表 8-13 可以看出，在电商行为与收益预期关系方面，通过百分比对比差异可知，在没有电商销售行为的农户中，大多数农户对收益预期的选择是一般，占比为 46.69%；在有电商销售行为的农户中，选择比较同意的农户最多，占比为 51.08%。在电商行为与风险预期关系方面，风险预期与农户电商行为表现并不明显，通过百分比对比差异可知，在没有电商销售行为和有电商销售行为的农户中，大多数农户对风险预期的选择都是一般，占比分别为 55.25% 和 63.31%。在电商行为与利润预期关系方面，通过百分比对比差异可知，在没有电商销售行为的农户中，大多数农户对利润预期的选择是一般，占比为 43.37%；在有电商销售行为的农户中，选择比较同意的农户最多，占比为 53.24%。

基于以上分析可知，对农户电商销售行为具有明显影响的行为态度因素主要包括收益预期和利润预期。

（三）樱桃农户电商销售行为与主观规范交叉分析

表 8-14 展示了利用交叉分析法去研究电商行为与政府宣传和邻里效应共 2 项的差异关系的结果。

表 8-14　　　　　　　　　　电商行为与主观规范

主观规范	特征描述	电商销售生鲜农产品行为		总计	χ²	p
		否	是			
政府宣传	非常不同意	57 (15.75%)	2 (1.44%)	59 (11.78%)	156.087	0.000***
	比较不同意	148 (40.88%)	6 (4.32%)	154 (30.74%)		
	一般	108 (29.83%)	43 (30.94%)	151 (30.14%)		
	比较同意	41 (11.33%)	61 (43.88%)	102 (20.36%)		
	非常同意	8 (2.21%)	27 (19.42%)	35 (6.99%)		

续表

主观规范	特征描述	电商销售生鲜农产品行为		总计	χ^2	p
		否	是			
邻里效应	非常不同意	29 (8.01%)	2 (1.44%)	31 (6.19%)	162.128	0.000 ***
	比较不同意	122 (33.70%)	2 (1.44%)	124 (24.75%)		
	一般	144 (39.78%)	35 (25.18%)	179 (35.73%)		
	比较同意	64 (17.68%)	69 (49.64%)	133 (26.55%)		
	非常同意	3 (0.83%)	31 (22.30%)	34 (6.79%)		

注：*** 表示在 1% 的水平上显著。

从表 8-14 可以看出，在电商行为与政府宣传关系方面，通过百分比对比差异可知，在没有电商行为的农户中，大多数农户并没有感受到政府宣传，其中比较不同意和一般占比较大，分别占比 40.88% 和 29.83%；在有电商行为的农户中，大多数农户对政府宣传的选择是一般和比较同意，占比分别为 30.94% 和 43.88%。在电商行为与邻里效应关系方面，通过百分比对比差异可知，在没有电商行为的农户中，大多数农户对邻里效应的选择是比较不同意和一般，占比分别为 33.70% 和 39.78%；在有电商行为的农户中，大多数农户对邻里效应的选择是比较同意，占比为 49.64%。

基于以上分析可知，对农户电商销售行为具有明显影响的主观规范因素主要包括政府宣传和邻里效应。

（四）樱桃农户电商销售行为与感知行为控制交叉分析

表 8-15 展示了利用交叉分析法去研究电商行为与网络技能、政策扶持和电商使用共 3 项的差异关系的结果。

表 8-15 电商行为与感知行为控制

感知行为控制	特征描述	电商销售生鲜农产品行为		总计	χ^2	p
		否	是			
网络技能	非常不同意	71 (19.61%)	0 (0.00%)	71 (14.17%)	165.076	0.000 ***
	比较不同意	134 (37.02%)	5 (3.60%)	139 (27.74%)		
	一般	112 (30.94%)	49 (35.25%)	161 (32.14%)		
	比较同意	37 (10.22%)	55 (39.57%)	92 (18.36%)		
	非常同意	8 (2.21%)	30 (21.58%)	38 (7.58%)		

续表

感知行为控制	特征描述	电商销售生鲜农产品行为		总计	χ^2	p
		否	是			
政策扶持	非常不同意	56（15.47%）	0（0.00%）	56（11.18%）	179.400	0.000 ***
	比较不同意	141（38.95%）	4（2.88%）	145（28.94%）		
	一般	112（30.94%）	35（25.18%）	147（29.34%）		
	比较同意	45（12.43%）	72（51.80%）	117（23.35%）		
	非常同意	8（2.21%）	28（20.14%）	36（7.19%）		
电商使用	非常不同意	58（16.02%）	0（0.00%）	58（11.58%）	178.218	0.000 ***
	比较不同意	144（39.78%）	3（2.16%）	147（29.34%）		
	一般	131（36.19%）	60（43.17%）	191（38.12%）		
	比较同意	25（6.91%）	56（40.29%）	81（16.17%）		
	非常同意	4（1.10%）	20（14.39%）	24（4.79%）		

注：*** 表示在1%的水平上显著。

从表8-15可知，在电商行为与网络技能关系方面，通过百分比对比差异可知，在没有电商行为的农户中，大多数农户对网络技能掌握程度较低，其中选择比较不同意和一般的农户占比分别为37.02%和30.94%；在有电商行为的农户中，大多数农户对网络技能选择比较同意能够掌握，占比为39.57%。在电商行为与政府扶持关系方面，通过百分比对比差异可知，在没有电商行为的农户中，大多数农户表示比较不同意政府扶持对农产品电商销售有影响；在有电商行为的农户中，大多数农户表示比较同意政府扶持对农产品电商销售有影响。在电商行为与电商使用关系方面，通过百分比对比差异可知，在没有电商行为的农户中，大多数农户比较不同意电商农产品销售门槛较低；在有电商行为的农户中，大多数农户表示电商农产品销售门槛比较低。

基于以上分析可知，对农户电商销售行为具有明显影响的感知行为控制因素主要包括网络技能、政策扶持和电商使用。

（五）樱桃农户电商销售行为与家庭资源禀赋交叉分析

表8-16展示了利用交叉分析法去研究电商行为与农业人口数、种植农产品面积以及家庭年收入共3项的差异关系的结果。

表 8 - 16 　　　　　　　　　　　　　　电商行为与家庭资源禀赋

家庭资源禀赋	特征描述	电商销售生鲜农产品行为		总计	χ^2	p
		否	是			
农业人口数	1 个及以下	58（16.02%）	5（3.60%）	63（12.57%）	85.101	0.000 ***
	2 个	230（63.54%）	47（33.81%）	277（55.29%）		
	3 个	51（14.09%）	66（47.48%）	117（23.35%）		
	3 个以上	23（6.35%）	21（15.11%）	44（8.78%）		
种植农产品面积	3 亩以下	226（62.43%）	63（45.32%）	289（57.68%）	20.297	0.000 ***
	3～5 亩	88（24.31%）	43（30.94%）	131（26.15%）		
	5～8 亩	33（9.12%）	30（21.58%）	63（12.57%）		
	8 亩以上	15（4.14%）	3（2.16%）	18（3.59%）		
家庭年收入	1 万元以下	50（13.81%）	2（1.44%）	52（10.38%）	69.904	0.000 ***
	1 万～3 万元	110（30.39%）	11（7.91%）	121（24.15%）		
	3 万～5 万元	127（35.08%）	54（38.85%）	181（36.13%）		
	5 万～10 万元	57（15.75%）	51（36.69%）	108（21.56%）		
	10 万元以上	18（4.97%）	21（15.11%）	39（7.78%）		

注：*** 表示在 1% 的水平上显著。

从表 8 - 16 可以看出，在电商行为与农业人口数关系方面，通过百分比对比差异可知，在没有电商行为的农户中，农业人口数为 2 个的居多，占比为 63.54%；在有电商行为的农户中，农业人口数为 3 个的较多，占比为 47.48%。在电商行为与种植农产品面积关系方面，通过百分比对比差异可知，在有电商行为与没有电商行为的农户中，种植农产品面积在 3 亩以下的居多，占比分别为 62.43% 和 45.32%。在电商行为与家庭年收入方面，通过百分比对比差异可知，在没有电商行为的农户中，中等收入人群占比相对较高，其中收入在 3 万～5 万元占比最高，为 35.08%；在有电商行为的农户中，中高收入人群占比相对较高，其中收入在 3 万～5 万元占比最高，为 38.85%。

基于以上分析可知，对农户电商销售行为具有明显影响的家庭资源禀赋因素主要包括农业人口数、种植农产品面积以及家庭年收入。

（六）樱桃农户电商销售行为与外部情境因素交叉分析

表 8 - 17 展示了利用交叉分析法去研究电商行为与基础设施、物流费用、物理距离以及电商培训共 4 项的差异关系的结果。

表8-17 电商行为与外部情境因素

外部情境因素	特征描述	电商销售生鲜农产品行为		总计	χ^2	p
		否	是			
基础设施	非常不完善	13（3.59%）	3（2.16%）	16（3.19%）	106.357	0.000***
	比较不完善	64（17.68%）	4（2.88%）	68（13.57%）		
	一般	198（54.70%）	32（23.02%）	230（45.91%）		
	比较完善	80（22.10%）	81（58.27%）	161（32.14%）		
	非常完善	7（1.93%）	19（13.67%）	26（5.19%）		
物流费用	非常低	2（0.55%）	0（0.00%）	2（0.40%）	64.778	0.000***
	比较低	19（5.25%）	11（7.91%）	30（5.99%）		
	一般	131（36.19%）	102（73.38%）	233（46.51%）		
	比较高	168（46.41%）	21（15.11%）	189（37.72%）		
	非常高	42（11.60%）	5（3.60%）	47（9.38%）		
物流距离	非常远	16（4.42%）	2（1.44%）	18（3.59%）	81.350	0.000***
	比较远	95（26.24%）	11（7.91%）	106（21.16%）		
	一般	170（46.96%）	38（27.34%）	208（41.52%）		
	比较近	73（20.17%）	71（51.08%）	144（28.74%）		
	非常近	8（2.21%）	17（12.23%）	25（4.99%）		
电商培训	非常低	288（79.56%）	27（19.42%）	315（62.87%）	170.271	0.000***
	比较低	50（13.81%）	50（35.97%）	100（19.96%）		
	一般	21（5.80%）	44（31.65%）	65（12.97%）		
	比较高	3（0.83%）	12（8.63%）	15（2.99%）		
	非常高	0（0.00%）	6（4.32%）	6（1.20%）		

注：*** 表示在1%的水平上显著。

从表8-17可以看出，在电商行为与基础设施关系方面，通过百分比对比差异可知，在没有电商行为的农户中，大多数农户认为当地基础设施建设一般；在有电商行为的农户中，大多数农户认为当地基础设施建设比较完善。因此基础设施完善程度高有利于电商行为发生。在电商行为与物流费用关系方面，通过百分比对比差异可知，在没有电商行为的农户中，大多数农户认为当地物流费用比较高，占比为46.41%；在有电商行为的农户中，大多数农户认为当地物流费用一般，占比为73.38%。在电商行为与当地物流距离关系方面，通过百分比对比差异可知，在没有电商行为的农户中，大多数农户认为当地物流距离比较远或一般；在有电商行为的农户中，大多数农户认为当地物流距离一般或比较近。在电商行为与电商培训关系方面，通过百分比对比差异可知，在没有电商行为的农户中，大多数农户参与电商培训的频率非常低，占比为79.56%；在有电商行为的农户中，大多数农户参与电商培训的频率比较低或者一般。这说明农户参与电商培训频率越高越会影响电商行为。

基于以上分析可知，对农户电商销售行为具有明显影响的外部情境因素主要包括基础设施、物流费用、物流距离以及电商培训。

三、樱桃农户电商销售意愿与行为交叉分析

通过表8-18可知，从全样本樱桃农户电商销售意愿来看，根据501份有效数据分析得出，共有347名樱桃农户有电商销售意愿，占总样本的69.26%，没有电商销售意愿的樱桃农户有154名，占总样本的30.47%。从全样本樱桃农户电商销售行为来看，共有139名樱桃农户发生了电商销售行为，占总样本的27.7%，没有发生电商销售行为的樱桃农户有362名，占总样本的72.3%。在没有电商销售行为发生的樱桃农户中，有212名樱桃农户表示有意愿参与电商销售，占比为58.56%，有150名樱桃农户表示无意愿参与电商销售，占比为41.43%；而在有电商销售行为发生的樱桃农户中，有135名樱桃农户表示有意愿参与电商销售，占比为97%，有4名樱桃农户表示无意愿参与电商销售，占比为3%。

表8-18　　　　　　　　樱桃农户电商销售意愿与行为交叉　　　　　　单位：个

选项		电商销售意愿		合计
		有意愿	无意愿	
电商销售行为	参与电商	135	4	139
	未参与电商	212	150	362
合计		347	154	501

全样本中樱桃农户电商销售意愿与行为一致的有285名，占总样本的56.89%。其中，有意愿有行为的樱桃农户有135名，占比为47.37%；无意愿无行为的农户有150名，占比为52.63%。全样本中樱桃农户电商销售意愿与行为不一致的有216名，占总样本的43.11%。其中，有意愿无行为的农户有212名，占比为98.15%；无意愿有行为的农户有4名，占比为1.85%。因此，通过调研数据分析可知，调研区域中存在樱桃农户电商销售

意愿与行为悖离的情况，这种情况主要分布于有电商销售意愿但没有转化为电商销售行为的樱桃农户中。

通过分析样本农户电商销售的意愿与行为情况可以看出，有意愿参与电商销售的樱桃农户占总样本的比例明显高于有行为参与电商销售的樱桃农户占总样本的比例，即樱桃农户电商销售意愿与行为之间发生了悖离，并且这种悖离主要表现在樱桃农户电商意愿未转化成电商销售行为。基于本章的研究目的就是推动樱桃农户将电商意愿转化为电商销售行为，从而促进农村电商的发展，因此将154个没有电商意愿的樱桃农户数据进行剔除，保留347个有电商意愿的樱桃农户数据进一步分析影响意愿与行为悖离的因素。

第四节　樱桃农户电商销售意愿与行为悖离的实证分析

一、模型构建

（一）Logistic 回归模型构建

本章所考察的被解释变量是农户电商销售生鲜农产品意愿与行为是否悖离，是典型的二元选择问题，即悖离或者不悖离。同时由于樱桃农户电商销售意愿与行为的悖离会受到诸多因素影响，因此本章利用二元 Logistic 回归模型对樱桃农户电商销售生鲜农产品意愿与行为悖离的影响因素进行分析。樱桃农户电商销售意愿与行为的悖离可能受个体特征、行为态度、主观规范、感知行为控制、家庭资源禀赋、外部情境共6类因素的影响，因此，建立如下 Logistic 回归模型：

$$\ln\left(\frac{P_i}{1-P_i}\right) = (\beta_0 + \beta_{i1}X_{i1} + \beta_{i2}X_{i2} + \ldots + \beta_{in}X_{in} + \mu_i) \qquad (8-1)$$

其中，P_i 为第 i 位樱桃农户电商销售意愿与行为发生悖离的概率；β_0 为截距；$\beta_1 \sim \beta_n$ 为自变量的回归系数，μ_i 为误差项。

（二）解释结构模型（ISM）构建

该模型最早由沃菲尔德（Warfield，2007）提出，主要用于处理经济社会中复杂的系统结构问题，主要是对各影响因素进行层级分析和关联分析，从而更清晰地展现出各因素之间层次关系。因此，在明确影响樱桃农户电商销售意愿与行为悖离的因素之后，可以再使用 ISM 来分析影响因素之间层次关系和关联关系。ISM 流程如图 8 - 1 所示。

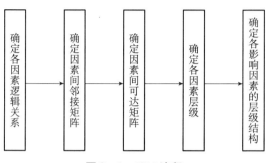

图 8 - 1 ISM 流程

其主要步骤如下。

先假设有 N 个因素对樱桃农户电商销售意愿与行为悖离有显著影响，S_0 表示农户电商销售农产品意愿与行为悖离，用 S_i（i = 1, 2, …, N）表示第 i 个影响樱桃农户电商销售意愿与行为悖离的因素，其中邻接矩阵 B 构成的元素由式（8 - 2）定义：

$$B_{ij}\begin{cases} 1; \ s_i \ 对 \ s_j \ 有影响时 \\ 0; \ s_i \ 对 \ s_j \ 无影响时 \end{cases} \quad (8-2)$$

其中，i, j = 1, 2, …, K。

因素间的可达矩阵可以根据式（8 - 3）计算而得：

$$M = (B+I)^{\lambda+1} = (B+I)^{\lambda} \neq (B+I)^{\lambda-1} \neq \cdots \neq (B+I)^2 \neq (B+I) \quad (8-3)$$

其中，I 为单位矩阵，$2 \leqslant \lambda \leqslant K$，矩阵中幂运算采用布尔运算法则。

从最高层到最低层所含的因素根据式（8 - 4）确定：

$$L = \{S_i | P(S_i) \cap Q(S_i)\} = P(S_i) \quad (8-4)$$

其中，i = 1, 2, …, K，$P(S_i)$ 为可达集，表示从因素 S_i 出发可以达到全部因素的集合；$Q(S_i)$ 为先行集，表示可以到达因素 S_i 的全部因素的集合。由式（8 - 4）得到最高层 L_1 所包含元素，在可达矩阵中去除最高层 L_1 所对应的行和列，得到新的矩阵 M_1 后，再重复上述操作，得到 L_2，以此类推，直到达到最底层所包含元素。

依照各层级要素的顺序，得到一个重新排列的可达矩阵，然后利用影响因素间相互关系连接相同层和相邻层的因素，从而得到影响樱桃农户电商销售意愿与行为悖离的因素之间的层次结构。

二、变量选取与赋值

（一）被解释变量选取与赋值

意愿与行为悖离会出现两种可能，即有意愿无行为和有行为无意愿，由于本章的目的是在樱桃农户具有销售意愿的情况下，是否将其意愿转化为具体的行为及其影响因素，因此本章是对有意愿无行为的情况进行分析，保留347个有电商销售意愿样本樱桃农户进行进一步分析。本章所考察的被解释变量为樱桃农户电商意愿、行为、意愿与行为悖离研究，都是典型二元问题，分别对其赋值 1 和 0。若樱桃农户有电商销售意愿赋值为"1"，樱桃农户没有电商销售意愿赋值为"0"；若樱桃农户有电商销售行为赋值为"1"，樱桃农户没有电商销售行为赋值为"0"；若樱桃农户在存在电商销售意愿的前提下也存在电商销售行为，则定义为樱桃农户电商销售意愿与行为相一致，赋值为"1"；若樱桃农户仅存在电商销售意愿并没有采用电商销售行动，则定义为电商意愿与电商行为悖离，赋值为"0"。

（二）解释变量选取与赋值

本章通过分析相关文献和理论分析，将解释变量作为分析农户电商意愿、行为、意愿与行为悖离的因素，选择个体特征、行为态度、主观规范、感知行为控制、家庭资源禀赋、外部情景因素作为解释变量，并将影响因素细分为 21 个二级指标。个体特征：性别（x_1）、年龄（x_2）、学历（x_3）、网购频率（x_4）、是否参与电商培训（x_5）、是否加入合作社（x_6）。行为态度因素：收益预期（x_7）、风险预期（x_8）、利润预期（x_9）。主观规范因素：政府宣传（x_{10}）、邻里效应（x_{11}）。感知行为控制因素：网络技能（x_{12}）、政策扶持（x_{13}）、电商使用（x_{14}）。家庭资源禀赋因素：从事农业人口数（x_{15}）、种植农产品面积（x_{16}）、家庭年收入（x_{17}）。外部情境因素：基础设施（x_{18}）、物流费用（x_{19}）、物流距离（x_{20}）、电商培训（x_{21}），各变量赋值与说明如表 8 - 19 所示。

表 8 - 19　　　　　　　　　　　变量赋值与说明

变量类别	变量名称	变量赋值与说明	均值 （标准差）
被解释变量	电商意愿y_1	有意愿 = 1；无意愿 = 0	
	电商行为y_2	有行为 = 1；无行为 = 0	
	意愿与行为悖离 $Y = \mid y_1 - y_2 \mid$	悖离 - 1；不悖离 = 0	
解释变量			
个体特征	性别x_1	男 = 1；女 = 2	1. 539 （0. 499）
	年龄x_2	20 岁以下 = 1；20 ~ 30 岁 = 2；31 ~ 40 岁 = 3；41 ~ 50 岁 = 4；51 岁及以上 = 5	3. 706 （0. 890）
	学历x_3	小学及以下 = 1；初中 = 2；高中或中专 = 3；大学及以上 = 4	2. 625 （0. 724）
	网购频率x_4	从不 = 1；基本不 = 2；偶尔 = 3；比较频繁 = 4；非常频繁 = 5	3. 395 （0. 996）
	是否参与电商 培训x_5	否 = 0；是 = 1	0. 311 （0. 464）
	是否加入合作社x_6	否 = 0；是 = 1	0. 213 （0. 410）
行为态度	收益预期x_7	农产品电商可以增加收益：非常不同意 = 1；比较不同意 = 2；一般 = 3；比较同意 = 4；非常同意 = 5	3. 689 （0. 868）
	风险预期x_8	农产品电商会带来风险：非常不同意 = 1；比较不同意 = 2；一般 = 3；比较同意 = 4；非常同意 = 5	3. 078 （0. 795）
	利润预期x_9	参与农产品电商销售能获得更多利润：非常不同意 = 1；比较不同意 = 2；一般 = 3；比较同意 = 4；非常同意 = 5	3. 657 （0. 85）
主观规范	政府宣传x_{10}	政府、社会对农产品电商的宣传对您有影响：非常不同意 = 1；比较不同意 = 2；一般 = 3；比较同意 = 4；非常同意 = 5	3. 173 （1. 014）
	邻里效应x_{11}	邻居、朋友对农产品电商销售的参与对您有影响：非常不同意 = 1；比较同意 = 2；一般 = 3；比较同意 = 4；非常同意 = 5	3. 375 （0. 918）

续表

变量类别	变量名称	变量赋值与说明	均值（标准差）
感知行为控制	网络技能x_{12}	能够掌握网上交易流程：非常不同意=1；比较不同意=2；一般=3；比较同意=4；非常同意=5	3.156 (1.005)
	政策扶持x_{13}	相关政策有助于参与农产品电商：非常不同意=1；比较不同意=2；一般=3；比较同意=4；非常同意=5	3.228 (0.993)
	电商使用x_{14}	电商销售农产品门槛较低：非常不同意=1；比较不同意=2；一般=3；比较同意=4；非常同意=5	3.078 (0.898)
家庭资源禀赋	农业人口数x_{15}	1个或者以下=1；2个=2；3个=3；3个以上=4	2.435 (0.774)
	种植农产品面积x_{16}	3亩以下=1；3~5亩=2；3~8亩=3；8亩以上=4	1.700 (0.858)
	家庭年收入x_{17}	1万元以下=1；1万~3万元=2；3万~5万元=3；5万元~10万元=4；10万元以上=5	3.184 (0.962)
外部情景因素	基础设施x_{18}	您所在村落基础设施的情况：非常不完善=1；比较不完善=2；一般=3；比较完善=4；非常完善=5	3.401 (0.839)
	物流费用x_{19}	您认为当地物流费用情况：非常低=1；比较低=2；一般=3；比较高=4；非常高=5	3.352 (0.703)
	物流距离x_{20}	您到物流点距离情况：非常远=1；比较远=2；一般=3；比较近=4；非常近=5	3.280 (0.918)
	电商培训x_{21}	您参加电商培训的频率：非常低=1；比较低=2；一般=3；比较高=4；非常高=5	1.784 (0.990)

三、信度与效度检验

（一）信度检验

信度检验是对调研数据可靠性的检验，同样也是对问卷题目可信性的分析，问卷中题目之间越相关其信度检验的结果越好，则调研数据越靠谱。本章运用目前学术界广泛应用的 Cronbach'α 系数来衡量本章研究中指标检验的数据。通常认为 Cronbach'α 系数值在 0 ~ 1 之间，越接近于 1，表明问卷调研数据越可靠。由于本章研究将樱桃农户行为态度、主观规范、感知行为控制和外部情境因素四个部分采用李克特五级量表的形式进行衡量，因此需要对这四个部分数据进行检验。运用 SPSS22 统计软件进行信度检验，分析结果显示 Cronbach'α 系数为 0.795，具有较高的可信度。这表明本章研究所调研的数据信度良好，可用于接下来的实证研究。分析结果如表 8 – 20 所示。

表 8 – 20   信度分析结果

Cronbach'α 系数	项数
0.795	12

（二）效度检验

效度分析是为了评估量表题项内容与测量方向是否一致，用于检验调研问卷的合理性。由于本章研究将樱桃农户行为态度、主观规范、感知行为控制和外部情境因素四个部分采用李克特五级量表的形式进行调研，因此需要对这四个部分进行效度的检验。通过 SPSS22 统计软件对数据进行 KMO 和 Bartlett 球形检验，结果显示 KMO 值为 0.875，大于 0.8，Bartlett 球形检验为 0.000，小于 0.001。这表明问卷题项的设计合理，调研数据可以用于接下来的实证研究。检验结果如表 8 – 21 所示。

表 8 – 21   **KMO 和 Bartlett 的检验**

KMO 值		0.875
Bartlett 球形度检验	近似卡方	1 190.823
	df	66
	p 值	0.000

（三）多重共线性检验

运用 SPSS22 对解释变量进行 VIF 检验，各变量的方差膨胀因子（VIF）值在 1.085 ~ 2.635 之间，如表 8 – 22 所示，均远小于 10，这说明各变量之间存在共线性的可能性较小，可以进行回归分析。

表 8 – 22 多重共线性检验

变量	容忍度	VIF	变量	容忍度	VIF
x_1	0.918	1.089	x_{12}	0.542	1.845
x_2	0.583	1.716	x_{13}	0.380	2.635
x_3	0.561	1.784	x_{14}	0.578	1.731
x_4	0.570	1.753	x_{15}	0.757	1.321
x_5	0.609	1.643	x_{16}	0.808	1.237
x_6	0.853	1.172	x_{17}	0.763	1.310
x_7	0.663	1.509	x_{18}	0.707	1.414
x_8	0.922	1.085	x_{19}	0.851	1.175
x_9	0.604	1.655	x_{20}	0.771	1.297
x_{10}	0.441	2.265	x_{21}	0.559	1.787
x_{11}	0.550	1.818			

四、回归结果与分析

(一) 回归结果

根据问卷调查整理数据，本章运用 SPSS22 计量分析软件对可能影响农户电商销售意愿与行为悖离的各因素进行 Logistic 回归分析，结果如表 8 – 23 所示。

表 8 – 23 模型回归结果

	变量	B	S. E.	Wald	df	p 值	Exp(B)
个体特征	性别_1.0	− 0.477	0.440	1.175	1	0.278	0.621
	年龄	0.459	0.269	2.914	1	0.088 *	1.582
	学历	− 0.458	0.374	1.494	1	0.222	0.633
	网购频率	− 0.580	0.276	4.419	1	0.036 **	1.786
	是否参加电商培训_0.0	− 0.872	0.458	3.618	1	0.057 *	0.418
	是否加入合作社_0.0	− 0.979	0.531	3.401	1	0.065 *	0.376
行为态度	收益预期	− 0.585	0.279	4.381	1	0.036 **	0.557
	风险预期	0.353	0.259	1.859	1	0.173	1.423
	利润预期	− 0.927	0.328	7.963	1	0.005 ***	0.396

续表

变量		B	S. E.	Wald	df	p 值	Exp(B)
主观规范	政府宣传	-0.562	0.284	3.906	1	0.048 **	0.570
	邻里效应	-0.627	0.320	3.843	1	0.050 **	0.534
感知行为控制	网络技能	-0.421	0.268	2.461	1	0.117	0.657
	政策扶持	-0.101	0.306	0.109	1	0.741	0.904
	电商使用	-0.529	0.295	3.208	1	0.073 *	0.589
家庭资源禀赋	农业人口数	-0.751	0.292	6.629	1	0.010 **	0.472
	种植农产品面积	0.266	0.242	1.202	1	0.273	1.304
	家庭年收入	-0.389	0.246	2.500	1	0.114	0.678
外部情境因素	基础设施	-0.402	0.258	2.425	1	0.119	0.669
	物流费用	0.757	0.318	5.666	1	0.017 **	2.132
	物流距离	-0.358	0.229	2.448	1	0.118	0.699
	电商培训	-0.479	0.247	3.764	1	0.052 *	0.619

注：* 、** 、*** 分别表示在 10%、5%、1% 的统计水平上显著。

个体特征因素中，年龄、网购频率、是否参与电商培训、是否加入合作社四项显著影响樱桃农户电商销售意愿与行为悖离；行为态度因素中，收益预期和利润预期两项显著影响樱桃农户电商销售意愿与行为悖离；主观规范因素中，政府宣传和邻里效应两项显著影响樱桃农户电商销售意愿与行为悖离；感知行为控制因素中，电商使用一项显著影响樱桃农户电商销售意愿与行为悖离；家庭资源禀赋因素中，农业人口数一项显著影响樱桃农户电商销售意愿与行为悖离；外部情景因素中，物流费用和电商培训两项显著影响樱桃农户电商销售意愿与行为悖离。

（二）回归分析

1. 个体特征对樱桃农户电商销售意愿与行为悖离的影响

年龄显著正向影响樱桃农户电商销售意愿与行为悖离；网购频率、是否参与电商培训、是否加入合作社显著负向影响樱桃农户电商销售意愿与行为悖离。樱桃农户年龄的显著性系数为 0.088，这说明樱桃农户的年龄对电商销售意愿与行为悖离的影响在 10% 的水平上显著，由于其影响系数为 0.459，系数为正，这说明樱桃农户年龄对其电商销售意愿与行为悖离具有显著正向影响，年龄越大的农户相较于年龄小的农户，学习能力和接受新事物的能力比较差，因此年龄越大，电商销售意愿越难转化为电商行为。樱桃农户网购频率的显著性系数为0.036，代表樱桃农户网购频率对电商销售意愿与行为悖离的影响在5%的水平上显著，由于其影响系数为 −0.580，系数为负，这说明樱桃农户网购频率对其电商销售意愿与行为悖离具有显著负向影响。因此，樱桃农户网购频率越频繁，越有利于减少电商销售意愿与行为之间的悖离程度。樱桃农户是否参与电商培训的显著性系数为0.057，代表樱桃农户是否参与电商培训对电商销售意愿与行为悖离的影响在10%的水平上显著，并且影响系数为 −0.872，系数为负，说明樱桃农户是否参与电商培训对其电商销售意愿与行为悖离具有显著负向影响。其中，是否参与电商培训 =0 指的是没有参与电商培训，通过分析可以看出没有参与电商培训的樱桃农户电商销售悖离程度是参与电商培训的0.418倍，这就说明参与电商培训有利于降低樱桃农户电商销售意愿与行为之间的悖离程度。樱桃农户是否加入合作社的显著性系数为0.065，代表樱桃农户是否加入合作社对电商销售意愿与行为悖离的影响在10%的水平上显著，由于其影响系数为 −0.979，系数为负，这说明樱桃农户是否加入合作社对其电商销售意愿与行为悖离具有显著负向影响。其中，是否加入合作社 =0 指的是没有加入合作社，通过分析可以看出没有加入合作社的樱桃农户电商销售悖离程度是加入合作社的0.376倍，这就说明加入合作社有利于降低樱桃农户电商销售意愿与行为之间的悖离程度。

2. 行为态度对樱桃农户电商销售意愿与行为悖离的影响

收益预期、利润预期显著负向影响樱桃农户电商销售意愿与行为悖离。樱桃农户收益预期的显著性系数为0.036，这表明樱桃农户收益预期对电商销售意愿与行为悖离的影响在5%的水平上显著，由于其影响系数为 −0.585，系数为负，这说明樱桃农户收益预期对其电商销售意愿与行为悖离具有显著负向影响。当樱桃农户对电商销售所获得的收益预期较为积极时，更有利于樱桃农户电商销售意愿转化为电商销售行为，从而减少悖离的发生。反之，当樱桃农户对电商销售所获得的收益预期较为消极时，不利于樱桃农户电商销售意愿转化为电商销售行为，会导致悖离的产生。樱桃农户利润预期的显著性系数为0.005，这表明樱桃农户利润预期对电商销售意愿与行为悖离的影响在1%的水平上显著，由于其影响系数为 −0.927，系数为负，这说明樱桃农户利润预期对其电商销售意愿与行为悖离具有显著负向影响。当樱桃农户对电商销售所获得的利润预期的态度较为积极时,有利于樱桃农户将已有的电商销售意愿转化为电商销售行为,进而减少悖离的发生。反之,当樱桃农户对电商销售所获得的利润预期的态度较为消极时,不利于樱桃农户电商销售意愿转化为电商销售行为,会产生悖离的现象。

3. 主观规范对樱桃农户电商销售意愿与行为悖离的影响

政府宣传、邻里效应显著负向影响樱桃农户电商销售意愿与行为悖离。政府宣传对樱桃农户的显著性系数为 0.048,这表明政府宣传对樱桃农户的电商销售意愿与行为悖离的影响在 5% 的水平上显著,由于其影响系数为 -0.562,系数为负,这说明政府宣传对樱桃农户电商销售意愿与行为悖离具有显著负向影响。可见,政府宣传对樱桃农户电商销售行为具有明显的推动作用,樱桃农户电商销售意愿转化行为程度较高。没有政府宣传的样本樱桃农户尽管可能有电商销售樱桃的意愿,但转化率不高,发生了悖离现象。邻里效应对樱桃农户的显著性系数为 0.050,这表明邻里效应对樱桃农户电商销售意愿与行为悖离的影响在 5% 的水平上显著,由于其影响系数为 -0.627,系数为负,这说明邻里效应对樱桃农户电商销售意愿与行为悖离具有显著负向影响。邻里效应是指樱桃农户身边左邻右舍、亲朋好友等人群对电商销售樱桃等生鲜农产品所持有的态度。邻里间积极或消极态度或者亲朋好友间成功或失败案例会影响到樱桃农户自身的选择与判断,周围人群对樱桃电商销售态度越积极,越会影响樱桃农户电商意愿转化为电商行为。

4. 感知行为控制对樱桃农户电商销售意愿与行为悖离的影响

电商使用显著负向影响樱桃农户电商销售意愿与行为悖离。电商使用对樱桃农户的显著性系数为 0.073,这表明电商使用情况的门槛对樱桃农户的电商销售意愿与行为悖离的影响在 10% 的水平上显著,由于其影响系数为 -0.529,系数为负,这说明电商使用对樱桃农户电商销售意愿与行为悖离具有显著负向影响。这可以解释为,当樱桃农户认为电商使用的门槛难度较低时,就更愿意将电商销售意愿转化为具体的电商行为;反之,当樱桃农户认为使用电商销售门槛难度较高时,其利用电商销售的意愿转化为行为的程度就会降低。

5. 家庭资源禀赋对樱桃农户电商销售意愿与行为悖离的影响

农业人口数显著负向影响樱桃农户电商销售意愿与行为悖离。农业人口数对樱桃农户的显著性系数为 0.010,这表明农业人口数对樱桃农户的电商销售意愿与行为悖离的影响在5%的水平上显著，由于其影响系数为 −0.751，系数为负，这说明农业人口数对樱桃农户电商销售意愿与行为悖离具有显著负向影响。电商销售相比于传统销售方式需要更多的劳动力，因此，当劳动力相对较少时，樱桃农户电商销售意愿转化为电商销售行为的程度较低，而当农业劳动人口数较多时，樱桃农户电商销售意愿转化为电商销售行为的程度会提升。

6. 外部情境因素对樱桃农户电商销售意愿与行为悖离的影响

物流费用显著正向影响樱桃农户电商销售意愿与行为悖离；电商培训显著负向影响樱桃农户电商销售意愿与行为悖离。物流费用对樱桃农户的显著性系数为 0.017，这表明物流费用对樱桃农户的电商销售意愿与行为悖离的影响在5%的水平上显著，由于其影响系数为 0.757，系数为正，这说明物流费用对樱桃农户电商销售意愿与行为悖离具有显著正向影响。物流费用一直是樱桃农户最为重视的一个外部情景条件，这主要是由于樱桃农户可流动资金相对较少，较高的物流费用会阻碍樱桃农户参与电商销售。电商培训对樱桃农户的显著性系数为 0.052，这表明电商培训对樱桃农户电商销售意愿与行为悖离的影响在10%的水平上显著，其影响系数为 −0.479，系数为负，这说明电商培训对樱桃农户电商销售意愿与行为悖离具有显著负向影响。随着参加电商培训频率的增加，与专业电商人士交流的机会就越来越多，樱桃农户可获得越来越丰富的电商销售知识，对电商销售有越来越清晰的认知，从而更有利于电商销售意愿转化为具体的电商销售行为。

第五节　影响因素层次解析

根据二元 Logistic 回归结果，提取出樱桃农户电商销售意愿与行为悖离的影响因素（此处舍弃是否参与电商培训，主要是基于以下考虑：个体特征中是否参与电商培训与外部情境因素中的电商培训是参与与否和参与程度的关系，与其他因素间的逻辑关系基本相同，因此舍弃是否参与电商培训这一显著的影响因素）。首先，确定樱桃农户电商销售意愿与行为悖离程度的系统构成为 $S_i = (S_1, S_2, \cdots, S_{11})$，分别代表年龄、网购频率、是否加入合作社、收益预期、利润预期、政府宣传、邻里效应、电商使用、农业人口数、物流费用、电商培训，用S_0表示樱桃农户电商销售意愿与行为悖离。在结合实际调研与专家建议的基础上，确定影响因素的层次逻辑关系如图 8-2 所示，在图中用"A"表示列因素对行因素产生影响，用"V"表示行因素对列因素产生影响，用"0"表示行因素与列因素之间不存在影响关系。

```
A  A  A  A  A  A  A  A  A  A  A   S₀
0  0  0  V  0  0  0  0  0  V   S₁
0  A  A  V  0  0  0  0  0   S₂
V  0  0  V  0  0  0  0   S₃
0  A  0  0  V  V  0   S₄
0  A  0  0  V  V   S₅
0  0  0  0  0   S₆
0  0  0  0   S₇
A  0  0   S₈
0  0   S₉
0   S₁₀
S₁₁
```

图 8-2　影响因素的逻辑关系

其次，构建邻接矩阵，如图 8-3 所示。

$$
B=\begin{bmatrix}
0 & 0 & 0 & 0 & 0 & 0 & 0 & 0 & 0 & 0 & 0 & 0 & 0 \\
1 & 0 & 1 & 0 & 0 & 0 & 0 & 0 & 1 & 0 & 0 & 0 & 0 \\
1 & 0 & 0 & 0 & 0 & 0 & 0 & 0 & 1 & 0 & 0 & 0 & 0 \\
1 & 0 & 0 & 0 & 0 & 0 & 0 & 0 & 1 & 0 & 0 & 1 & 0 \\
1 & 0 & 0 & 0 & 0 & 0 & 1 & 1 & 0 & 0 & 0 & 0 & 0 \\
1 & 0 & 0 & 0 & 0 & 0 & 1 & 1 & 0 & 0 & 0 & 0 & 0 \\
1 & 0 & 0 & 0 & 0 & 0 & 0 & 0 & 0 & 0 & 0 & 0 & 0 \\
1 & 0 & 0 & 0 & 0 & 0 & 0 & 0 & 0 & 0 & 0 & 0 & 0 \\
1 & 0 & 0 & 0 & 0 & 0 & 0 & 0 & 0 & 0 & 0 & 0 & 0 \\
1 & 0 & 1 & 0 & 0 & 0 & 0 & 0 & 0 & 0 & 0 & 0 & 0 \\
1 & 0 & 1 & 0 & 1 & 1 & 0 & 0 & 0 & 0 & 0 & 0 & 0 \\
1 & 0 & 0 & 0 & 0 & 0 & 0 & 0 & 1 & 0 & 0 & 0 & 0
\end{bmatrix}
$$

图 8-3　影响因素邻接矩阵

运用 Matlab 软件构建可达矩阵，如图 8-4 所示。

最后，根据可达矩阵计算出各要素的可达集、先行集及可达集和先行集的交集，如表 8-24 所示。其中，可达集 $P(S_i)$ 代表受到 S_i 影响的所有因素，先行集 $Q(S_i)$ 代表对 S_i 有影响的所有因素。

$$M=\begin{bmatrix}
1 & 0 & 0 & 0 & 0 & 0 & 0 & 0 & 0 & 0 & 0 & 0 \\
1 & 1 & 1 & 0 & 0 & 0 & 0 & 0 & 0 & 1 & 0 & 0 \\
1 & 0 & 1 & 0 & 0 & 0 & 0 & 0 & 0 & 1 & 0 & 0 \\
1 & 0 & 0 & 1 & 0 & 0 & 0 & 0 & 0 & 1 & 0 & 1 \\
1 & 0 & 0 & 0 & 1 & 0 & 1 & 1 & 0 & 0 & 0 & 0 \\
1 & 0 & 0 & 0 & 0 & 1 & 1 & 1 & 0 & 0 & 0 & 0 \\
1 & 0 & 0 & 0 & 0 & 0 & 1 & 0 & 0 & 0 & 0 & 0 \\
1 & 0 & 0 & 0 & 0 & 0 & 0 & 1 & 0 & 0 & 0 & 0 \\
1 & 0 & 0 & 0 & 0 & 0 & 0 & 0 & 1 & 0 & 0 & 0 \\
1 & 0 & 1 & 0 & 0 & 0 & 0 & 0 & 0 & 1 & 0 & 0 \\
1 & 0 & 1 & 0 & 1 & 1 & 1 & 1 & 1 & 1 & 0 & 1 \\
1 & 0 & 0 & 0 & 0 & 0 & 0 & 0 & 1 & 0 & 0 & 1
\end{bmatrix}$$

图 8 – 4 影响因素可达矩阵

表 8 – 24 可达集与先行集及其交集

悖离程度	$P(S_i)$	$Q(S_i)$	$L = P(S_i) \cap Q(S_i)$
S_0	1	1, 2, 3, 4, 5, 6, 7, 8, 9, 10, 11, 12	1
S_1	1, 2, 3, 9	2	2
S_2	1, 3, 9	2, 3, 10, 11	3
S_3	1, 4, 9, 12	4	4
S_4	1, 5, 7, 8	5, 11	5
S_5	1, 6, 7, 8	6, 11	6
S_6	1, 7	5, 6, 7, 11	7
S_7	1, 8	5, 6, 8, 11	8
S_8	1, 9	2, 3, 4, 9, 10, 11, 12	9
S_9	1, 3, 9, 10	10	10
S_{10}	1, 3, 5, 6, 7, 8, 9, 11	11	11
S_{11}	1, 9, 12	4, 12	12

当某一影响因素的可达集与先行集的交集等于可达集时，该影响因素为最高层级因素。对表 8 – 24 进行整理分析，可以得出，第一级满足 $P(S_i) \cap Q(S_i) = P(S_i)$ 的要素共有 1 个，包含的要素集合为 $\{S_0\}$；第二级满足 $P(S_i) \cap Q(S_i) = P(S_i)$ 的要素共有 3 个，包含的要素集合为 $\{S_6, S_7, S_8\}$；第三级满足 $P(S_i) \cap Q(S_i) = P(S_i)$ 的要素共有 4 个，包含的要素集合为 $\{S_2, S_4, S_5, S_{11}\}$；第四级满足 $P(S_i) \cap Q(S_i) = P(S_i)$ 的要素共有 4 个，包

含的要素集合为 $\{S_1，S_3，S_9，S_{10}\}$。根据 $L_1，L_2，L_3，L_4$ 四个层级，重新计算得到排序后的可达矩阵M^*，如图 8-5 所示。

$$M^* = \begin{bmatrix} & S_0 & S_6 & S_7 & S_8 & S_2 & S_4 & S_5 & S_{11} & S_1 & S_3 & S_9 & S_{10} \\ S_0 & 1 & 0 & 0 & 0 & 0 & 0 & 0 & 0 & 0 & 0 & 0 & 0 \\ S_6 & 1 & 1 & 0 & 0 & 0 & 0 & 0 & 0 & 0 & 0 & 0 & 0 \\ S_7 & 1 & 0 & 1 & 0 & 0 & 0 & 0 & 0 & 0 & 0 & 0 & 0 \\ S_8 & 1 & 0 & 0 & 1 & 0 & 0 & 0 & 0 & 0 & 0 & 0 & 0 \\ S_2 & 1 & 0 & 0 & 1 & 1 & 0 & 0 & 0 & 0 & 0 & 0 & 0 \\ S_4 & 1 & 1 & 1 & 0 & 0 & 1 & 0 & 0 & 0 & 0 & 0 & 0 \\ S_5 & 1 & 1 & 1 & 0 & 0 & 0 & 1 & 0 & 0 & 0 & 0 & 0 \\ S_{11} & 1 & 0 & 0 & 0 & 0 & 0 & 0 & 1 & 0 & 0 & 0 & 0 \\ S_1 & 1 & 0 & 0 & 0 & 1 & 0 & 0 & 0 & 1 & 0 & 0 & 0 \\ S_3 & 1 & 0 & 0 & 0 & 0 & 0 & 0 & 0 & 0 & 1 & 0 & 0 \\ S_9 & 1 & 0 & 0 & 0 & 1 & 0 & 0 & 0 & 0 & 0 & 1 & 0 \\ S_{10} & 1 & 1 & 1 & 1 & 1 & 1 & 1 & 0 & 0 & 0 & 0 & 1 \end{bmatrix}$$

图 8-5 重新排列后的可达矩阵

重新排列后的可达矩阵中各影响因素之间初步形成链状的层级等级关系，为了便于观察各影响因素之间的关联关系和层级关系，利用指向箭头将同一层次和相邻层次之间的影响因素连接起来，得到关于樱桃农户电商销售意愿与行为悖离的影响因素的解释结构模型，如图 8-6 所示。

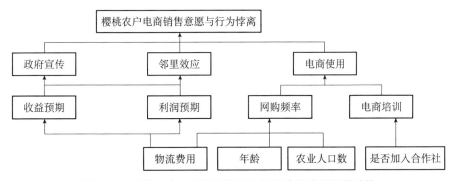

图 8-6 樱桃农户电商销售意愿与行为悖离的解释性结构

由图 8-6 可以看出，在影响樱桃农户电商销售意愿与行为悖离的 11 个显性因素中，政府宣传、邻里效应、电商使用是表层直接因素，收益预期、利润预期、网购频率和电商培训是中间层间接因素，物流费用、年龄、农业人口数、是否加入合作社是深层根源因素。其主要分为以下三条传导路径。

　　路径一：物流费用→收益预期、利润预期→政府宣传、邻里效应→樱桃农户电商销售意愿与行为悖离。以樱桃为代表的生鲜农产品具有较高的附加值，若要使用电商销售，对冷链的要求极高，这就造成了物流运输费用较高。而较高的物流费用会增加销售的成本，当樱桃农户对电商销售的收益预期减去物流费用等相关成本后的利润预期小于传统销售渠道的利润时，会影响樱桃农户电商意愿向电商行为的转化。当樱桃农户对于外部情境因素进行合理衡量后，形成自我预期，这种对于利益和利润的预期，还会受到政府宣传、邻里效应的影响。中国农村是一个典型的"熟人社会"，因此邻里亲朋会对周围人产生很强的影响力（费孝通，2009）。邻里间对于电商销售态度越积极和预期结果越好，越有利于樱桃农户形成电商销售意愿，也越容易转化为实际的行为；反之，当政府对于这种新兴事物宣传不到位，邻里间对于电商销售持有消极预期时，就会导致樱桃农户的电商意愿不一定转化为电商行为，从而发生了悖离。

　　路径二：物流费用、年龄、农业人口数→网购频率→电商使用→樱桃农户电商销售意愿与行为悖离。物流费用、年龄和农业人口数从根源上影响农户网购频率，物流费用的高低往往会导致农户网购频率的高低，当物流费用较低甚至包邮时，农户会增加网购次数；随着年龄增加，思想和行为会变得越来越保守，对于新事物的接受能力不强，电商购买作为一种新兴的购买方式，年龄较大的农户可能较少采用或者不使用；农业人口数增加必然会带来农户家庭需求的增加，通常表现为需要更多生活资源，从而增加了网购的频率。网购频率的增加必然会丰富农户的网购经验，使其了解更多电商销售过程，降低电商销售的门槛，减少农户电商销售意愿与行为的悖离。

　　路径三：是否加入合作社→电商培训→电商使用→樱桃农户电商销售意愿与行为悖离。农民合作社是新型农业经营主体之一，成为农业生产中最具活力和创造力的主体之一。小农户想要融入大电商市场，这是一个渐进的过程，可以利用农民合作社这种新型农业经营主体作为"跳板"，农民合作社除了能帮助农户解决一些农产品的销路问题、给农业生产给予一些技术指导外，农民合作社是以团队化经营，还能够提供更多的电商培训机会，且大多机会都是只针对入社农户提供，这种电商培训能够保障培训的连续性，培训效果更显著，从而使得农户能够全面、系统地了解电商销售流程以及技术等，并且能够及时为农户解决电商销售中遇到的问题和困难。因此，加入合作社能够推动有电商意愿的农户转化为电商行为，降低樱桃农户电商销售意愿与行为之间的悖离程度。

第六节　研究结论与政策建议

一、研究结论

本章以农户电商销售生鲜农产品为主题，基于烟台福山樱桃产区的农户调查，利用501份问卷形式的调查数据，从农户个体特征、行为态度、主观规范、感知行为控制、家庭资源禀赋以及外部情景因素六个方面对樱桃农户电商销售意愿与行为悖离的影响因素进行研究分析，并在此基础上，分析了各影响因素之间的关联关系和层次结构。本章研究结论如下。

基于对樱桃农户电商销售意愿与行为的描述性统计发现，樱桃农户电商销售的意愿与行为之间存在不一致，即意愿与行为发生了悖离情况，表现出高意愿低行为的特点，根据分析得出，69.26%的被调查樱桃农户具有电商销售的意愿，但仅有27.7%的农户实际使用电商销售，樱桃农户参与意愿与行为悖离的比例为43.11%。因此，在大力扶持电子商务进农村的时代背景下，樱桃农户电商意愿与行为仍有较大提升空间。

利用二元Logistic模型实证分析影响樱桃农户电商销售意愿与行为的因素时发现，樱桃农户意愿与行为的悖离主要受农户个体特征、行为态度、主观规范、感知行为态度、家庭资源禀赋和外部情景因素影响。其中个体特征中年龄、网购频率、是否参与电商培训、是否加入合作社，行为态度中收益预期、利润预期，主观规范中政府宣传和邻里效应，感知行为控制中电商使用，家庭资源禀赋中农业人口数，外部情景因素中物流费用和电商培训均对樱桃农户电商销售意愿与行为悖离产生显著影响。

通过解释结构模型（ISM）研究影响樱桃农户电商销售意愿与行为悖离的因素之间的关联关系和层级结构。其中，政府宣传、邻里效应、电商使用是表层直接因素，收益预期、利润预期、网购频率和电商培训是中间层间接因素，物流费用、年龄、农业人口数、是否加入合作社是深层根源因素。主要传导路径为：物流费用→收益预期、利润预期→政府宣传、邻里效应→樱桃农户电商销售意愿与行为悖离；物流费用、年龄、农业人口数→网购频率→电商使用→樱桃农户电商销售意愿与行为悖离；是否加入合作社→电商培训→电商使用→樱桃农户电商销售意愿与行为悖离。

二、政策建议

通过上述研究结论，并结合福山樱桃产区电商销售现状和影响樱桃农户电商销售意愿与行为悖离的显著因素，本章提出符合当地农户电商销售情况的合理的对策建议。本章主要是从政府和农户的角度提出以下几点建议，从而促进樱桃农户电商销售意愿转化为电商行为。

（一）政府方面

1. 加大电商宣传力度，多渠道进行宣传

通过实地调研可知，福山区的大樱桃电商销售宣传广度较窄，只是针对特定的大农户，宣传效果十分有限，并且宣传方式相对单一，主要是以张贴标识语等文字方式进行宣传。因此，福山区政府需要加大电商宣传力度，拓宽宣传的广度，让更多的散户也能了解使用电商销售生鲜农产品，构建多元化宣传模式，采用传统媒介与现代媒介相结合的方式。一方面，可以通过村里广播进行定期宣传并在村民经常聚集的村口等地方张贴海报，着力宣传电商销售能够带来收益和利润，促使樱桃农户产生积极的电商销售态度，也使其能够积极主动参与到生鲜农产品电商销售中。另一方面，福山区政府还可以利用现代媒介，撰写比较典型的电商销售樱桃的农户事迹，用身边榜样的案例激发樱桃农户参与电商销售，并利用好各街道或者镇政府的公众号等互联平台加强宣传，村级干部转发至各村微信群，让更多农户可以更全面地了解电商销售这种方式，提升农户电商参与程度。

2. 增加培训频率，多渠道进行培训

通过实地调研可知，当地参与电商培训的樱桃农户相对较少且参与频率也较低。通过实证分析可知，是否参与电商培训以及参与电商培训的频率都会显著影响樱桃农户电商意愿向电商行为的转化。因此，进行农户电商培训是十分重要的，一方面，应该增加电商培训的次数，可以定期聘请电子商务方面专业人士开展专题讲座，教授电商知识；组织邀请本土电商大户分享电商操作技能和销售经验，如微信朋友圈宣传文案、如何运营社交平台顾客、电商销售快递包装以及售后处理经验等，形成农户带农户式的主动参与模式。

另一方面，开展多种形式培训模式，通过实地调研了解到，当地之前主要采取集体开会式的培训和发一些宣传小手册子等，这种方式在一定程度上有利于电子商务的普及，但这种方式的效果会逐渐下降。随着农村基础设施不断完善，宽带到户、智能手机普及、网购频率越来越高，出现了众多社交平台以及短视频平台，因此可以借助于这些互联网平台，采用多种培训方式来培训农户使用电商销售生鲜农产品的具体操作。

3. 完善配套设施，消减补贴物流费用

完善的电商配套设施是保障电商销售可持续发展的重要保障。首先，要加强信息化基础设施投入，加快村里宽带光纤入户工程，提升网络带宽速度，为农户电商销售提供更完善的保障。其次，物流运输也是影响生鲜农产品电商销售的重要因素，构建配套完善的物流体系显得尤为重要。因此，要加大对交通基础设施投入力度，从而积极寻求制定适合生鲜农产品运输的物流扶持政策，优化物流要素资源配置。最后，通过实地调研可知，当地农户普遍觉得物流费用较高以及快递公司选择少，这主要是由于生鲜农产品大多都需要冷链运输，对运输时间要求极为严格，当地很多配套物流体系不完善。因此，政府可以通过提供优惠的税收政策，吸引更多物流快递公司运输生鲜农产品，不断优化物流行业的运输环境，畅通各级物流渠道，从而达到降本增效的显著效果。

（二）农户方面

1. 提升农户主观认知水平，积极参与电商培训

首先，随着互联网信息技术的发展，电子商务销售作为一种新兴事物出现在大众视野，对于思想较为保守的农户来说，需要不断增强接受新兴事物的能力，积极主动去了解关于电子商务销售的政策，积极参与政府等相关部门组织的电子商务培训，学习电子商务方面相关知识。其次，农户要有清晰的自我认知，要合理估量自身个体特征、家庭资源禀赋等，找准符合自己实际情况的电子商务培训，在培训中探寻适合自己的模式，尝试把电商培训中学习到的电子商务销售技能运用到实践中。最后，农户在参与电子商务相关方面的培训过程中，应主动向技术培训人员反馈学习电商技能的情况和感受，方便技术培训人员根据农户学员的情况，调整适合当地农户学员的培训内容和培训方案，有针对性地进行培训。同时，培训结束后，农户要主动提出意

见或者建议，有助于完善当地电商培训的工作。

2. 发挥新型农民主体的模范带头作用

新型职业农民是推动乡村振兴的主力军，是发展现代化农业的重要主体。新型职业农民主体受教育程度相对于传统农民较高，能够掌握电商销售的技能，而且，新型职业农民见识更广，思维开阔，具有互联网意识，对新兴事物接受能力较强，电商意识也会更强，更愿意使用电商销售。因此，新型职业农民应该主动担当起电商生鲜农产品销售的带头作用，要勇于尝试使用电商销售，并向其他农户宣传电商销售能够带来的好处，引导其他农户从事电商销售生鲜农产品，为当地电商发展贡献力量。

三、研究局限与展望

本章先通过二元回归分析了影响樱桃农户电商销售意愿与行为悖离的影响因素，再运用解释结构模型分析影响因素的逻辑层次关系，得到了研究结论，并提出了相关政策建议，可为樱桃等生鲜农产品电商销售提供创新思路和政策主张。但由于笔者能力有限，本章研究仍有一些不足之处，未来仍有可拓展之处。

由于客观因素的存在，时间和资源的限制，本章研究只选取福山区这一个区域为代表探讨樱桃电商销售，这就会导致研究结果存在一定的地域局限性和片面性，造成代表性不足。在未来的研究中，应该拓展研究的范围，以更大范围、更为全面的调研数据深入分析不同层次和不同地区农户电商销售意愿与行为的转化程度。

本章研究采用的数据为截面数据，只能对调研时获取的樱桃农户电商销售意愿与行为及影响因素进行分析，无法连续对樱桃农户的电商销售意愿与行为及影响因素进行动态调研和分析。未来的研究可以在现有调查数据基础上，继续跟踪样本农户，构建樱桃农户的动态面板数据库，以检验意愿与行为之间转化的动态效果。

第九章 农民专业合作社营销策略研究——以青州蜜桃合作社为例

第一节 研究背景

改革开放以来，人民生活水平随着经济的发展日益提高，农业是我国的第一产业，增强农民的收益，维护农民的利益，一直是我党工作的重中之重，农民专业合作社作为农业发展的必然产物，是社员自愿联合的经济组织，农民通过土地、技术、资金入股的形式加入合作社，使合作社在源头上可以更好地整合相关土地资源，进行系统化和规模化的管理，统一管理社员，统一销售农产品资源，从而提高管理运营效率，在带动合作社经济增长的同时，也增加了入社农户的收入，在合作生产和合作经营方面发挥着显著成效。自合作社成立以来，经过几十年发展，我国农民专业合作社的规模和数量都有了明显提高，对于改善农村建设、增加农民收益、提高农民收入起到了至关重要的作用，同时也为我国农业的发展增添了一种农户联合运营管理的新模式，促进了农业的发展。近年来，随着人们对生活质量要求的提高，对于健康绿色生活的需求愈加强烈，水果作为补充人体维生素营养的一种来源，其市场需求量也在持续增长，从而促进了我国的水果产业生产发展迅速，近年来一直保持5%左右的产量增长趋势，已成为继粮食、蔬菜之后的农业的第三支柱产业，具有巨大的经济效益，在我国进入世界大市场之后，如何确保中国水果行业稳定发展，增强我国水果行业竞争力已成为我国政府工作的重点和关键。

青州位于山东半岛中部，地处沂蒙山区位置，地形以丘陵山地为主，北邻鲁北平原和渤海，属温带季风气候，夏季高温多雨，冬季寒冷干燥，降水主要集中在夏季，属于半湿润地区，日照充足，雨热同期，昼夜温差大，构成了蜜桃生长期有利于糖分积累的天然条件，且青州蜜桃栽培历史悠久，历代地方府志均有记载青州蜜桃的种植历史。青州蜜桃作为青州市水果产量较大的水果之一，一直是青州市水果业的重要产业之一，同时也是青州市农业的支柱产业，对于青州市农业经济的发展和贡献至关重要，在山区农民的经济收入中占有重要地位。除此以外，青州蜜桃分别在 2000 年、2006 年获得"中国百姓最喜爱的果王菜王暨植保名品选评大赛"名产名品和国家地理标志产品的荣誉；2011 年中国农产品区域公用品牌价值评估中，其品牌价值为 3.27 亿元人民币。① 近年来，青州市政府在原有蜜桃种植业的基础上大力扶持蜜桃种植业，通过政策支持，村委会、龙头企业领办等方式大力加快蜜桃农民专业合作社的建立，通过合作社的统一种植、统一管理和统一销售将蜜桃品种、质量、种植效率、经营管理和销售售后统一起来，联合农户生产起到了"1 + 1 > 2"的成效，创造了整体经济效益再反馈给社员农户，从而增加了社员农户的经济收入，带领农户走上致富道路。而蜜桃销售不仅是青州山区农民创收的重要组成部分，也是提高青州当地农业经济效益的重要环节。蜜桃的销售情况对于青州市农业经济的发展、水果行业的竞争都起着重要作用。面对激烈的市场竞争，提高销售水平是关键，而销售水平的提高需要销售策略的运用，合作社具有统一销售管理的前提优势，蜜桃合作社如何运用好销售策略直接影响着蜜桃的销售量和经济效益，销售的核心在于营销，只有把产品营销放在首位，才能在行业占据主动权。因此，研究青州蜜桃合作社的营销策略具有重要的现实意义。

在此背景下，本章拟以青州市蜜桃农民专业合作社（以下简称青州蜜桃合作社）营销策略为研究对象，利用市场营销学、农产品营销学、消费学、品牌营销学等理论结合文献分析实地调查等方法，深入研究农民专业合作社营销策略营销现状、存在问题以及营销策略影响因素，探讨青州农民专业合作社在蜜桃营销策略的改进方案及方案实施的保障措施，为青州蜜桃打造强势品牌，提升品牌知名度，也为其他地区的农产品营销提供经验。

---

① 青州十万亩蜜桃大丰收［N］. 潍坊日报，2012 – 09 – 25.

第二节　青州蜜桃农民专业合作社营销策略能力现状分析

一、青州市蜜桃农民专业合作社的概况

本章在 2018～2020 年青州市 231 家蜜桃专业合作社中随机挑选 20 家进行营销能力状况调查，并将其作为分析青州市蜜桃专业合作社整体营销能力水平现状及问题的依据。数据调查来源主要包括青州市统计局、青州市桃产业经济信息调查、青州市农业农村局及林业局的相关资料以及对当地 20 家蜜桃合作社的问卷调查和相关网络数据整理。

青州位于山东半岛中部，地处沂蒙山区位置，地形以丘陵山地为主，北邻鲁北平原和渤海，夏季高温多雨，雨热同期，光照充足，有着种植蜜桃的天然优势。且青州自古以来就有种植蜜桃的历史，蜜桃是潍坊知名的特色农产品，青州蜜桃对于青州市农业经济的发展至关重要，在青州果业居于首位，也是山区果农的重要收入来源。

2020 年青州市统计局发布的统计年鉴显示，截至 2020 年青州蜜桃种植面积为 9.85 万亩，蜜桃的总产量达到了 29.55 万吨，均价为 2.3 元/斤，在蜜桃销售旺季，根据品种的不同，其价格也略有差别，但总体稳定在 3 元左右，只有在蜜桃上市初期，由于产量少，价格会较高，达到 5 元以上。

二、青州蜜桃合作社资源能力概况

（一）合作社资金水平分析

合作社的资金水平是合作社规模大小以及营销能力的重要体现，合作社作为社员资源联合的经济组织，在农资购买、产品运输、产品销售、日常运营等方面都需要资金支持，这部分资金一方面是来自国家和政府的政策补贴，但由于合作社数量基数大，所以国家补贴被平均分配到合作社的资金数量是有限的，而另一部分则是合作社成立时的注册资本，本章在研究合作社资金水平的概况时也主要参照合作社注册资本。根据调查数据分析，当前青州蜜桃合作社总体的注册资本规模较小，只有个别的规模大的合作社，在调查的

20 家青州蜜桃合作社中，仅有 3 家合作社注册资本在 100 万元以上，占样本总数的 15%，而注册资本少于 10 万元的有 7 家，占样本合作社总数的 35%，综合考虑，青州市蜜桃农民专业合作社的资金水平相对较低。

（二）合作社股东及社员情况分析

合作社规模的大小不仅取决于合作社基地以及种植面积，股东及社员数量才是决定合作社规模的关键，股东及社员数量一方面客观地反映了合作社从业人数，另一方面从侧面体现出合作社生产运营规模的大小。通过样本数据分析，青州蜜桃合作社总体规模偏小，样本中有一半以上合作社股东及社员少于 10 人，股东最多的有 107 人，其加入方式包括资金入股、土地入股、技术入股，最少的仅为 3 人。这综合说明青州蜜桃合作社总体规模较小，股东及社员人数较少。

三、青州蜜桃合作社营销现状分析

随着网络信息技术的发展，"互联网＋"的营销模式越来越多地应用于产品的销售，在农产品的销售上，电商助农、直播带货等迅速发展，其具有运营成本低、操作简单、产品市场广阔的特点，合作社作为农业经济的重要部分，应该顺应互联网时代趋势，发展自己的网络营销，但是要看清合作社自身网络营销起步晚、规模小的特点，因地制宜，实事求是，发展适合自身的网络营销方式。

品牌不仅是本产品区别于其他产品的一个重要标志，同时也是合作社占据市场的一个重要外在体现，好的品牌建设可以间接影响消费者的购买欲望，青州蜜桃合作社要重视品牌建设，使品牌与消费者的审美文化以及产品特点相融合，打造符合自身特色的蜜桃品牌。

本章通过调查发现样本中的 20 家合作社中，已经进行商标注册的有 5 家，剩下 15 家并没有进行商标注册，这从侧面反映出青州蜜桃合作社整体上品牌建设能力薄弱，缺乏必要的品牌建设意识，需要重视和加强相关品牌建设的能力。

对同一产品的等级划分主要从两个方面进行，即产品的内部条件和外部条件，青州蜜桃作为农产品的一种，其等级划分从内部条件来考虑主要是蜜桃本身不同品种的分类和划分，从外部条件来考虑需要综合分析蜜桃的种植技术、产地、使用化肥质量、生产的标准化程度和机械化程度等，这些都是影响蜜桃等级划分的外部因素，对青州蜜桃的等级划分不仅可以针对不同品种蜜桃分类定价提高收入，而且可以使合作营销能力更加标准化和规范化，有利于合作社管理人员的综合统计，缩减合作社管理成本，从而使节约的成本合理地应用于合作社自身产品质量的提高和品牌的宣传等其他方面，以此来增加青州蜜桃的销售力量。

通过整理青州蜜桃合作社的相关文献数据，本章得出，合作社规模与合作社产品的等级划分存在一定的正比关系，即合作社规模越大，生产越标准化，其产品的等级划分越精细，反之，合作社规模越小，生产越单一，其产品的等级划分越不明显。在被调查的 20 家青州蜜桃合作社中，对产品分类的只有 6 家，未分类的有 14 家，产品分类合作社只占总数的30%，这从侧面说明青州蜜桃合作社总体规模普遍较小，对产品的等级分类不明显。

广告宣传作为产品营销的一种手段，广泛应用于各个行业，其主要通过电视、网络等进行对产品信息的传递，使消费者潜移默化地认可信息，激发对产品的购买欲望，以此来提高市场占有率和市场销量。通过对青州市 20 家合作社的调查走访发现，青州蜜桃合作社对于产品的宣传力度不强，广告宣传意识薄弱，其主要原因是合作社管理者多为拥有种植经验的农户出身，对于合作社的品牌以及产品的营销宣传不具有专业性，无法选择正确合适的方式进行产品宣传，还有就是合作社本身规模较小，受国家和政府的资金扶持力度较小，合作社本身在日常运营以及管理的过程中会消耗资金，造成在广告宣传方面资金支持力度不够，综合以上信息得出，青州蜜桃合作社的广告宣传能力偏低，需要加强宣传力度提高青州蜜桃知名度。

四、青州蜜桃合作社营销中存在的问题

本章通过实地调查青州蜜桃合作社营销能力来展开研究，分析总结出合作社存在的营销缺点和漏洞。

（一）品牌建设能力欠缺，广告宣传力度小

青州蜜桃的品牌形象还没有打响，不被广大消费者所知，导致销售数量

一直不高。对此，青州蜜桃在当地名气较高，但没有进行全国范围内，甚至国际领域的宣传，所以青州蜜桃的宣传力度太小是主要原因。而且青州蜜桃这个品牌的名字被区域所局限，青州作为县级市并不被全国大多数人了解。本身这一品牌创立时间较短，还没有构建完善的营销体系，知名度也低，企业对品牌的宣传意识较弱，种种原因都导致了青州蜜桃销售率太低的情况。

（二）产品定价单一，受外界因素影响大

青州蜜桃合作社对青州蜜桃的定价方式没有进行合理的规划，与市场定价脱轨，而且由于季节因素或者天气环境因素影响导致蜜桃产量变化，青州蜜桃的价格会产生非常大的波动，而且青州蜜桃的分级定价也没有得到重视，这些因素都导致青州蜜桃定价的不合理性，从而引起消费者的怀疑，认为产品定价过高，或价格从低到高导致消费者接受不了落差，从而影响销量。

（三）促销观念缺乏，促销力度不够

青州蜜桃合作社社员只懂得蜜桃培养技术，却不懂得如何进行产品营销，有时会出现产品成熟才开始寻找销售渠道，最后导致错过产品最佳成熟时间损失大笔利润的情况。不懂得如何充分利用竞争手段去进行产品销售，也不知道通过折扣力度来吸引消费者的目光，导致销售量不佳。

（四）营销渠道不完善，运输配送能力弱

青州的地理位置非常优越，位于交通运输枢纽位置，交通便捷，但由于一些其他因素的影响，导致青州蜜桃的运输效率一直无法提高，这就导致蜜桃的运输时间较长，容易在运输途中发生腐烂变质，增加蜜桃后期销售成本。而且长时间的运输也会使消费者收到的产品保质期变短，蜜桃不够新鲜，使消费者对产品的满意度降低，转而购买其他替代商品。这带来的损失是无法估量的。所以，现在蜜桃运输渠道面临的最大问题就是如何提高青州的运输效率，缩短蜜桃的运输时间。而且现在电商经济的发展越来越壮大，网上购物已经成为人们喜爱的新型购物方式，可以通过网络平台来打响蜜桃的名气、多种销售途径来进行蜜桃售卖。但网上售卖也需要快递运输。所以无论是在

线下销售还是通过网络平台打包快递销售，都需要先解决运输配送能力弱这个问题。

第三节　青州蜜桃农民专业合作社营销能力评价

一、合作社营销策略完成度综合评价方法的构建

（一）指标选取原则

1. 科学性原则

构建的营销策略完成度评价体系中的指标要在符合规律性和科学行的基础上，能够较准确地体现合作社营销能力，此外还应注意分项指标之间的平衡性以及分项指标与准则层主指标的主次关系，做到层次分明，层层递进。

2. 独立性原则

由于选取的指标层的指标较多，为避免各分项指标的范围重复，在指定和选取各分项指标时要注意指标的相对独立性，选取的指标要尽量在所概括范围内不重复，缩小各指标之间的相关程度，以此来实现评价体系的显著性。

3. 系统性原则

青州蜜桃合作社营销策略完成度是由多种影响因素共同组成决定的。本章将这诸多的影响因素分为价格策略完成度、产品策略完成度、促销策略完成度和渠道策略完成度 4 个准则层，以及 16 个指标层，对青州蜜桃合作社营销策略进行综合判定评价。系统性原则作为构建体系的基本原则，是研究营销策略的基础，根据各层次递进关系，做到从部分到整体，又要从指标层各指标的部分来分析合作社外部环境对合作社营销策略完成度的影响，只有这样才能使评价体系更加全面、科学。

（二）定性分析和定量评估相结合原则

本章的定性分析主要采用了层次分析法和专家打分法，主观性较强，不能很好地反映合作社营销策略完成度的影响因素的重要程度，所以必须辅之以定量分析进行熵值和综合权重的分析，这样才能使评价模型所得出的数据更具客观性和可说服性。

二、营销策略运用能力关键评价指标选取方法

(一) 文献归纳法

本章以现有的包括知网、万方和图书馆相关文献以及数据库为基础,从中选取查看涉及企业以及合作社营销策略的相关文献,通过总结归纳找出文献中提出的影响合作社营销策略的相关指标,以 4PS 营销理论为基础,从产品、价格、渠道以及促销四个策略方面进行整理归纳,最后根据研究需要归纳形成自己的营销策略完成度的指标层指标,每一层整理归纳 4 个,总共归纳 16 个三级指标来探究合作社营销策略完成度的影响因素。

(二) 实地调查和专家咨询法

为了保证相关指标的合理性和准确性,笔者实际调查走访了青州市内 20 家蜜桃合作社,围绕合作社在营销策略的四个方面对合作社的管理者、种植农户、相关指导专家等进行询问和调查,并对笔者所选取的 16 个三级指标进行评价,对于不准确的指标笔者进行了修改,使之更加符合合作社营销策略影响因素,这样对于之后的研究也就更加科学准确。

(三) 营销策略完成度评价体系的构建

通过产品营销学、消费学等文献以及层次分析法的运用,在 4PS 营销理论的基础上,将青州市蜜桃农民专业合作社营销策略完成度的评价分别从分产品、价格、促销、渠道四个方面来分析,指标体系的构建分为了三个层次。

第一层为目标层 A,即青州蜜桃合作社的营销策略完成度。

第二层为准则层 B,即产品策略完成度 (B1)、价格策略完成度 (B2)、促销策略完成度 (B3) 和渠道策略完成度 (B4) 四个指标。

第三层为指标层 C,即产品包装水平 (C1)、产品品牌建设 (C2)、产品市场定位 (C3)、产品品质把控 (C4)、消费意向的评估 (C5)、产品价格制定 (C6)、生产成本优势 (C7)、资金回流速度 (C8)、广告投放力度 (C9)、促销手段数量 (C10)、客户关系维持 (C11)、参加展会次数 (C12)、营销渠道数量 (C13)、农超对接能力 (C14)、网络营销能力 (C15)、物流配送能力 (C16)。

各评价指标的含义如下。

产品市场定位：是指合作社经过前期充分的市场调研，包括结合自身资源营销能力、消费者购买意向、市场竞争产品情况等从而科学合理地找到适合合作社产品的目标市场，精准的市场定位对于增强产品竞争力、扩大销量具有宏观指导作用。

产品品牌建设：是指关于合作社自身以及合作社产品的品牌的建设及推广维护，大量研究证明，销量与产品品牌存在显著正相关关系，品牌的建设需要合作社具有品牌意识，使合作社品牌符合自身特点，让消费者认同合作社产品，从而占据消费市场。

产品包装水平：是指合作社产品的外在包装，包括外观、包装用材等方面，产品的包装是消费者获得产品印象的直接载体，好的包装可以激发消费者购买欲望。合作社的包装在考虑外形种类的同时，对于环保材料、舒适度的要求也不能忽视，只有综合全面地保证好产品包装，才能在激烈的市场竞争中打赢外在形象的竞争战争。

产品品质把控：是指合作社对产品的质量进行严格筛选以及把控的各种措施，包括产前产后的果品选控、种植技术的标准化、严格的质量标准等，产品品质把控是合作社营销的最重要环节，对产品的销量具有极其重要的影响。

消费意愿的评估：是指消费者根据自身经济能力、产品价格的高低、相关替代品价格的变化情况以及市场经济的变化综合考虑所得出的购买产品的冲动程度。合作社只有准确判断消费者消费意愿，在保证利润前提下，科学定价，才能实现销量的增长、利润的增加。

产品价格的制定：是指合作社在保证达到合作社产品价格符合市场需求规律的前提下，做到物美价廉，激发消费者购买意愿要求的基础上制定价格的各种举措，合理的产品价格对于体现合作社营销策略的完成具有重要影响。

生产成本优势：生产成本是合作社产品利润的重要影响因素，合作社要通过提高生产率来缩小个别劳动时间，以此来获得自身的生产成本的竞争优势，这样才能在保证利润的前提下开拓市场。

资金回流速度：是指合作社通过产品销售把生产出的产品转化为售卖之后的资金的周期。资金回流速度决定了合作社持续发展和营销的能力，充足的资金是合作社进行新产品开发和产品宣传的基础，快速的资金回流对于合作社的扩大再生产以及农户的增收都具有十分重要的意义。

广告投放力度：是指合作社通过采用各种有效的广告，包括电视广告、网络广告、传单以及广告牌等方式，进而对产品进行大量的宣传和介绍。

促销手段数量：是指合作社通过采用各种有效的方法，来扩大合作社的产品销量。其包括制定低价折扣、满减优惠、相关产品的捆绑搭配促销、赠送会员卡免运费等，也包括通过对销售人才的培养来提高产品销量。在网络营销越来越成熟的今天，培养高素质的网络营销人才至关重要。

客户关系维持：是指合作社与企业、批发商、零售商以及顾客之间建立的买卖关系的维护，好的客户关系可以提高合作社的信誉和形象，使自身产品获得更好的竞争力，客户关系的维持不是一蹴而就的，需要合作社通过长期频繁的交流和合作来达到，另外，客户关系也是合作社所拥有的市场资源，只有维持好客户关系，才能在保持原有市场资源的基础上开拓新市场新资源。

参加展会次数：是指合作社参加各类农产品展会的次数，是合作社提升知名度、打开国内国际市场的重要途径和手段。

销售渠道数量：是指合作社为促进产品销售所采用的销售渠道，包含销售门店、大型连锁超市、社区小型超市、网络平台、手机 App 小程序的销售途径数量。

网络营销能力：是指合作社利用互联网将合作社产品在网络平台进行销售的能力，包括直播带货、电商助农、淘宝店铺等网络平台的销售，网络营销作为一种新模式在合作社营销中的地位越来重要。

农超对接能力：是指合作社产品直接对接各大超市的能力，超市具有普通消费者所不具备的一些优势，如销售量大，种类多，可以很好地解决合作社产品滞销的问题，有利于合作社的营销。

物流配送能力：是指合作社将产品送达消费者手中所花费的时间和运送过程中产品质量的保证能力，对顾客来说，物流配送能力直接影响了网购顾客的产品体验感，拥有好的物流配送可以促进顾客的再次购买，也可以在保证产品运输质量的同时为合作社的品牌树立良好的形象。

三、评价结果分析

根据对各项指标的层次分析法和熵值法的结算，获得了各项影响合作社营销策略完成度的因素的权重值，可以得到以下结论。

一是对于准则层产品策略完成度、价格策略完成度、促销策略完成度、渠道策略完成度相对于目标层合作社营销策略完成度的权重计算结果。其中产品策略权重值最大，说明在青州蜜桃合作社营销策略完成度中，产品策略对于合作社营销具有最重要的影响。

二是对准则层产品策略完成度的影响因素即产品包装水平、产品品牌建设、产品市场定位、产品品质把控的权重进行计算得出，产品品质把控和市场定位是影响合作社产品策略的最关键的因素，合作社营销把产品品质把控和产品市场地位放在首位。

三是对准则层价格策略完成度的影响因素即产品价格的制定、消费意愿的评估、生产成本优势、资金回流速度的权重进行计算得出，根据权重值分析，由于生产成本优势和资金回流速度所占权重相对较高，这说明生产成本优势和资金回流速度的影响程度大，对合作社价格策略较为重要

四是对准则层促销策略完成度的影响因素即广告投放力度、促销手段数量、客户关系维持、参加展会次数的权重进行计算得出，根据权重值分析，在促销策略的影响因素中，广告投放力度的权重值最高，超过总权重的一半，这说明广告投放力度对于合作社促销策略尤为重要。

五是对准则层渠道策略完成度的影响因素的权重进行计算得出，根据权重值分析，在渠道策略的影响因素中，网络营销能力的权重值最高，这也符合当前互联网经济发展的大背景趋势，说明网络营销能力的高低是影响合作社渠道策略的最关键因素。

第四节　青州蜜桃农民专业合作社营销策略优化建议

一、青州蜜桃合作社产品策略优化

（一）增强蜜桃种植技术和蜜桃新品种的研发

首先，选择好蜜桃苗木，建立良种培育基地，保证青州蜜桃的质量。其次，为了确保青州蜜桃的品质统一，青州市政府要加大对蜜桃种植技术的宣传力度，使蜜桃的种植和生产更加标准化和正规化，这就需要政府通过政策和资金的扶持推动全市蜜桃合作社的联合，政府要制定统一的种植标准和种植注意事项，使青州蜜桃种植标准化，确保蜜桃生产的优质高产。此外，政府应积极推动与高校以及相关实验室的合作，通过聘请高端人才和专业技术队伍，建立相关标准化实验室和基地，通过专家指导和培训提高青州市蜜桃农民专业合作社的蜜桃生产的标准化程度，让合作社社员和农户到蜜桃的标准化基地实地参观、考察学习。最后，青州蜜桃新品种的研发也是解决合作社营销困境的关键，产品是否可以被消费者接受，被市场认可，需要合作社

提前做好相关问题的市场调研，总结出受消费者欢迎和具有市场竞争力的如口味、外形、口感、所含水分和营养物质的特征，合作社及相关实验室根据市场调研总结出的产品特点来集中研发蜜桃新品种，并且研发出的新品种要先进行小规模的市场测试，如果被市场认可，就可以大量种植生产，进行新品种的销售。

（二）提高蜜桃包装意识和能力

青州蜜桃的销售目前主要有两种方式：一种是大批量的批发商销售，其特点是销量大但是利润偏低；另一种则是零售，虽然利润高但是销量低，其重要原因是蜜桃相关包装水平较低，青州蜜桃的包装一直采用一种纸箱类的包装，且主题单一，颜色单调，不能很好地体现青州蜜桃的优势特性，所以需要合作社提高其蜜桃包装水平和意识，通过对现有包装纸箱进行升级，生产符合青州蜜桃优势特点的包装，并且要充分考虑环保绿色、提拿手感、形状外观等多方面，建立青州蜜桃良好的品牌形象。此外，对青州蜜桃也可采取分类等级的包装，对于批发商可采取容量大、易存放的包装，对于零星消费者可采取小巧量小而精的包装，还可根据要求进行个人定制包装，以此提升青州蜜桃的品牌形象和市场占有率。包装是消费者对产品的第一印象，提高青州蜜桃的包装意识和水平，才能更好地对青州蜜桃进行销售，从而建立良好的品牌形象和创造价值。

（三）实行品牌建设策略

品牌是一种无形资产，是使消费者识别其产品、体现生产方市场竞争力的重要标志，品牌建设不单是在工商部门进行商标注册获得产品品牌名称，其是包含着包括产品的历史价值、产品的文化价值、消费者认可程度、产品特性、所在地城市形象、产品售后服务等各个方面在内的一个综合单位，存在于合作社的产前、产中、产后以及宣传的全部过程中。青州蜜桃合作社应注重对当地农产品的品牌进行保护，积极促进办理各合作社为自身蜜桃的新品种进行商标注册。同时，青州蜜桃合作社可以采用联合方式，响应政府号召，积极办理统一的青州蜜桃品牌的商标注册，对山东省外乃至全国市场建立良好的品牌形象，让青州蜜桃走上品牌化道路，从而为进军国内市场创造条件，提高青州蜜桃的销量和名声。并且合作社要加强对地区内蜜桃品种的整合、分类，并进行统一包装，层层拓展市场，在潍坊、山东乃至全国进行销售。此外，要注重蜜桃品牌的市场影响力，通过良好的质量、精美的包装提升蜜桃的销量，运用新媒体进行青州蜜桃的宣传和品牌的推广，提升青州蜜桃品牌的知名度。

（四）加强蜜桃深加工，提高蜜桃产业附加值

新鲜蜜桃不宜贮藏，附加值低，在不对蜜桃进行冷藏贮存的前提下，进行蜜桃深加工，生产蜜桃相关初级加工和深加工产品，提高产品附加值是解决蜜桃贮藏问题、提高合作社和农户利益的必要措施，对蜜桃的初级加工和深加工不仅可以减少蜜桃销售旺季的销售压力，而且可以缩减冷库贮藏的成本，对于一些因采摘造成品相差口感欠佳的蜜桃，通过加工，取其精华，去其糟粕，减少了蜜桃选品的浪费，为合作社和农户保证了更多的收益。从蜜桃市场的大环境角度考虑，蜜桃罐头、果脯的市场需求日益增加，并且蜜桃的深加工技术已经基本成熟，这些产品不同于新鲜蜜桃。因此对青州蜜桃的深加工已成为青州市蜜桃产业发展的必然选择。像杨家窝山蜜桃合作社可以联合其他相同行业合作社，将深加工产品进行分类集中处理，通过政府或者蜜桃协会，与加工方进行合作，在蜜桃成熟采摘季节进行生产和加工的直接对接，减少烦琐的流程，减少次果、坏果的浪费，确保蜜桃合作社最大限度地对产品的利用和销售。

二、青州蜜桃合作社价格策略优化

（一）统一制定蜜桃收购指导价

农产品本身的弱质性以及市场信息的滞后性，使得农产品价格存在大幅度波动的可能性很大，如前几年的"蒜你狠""姜你军"现象，为避免出现蜜桃价格的大幅度不规律波动，政府应带头制定相关规章制度，联合蜜桃协会、相关龙头企业、合作社、农户、蜜桃收购商、蜜桃经销商等建立青州蜜桃价格稳定机制，在市场规律的基础上，通过对市场的调研，相关农产品价格的比对，生产商、合作社、经销商、收购商的讨论意见，制定科学合理的价格并在政府官方网站或者宣传栏进行价格信息的公开公示，为蜜桃合作社及相关企业做好蜜桃的营销工作提供参考。并且政府也可借鉴国家对粮食的稳价机制，当蜜桃价格高于或者低于市场价格时，政府可以通过适当的调节手段进行小范围干预，从而保证青州蜜桃的价格稳定。

（二）制定蜜桃价格的灵活调整机制

及时的市场信息可以让合作社在产品营销过程中避免因信息不对称而造成的营销不利地位，合作社不单要及时了解和注意市场上该产品价格的变化，对于竞争对手以及竞争产品的价格变化也要时刻关注，并且在价格变动时作出科学的调整，使合作社自身产品符合市场需求，占据蜜桃销售市场的制高点，青州蜜桃农民专业合作社在蜜桃销售前，应在政府公布的蜜桃价格信息公示的基础上进行基础价格的确定，然后根据市场价格、竞争对手及竞争产品的变动进行适当调整。这就需要蜜桃合作社建立一个灵活的蜜桃价格调节机制，要贯穿于蜜桃的销售前后，价格是决定消费者是否购买产品的关键因素，当蜜桃价格定价过高时，消费者可以选择苹果、梨等相关替代品进行购买，当价格过低时，合作社及农户的利益又不能得到保证，所以，制定灵活的价格调节机制，使青州蜜桃的价格保持在符合消费者购买欲望和需求的范围内，是价格调节机制的核心和关键。这需要合作社和经销商等通力合作，通过系统科学的前期市场调研和后期反馈来得出合理调节范围，制定保持销量和合作社农户利益的最平衡的价格节点进行销售。因此，青州蜜桃农民专业合作社要在灵活的价格调节机制内进行价格制定，因地制宜，从自身和市场实际出发，从而作出最合理的价格调整策略。

（三）合理利用合作社优势降低生产成本

农民专业合作社要充分利用内外部环境的优势，为自身产品创造竞争优势降低生产成本，合作社在外部环境上具有国家和政府在政策和资金方面的扶持，相比企业而言，更有利于产品生产和销售，合作社在内部环境里，可以通过统一购买农资、统一生产、统一销售的优势，形成规模效益，降低管理和生产成本，提高生产效率。青州蜜桃合作社可以通过比单一农户自己去购买化肥种子等农资更低的价格购买，节省了社员农户的生产成本，而通过合作社社员共同管理共同生产的方式提高了合作社生产的效率，节省了合作社生产的劳动时间，为自身产品获得价格上的竞争优势，在合作社日常维护过程中可以零散使用农村剩余劳动力，通过扩大合作社规模及与其他合作社联合等方式统一采购农资，扩大规模效应，合作社内部可以建立微信群进行相关技术和知识的讲解与培训，既节省了场地费用，也提高了农户的种植水平和能力，在共享合作社资源的基础上减少了生产成本，减轻合作社的负担，为青州蜜桃的销售创造比较优势。

三、青州蜜桃合作社的促销策略优化

（一）加大青州蜜桃的广告宣传力度

按照《中华人民共和国广告法》的规定，充分发挥传统宣传方式的优势，由青州市政府针对青州蜜桃制定宣传片，聘请知名人物为青州蜜桃代言，设计具有高识别度的品牌 Logo，设计制作青州蜜桃的宣传海报，运用一切可以利用的广告平台，包括公路广告牌、公交站牌广告栏、路灯广告牌、出租车信息牌等贴近居民生活的宣传方式最大限度地对青州蜜桃的品牌进行广告宣传，并在青州蜜桃成熟上市前，通过电视、短视频以及新兴的网络自媒体平台等进行广告投放，通过广告促销，进一步扩大青州蜜桃的品牌知名度。例如，通过微信、微博、抖音、团购网站等新媒体在线推广青州蜜桃品牌。此外，可以借助青州旅游的相关政策宣传，宣传介绍青州蜜桃品牌。

（二）积极参加各类农产品展会，增加青州蜜桃参展次数

青州蜜桃合作社可以把各展会作为扩大品牌影响力、打开销售市场的重要线下平台，根据展会的时间地点向展会方进行及时的申请，在各个展会上努力提高青州蜜桃的产品认知度，通过发放小礼品、纪念册、产品试吃活动吸引消费者和商家注意，为青州蜜桃的销售打开市场，赢得好的品牌形象。

（三）建立青州蜜桃信息发布体系

青州蜜桃合作社应当先利用互联网建立起自己的信息发布平台，借助新媒体的力量进行品牌宣传，如利用微信公众号、微博、抖音短视频等介绍青州蜜桃的历史文化，使更多消费者了解青州蜜桃，从而增加青州蜜桃的销售量。此外，对于山东省外乃至全国的市场消费者，合作社可以通过自身抖音账号发布关于青州蜜桃新产品的展示以及试吃口感等的评测短视频，让消费者有视觉和听觉的直接感受，激发购买欲望，而对于山东省内以及周边消费者，合作社可以建立青州蜜桃销售的 QQ 群、微信群等线上发布产品价格和优惠信息，并采用免费送货上门、个人定制时间送货提升用户购买体验，开拓新客户，维系老客户。对于批发商批发等大宗产品的销售，相关信息可以

通过专门的农产品价格信息发布网站进行发布，保证信息的及时有效。对于合作社自身而言，可以建立专门网站或者淘宝店铺，为合作社营销占据一分网络市场，提高合作社的网络销售水平，通过线上线下相结合的方式来提高合作社营销收益。

四、青州蜜桃合作社的渠道策略优化

（一）运用"互联网＋"模式，扩宽蜜桃的营销渠道

在 5G 信息时代的今天，网络遍布于我们活动的各个角落，合作社运用网络平台进行农产品的销售是时代发展的趋势，有利于合作社扩大销量，增加合作社的营销渠道，更好地向省外和国内乃至国际市场进发。网络营销具有高效率、低成本、不受时空限制的特点，可以极大地节省合作社租用销售门店的成本，而且合作社可以借助网络信息平台传播效率高的特点，及时在信息平台发布关于青州蜜桃销售的信息及活动。青州蜜桃农民专业合作社还应在政府主导下，积极开发青州蜜桃线上销售的手机 App 和微信小程序，用户通过线上下单，填写配送时间和地点，合作社根据下单信息进行配送。探索出一条线上 App 下单—合作社定点定时配送的特色道路，让青州蜜桃合作社的营销更加便民化、个性化。此外，青州蜜桃农民专业合作社还要通过建立自己的淘宝店铺来增加青州蜜桃在国内市场的市场销量，通过淘宝店铺，让更多消费者了解青州蜜桃，提高合作社的网络营销水平。

（二）努力实现合作社与超市的农超对接模式

超市作为居民生活中购买产品最多的场所，是合作社营销合作的重要对象。近年来，农超对接模式作为合作社与超市的一种合作营销模式，被国家和政府所鼓励与推行，这种合作模式有如下优势：一是可以减少合作社运输的运输成本，缩短合作社运输的时间；二是可以通过超市大宗农产品的销量增加蜜桃合作社的销售量。青州蜜桃合作社应该积极探索农超对接模式，提高自身农超对接能力，主动取得与大型连锁超市的合作，通过让利增加销量，打开超市消费的市场；对于小型超市和居民超市，可以采取线上下单、线下定点超市配送的个性化服务来进行青州蜜桃的营销，这种模式虽然量小但是利润高。青州蜜桃农民专业合作社要充分利用好这两种农超对接方式，在超市市场获得竞争力。

（三）完善合作社物流配送体系

加快本地物流基础设施建设。当地政府应因地制宜，建立农产品包括物流集散中心、物流网络平台、贮藏仓库、冷链物流等在内的体系，政府还可以牵头合作社与当地快递企业的合作，让快递方提供相关生鲜农产品的专门配送服务，对于省内及周边地区，保证农产品的运输效率，确保农产品的保存质量，对于省外物流进行产品快递包装的加固和保鲜措施，使消费者可以获得产品最好的质量状态。合作社自身可以建立自己的物流体系，对于周边地区的配送可以联合定点的居民超市、社区快递点等，按照消费者的时间和居住地进行配货销售。统筹发展青州市物流设施建设，最大限度地整合物流资源，加快物流配送能力的提高和配送时间，提高配送效率，缩减蜜桃运输时间，通过物流效率的提高建立青州蜜桃合作社的市场竞争力，提升蜜桃销售量。

第十章　农村土地流转与农户增收关系研究

第一节　引言

随着 2014 年中央一号文件的颁布与实施，在党中央提出"坚持和完善最严格的耕地保护制度前提下，赋予农民对承包地占有、使用、收益、流转及承包经营权抵押、担保权能。在落实农村土地集体所有权的基础上，稳定农户承包权、放活土地经营权"的方针指引下，我国农村土地产权制度改革稳步推进。在乡村振兴战略实施过程中，如何以农村土地"三权分置"改革为导向，研究农村土地制度改革对农业产业化进程、农村社区发展、农民生活的综合影响，并通过农地改革促进"三农问题"的解决将成为未来农业实践者和理论研究者关注的重点。

基于土地流转的适度规模经营是我国实现现代化农业发展的一条重要的途径，也是农民增收的重要实现路径。其基本逻辑是，在明晰土地产权的基础上，按照依法、自愿、有偿的原则进行农村土地流转，将细碎化的土地流向种植大户、农民合作社、工商资本企业，进行集中规模经营。一方面土地流转使农业生产经营中出现的生产资料细碎化、基础设施建设与科学技术推广难、投入成本高、产出效益低、农民增收慢等长期困扰"三农"的许多问题迎刃而解。另一方面对于流出农地的农户而言增加财产性收入，促进农村劳动力转移；对于流入农地的农户而言扩大生产经营规模，形成产业化经营，增加劳动力就业，农业现代化的美好愿景指日可待。

从农地流转方向来看，对于农地流入方的农民，会选择扩大其家庭农场规模，引进新技术，种植新品种，成立农民专业合作社，发展规模化经营，稳步提升农民收入水平，尤其是农业经营性收入。城镇工业化的逐步发展，一方面提供了更多的就业岗位，越来越多的农村劳动力选择从事非农职业，另一方面农业经营收入远远低于非农收入。因此有一大部分农户选择将农地进行流出，一是可以通过流转土地获得租金收入，增加农户的财产性收入；二是选择流出农地的农民可以从事非农职业，获得工资性收入。同时农户还可以获得货物、服务、资金或资产所有权等转移性收入。农地流转正是通过影响农民以上四个方面的收入，最终实现了农户增收。农村土地流转与农户增收逻辑关系如图10－1所示。

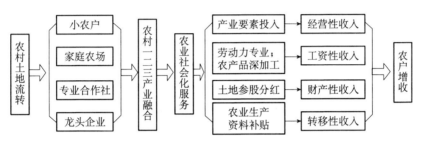

图10－1　农村土地流转与农户增收逻辑关系

第二节　数据来源、研究假设与模型构建

一、数据来源

本章采用的数据来源于2018年2月、5月和6月笔者在山东省、湖南省、重庆市针对农业产业组织融合与土地流转方向进行的基线调研，相关问卷通过分层抽样方法投放，保证了数据的无偏性。根据各地经济发展水平差异以及政策执行力度的大小，为了保证数据的完整性，本章从东中西部各选取一个省份作为样本，原因如下：一是地域具有代表性，山东、湖南、重庆分别是东中西部代表性区域，既有城乡接合区也有传统农业区；二是按照各地经济发展水平的高低进行选取，按照经济水平排名依次是山东、湖南、重庆。

本次调研内容主要分为三部分：第一部分主要从家庭特征进行划分，包括家庭人口、劳动力、家庭收支。第二部分是家庭农用地流转情况，主要包括农地流转意愿、农地转入情况、农地转出情况。第三部分是家庭农场和农民专业合作社的创建，主要包括农民是否领办合作社、从事的产业、销售渠道。

二、研究假设的提出

根据实地调研分析，本章相继提出四个基本假设，进行后续实证检验。

H10-1：农户发展家庭农场，扩大农业经营规模是农户倾向流入土地从事经营的根本原因。农户兴办家庭农场，突破了传统农户细碎化土地经营模式，因此农户扩大经营规模成为农户实现土地流转的动因。尽管前人的研究对发展家庭农场如何影响土地流转做过相应的影响因素分析，但是真正基于准自然实验方法进行因果判断的研究尚且欠缺，本章将通过PSM方法来进行相关研究。

H10-2：农户的企业家能力、农民职业技能高低、社会关系治理能力与农户土地流入意愿呈正相关。较强的企业家能力与社会资本拥有量（社会关系治理能力）将有助于农户与其他经营者、社区和上级主管部门协调土地流转事务，使土地流转过程顺畅。前期研究均有相关论述（李星光等，2016；李恒，2015）。而涉农职业技能的获取，不仅有助于提升农业生产力，还促进其扩大经营规模和实现增收（Schultz，1961）。

H10-3：形成新业态、发展新的经营模式（如电商销售）、完善产业配套设施有助于提高农户土地流入意愿。通过发展电商销售模式，有助于解决农户"卖难、买难"问题，提高农户扩大经营规模的信心，从而有利于提高农户土地流转意愿，（张益丰，2016）。

在第一阶段的实证检验过程中，本章将样本分为参与土地流转农户与未参与土地流转农户两个群体，考察农户的个人禀赋、社会关系及企业家能力禀赋、组织融合发展（参与合作社与否）、发展新业态（参与电商销售）对农户增收的影响。在这一阶段的研究重点是农户对农业投资、农户增收的影响效应。而农户的农业投资与参与政府农业项目、政府对其发展的关注程度紧密相关。因此本章将使用两阶段工具变量、两阶段GMM方法进行研究，并使用扩展回归方法（ERM）进行稳健性检验。

在此基础上，本章提出以下假设。

H10-4：对于流入土地的农户而言，强社会关系治理、发展新业态、增加经营便利程度、提高农业投入与政府扶持均有助于提升具有规模化经营农户的实际农业收入；而对于未参与土地流转或流出土地农户，强社会关系治理、政府投入能够有效提高农业收入，参与合作社经营对农户的农业收入影响程度较低。从直观判断而言，较强的社会资本与企业家能力均有助于农户提升经营能力，提高抗御经营风险和市场风险的能力，有助于经营收益的增加（李承桧等，2015；张益丰和郑秀芝，2014）。同时农业经营投资的增加、参与政府扶持项目有助于经营者实现资本的有效深化，进一步夯实经营基础，有益于农户收入的提高。

三、变量选取与模型构建

本章采用倾向得分匹配方法（PSM）来消除模型中可能出现的样本选择性偏差，借鉴罗森鲍姆和鲁宾（Rosenbaum and Rubin，1983）、阿巴迪和英本斯（Abadie and Imbens，2010）的方法以获得无偏的估计结果。本章将流入土地流转与否作为因变量，将调研过程中成立家庭农场的这部分农户作为实验组，将不成立家庭农场的这部分农户作为控制组，这样便于消除数据的选择性偏差。本章在实证研究分析中，先计算倾向得分匹配的三种平均效应，在研究过程中，重点研究家庭农场的成立是不是导致农地流转的内在因素。

对于个体而言，其进行土地流转 y_i 有可能存在两种状态即 0（转出土地或未流转）和 1（流入土地）。D_i 为处理变量（treatment variable），即表示个体是否成立家庭农场。

$$y_i = \begin{cases} y_{1i} = \begin{cases} 0 \\ 1 \end{cases} & \text{若 } D_i = 1 \\ y_{0i} = \begin{cases} 0 \\ 1 \end{cases} & \text{若 } D_i = 0 \end{cases}$$

因此可以认为：

$$\begin{aligned} ATT &= E(y_{1i} \mid D_i = 1) - E(y_{0i} \mid D_i = 0) \\ &= E(y_{1i} \mid D_i = 1) - E(y_{0i} \mid D_i = 1) \\ &\quad + E(y_{0i} \mid D_i = 1) - E(y_{0i} \mid D_i = 0) \end{aligned} \tag{10-1}$$

其他 ATE 与 ATU 的计量结果借鉴阿巴迪等（Abadie et al.，2002）的研究方法计算而得。

本章第一阶段计量模型采用 Logit 模型：

$$E(y_i = 1 \mid X) = \alpha + \beta D_i + \sum_{j=1}^{n} \varphi_i X_j + \delta \qquad (10-2)$$

其中，y 为二值选择模型；D 为处理变量（分个人禀赋、地域禀赋、社会关系及企业家能力四个维度的控制变量），X 为协变量。

但上述结果有待进一步验证。因此设计下述计量模型：

$$Y_i = \alpha' X_i + \beta P_i + \rho s_i + A_i' \gamma + \delta_i \qquad (10-3)$$

其中，X_i 为处理变量，P_i 为控制变量，s_i 与 A_i' 存在内生关联，因此设计工具变量 Zi，并保证 $cov(\eta_i, Z_i) = 0$，可得：

$$\rho = \frac{cov(Y_i, Z_i)}{cov(s_i, Z_i)} = \frac{cov(Y_i, Z_i)/V(Z_i)}{cov(s_i, Z_i)/V(Z_i)}$$

由此求取 Y 关于 Z 的总体回归系数与 S 关于 Z 的总体回归系数（第一阶段）的比值，即可得到工具变量 Z 的估计值（Angrist and Kruefer，2001）。第二阶段将样本农户分为流入农地农户以及流出农地或未参与流转农地的农户。第三阶段在样本农户分类的基础之上，分别对两类样本农户的收入影响因素作出分析。

第三节　实证结果分析

一、数据描述性统计分析

表 10-1 描述性统计分析结果显示，按照家庭禀赋来看，从事农业经营的农户主要以中老年为主，年龄在 45 岁左右，大部分青壮年劳动力选择从事收入较高的非农职业；从事农业经营的农户平均受教育程度较低；受访者家庭人口总数平均为 4 人，其中从事非农职业的为 2.05 人，这也反映出从事农业经营的人口较少；同时受访者所在地区属于中等及中等偏下地区。按照社会资本来看，大部分受访者均没有在企事业单位里担任过领导职务，同时其相关社会主要关系也没有在政府部门担任职务，但是受访者经常参与广场舞活动，这有利于人际关系沟通，为土地流转创造积极的条件。按照产业禀赋来看，受访者主要选择从事种植一般大田作物，受限于技术、资金等因素影响，高附加值农作物种植比例较低，东营市政府加大对劳动力培训，提高农业产业附加值。按照土地流转现状来看，选择流转土地所占比例较大，

农户选择成立家庭农场的标准差达到 0.42，农户在投资农业方面平均金额为 52.92 万元，根据农户收入对比分析来看，农户的农业经营性收入显著提高。

表 10 - 1　　　　　　　　　　　描述性统计

变量	变量定义	观测值	平均值	标准差	最小值	最大值
土地流转	农户参与土地流转现状：流入土地 =1；流出土地或不流转土地 =0	584	0.40	0.49	0	1
家庭农场	农户是否成立家庭农场：成立 =1，不成立 =0	584	0.23	0.42	0	1
年龄	农户实际年龄（岁）	584	44.01	6.73	25	65
受教育程度	农户受教育程度：小学及以下 =1；初中学历 =2；高中、中专及职高学历 =3；大专学历 =4；大学本科及以上学历 =5	584	3.07	1.00	1	5
位置	受访者所在地区情况：欠发达地区 =1；中等条件地区 =2；富裕地区 =3	584	1.99	0.29	1	3
家庭区位	受访者家庭所在地特征：盐碱地 =1；海滨 =2，丘陵 =3；山区 =4；平原 =5	584	3.94	2.11	1	5
家庭人口数量	受访者家庭总人口数（人）	584	3.91	0.91	1	6
非农人口数量	受访者家庭非农从业人数：从业人员数为 1 =1；从业人员数为 2 =2；从业人员数为 3 =3；从业人员数为 4 =4；从业人员数超过 5 =5	584	2.05	1.28	1	5
土地流转途径	受访者流转土地通过哪种途径实现：村社区统一流转 =1；单独与农户签订流转协议 =2；通过合作社统一流转 =3；上级指定进行流转工作 =4	584	1.79	1.09	1	4
农村电商	受访者是否从事电商销售：是 =1；否 =0	584	0.32	0.47	0	1
企业家能力	被调查者是否现在或过去担任企业党政各级领导职务：是 =1　否 =0	584	0.46	0.50	0	1
社会关系	受访者有无亲戚担任各级领导职务：有 =1；无 =0	584	0.17	0.37	0	1
广场舞参与者	受访者是否参加社区广场舞活动：是 =1；否 =0	584	0.66	0.48	0	1
农业投入	受访者家庭农场、创办的企业或农业合作社的投资额（万元）	584	52.92	153.79	0	1 700

续表

变量	变量定义	观测值	平均值	标准差	最小值	最大值
职业培训	受访者是否接受相应的职业培训教育：是 =1；否 =0	584	0.84	0.37	0	1
2017 年农业收入	农户的农业收入 =2017 年农户总收入 × 当年农户农业收入比重（万元）	584	5.31	9.90	0	105
2013 年农户收入	农户 2013 年收入（万元）	584	5.66	6.56	0	50
产业便利程度	从事产业配套产业的便利程度：非常不便利 =1；不太便利 =2；便利程度一般 =3；相对比较便利 =4，非常便利 =5	584	2.82	1.07	2	5
经营品种	受访者家庭从事农业产业的主要品种：传统大田作物 =1，蔬果高附加值 =2；普通养殖与特色养殖 =3	584	1.30	0.65	1	3
党员	受访者是否是党员：是 =1，否 =0	584	0.57	0.50	0	1
合作社	受访者是否参与合作社：是 =1，否 =0	584	0.58	0.49	0	1
政府资助项目	受访者是否获得政府资助项目：是 =1，否 =0	584	0.51	0.36	0	1
政府重视程度	受访者关于政府对自己经营重视程度自我认知：非常不重视 =1；不重视 =2；一般重视 =3；比较重视 =4；非常重视 =5	584	2.12	0.97	1	5

二、影响农户土地流转意愿因素分析

本章分析统计数据结果表明，影响农地流转因素中成立家庭农场、发展农村电商、农户的社会关系均在 1% 水平上显著。其中成立家庭农场表明农户发展适度规模化经营需要进一步扩大家庭农场经营面积，需要流入更多的土地。目前我国传统消费增速回落，网络消费仍然保持较高的增速，传统的消费逐步向互联网时代的数字化转型，发展农村电商成为农户增收的重要途径，一方面农村电商可以帮助农户拓宽增收渠道，随着快递行业的飞速发展，"最后一公里"基本得到解决，通过技术创新为更多的消费者提供了更多个性化服务和提升了消费者的购物体验；另一方面农户仅需一部手机和一台电脑即可进行农产品销售，节约了农户人工和管理成本。农村电商增加了农户收入，引导农户扩大经营面积，因此农户需要流入更多农地发展农业规模化经营。农户的社会关系在农地流转中扮演着重要角色，良好的人际关系如广场舞爱好者扩大了农户社会关系，有利于推动农地流转。

实证过程可分为三个阶段，本章先就农户土地流转意愿影响因素进行简单的二值选择模型检验，模型（1）使用 Logit 模型；模型（2）控制了个人禀赋、自然禀赋、社会关系及企业家能力等控制变量进行 Logit 模型检验；模型（3）选用 Logit 模型；考虑到稳健性，本章使用模型（4）Probit 模型进行稳健性检验。检验结果如表 10 – 2 所示。

表 10 – 2　　　　　　　　　　回归分析结果

变量		模型（1）land_transit	模型（2）land_transit	模型（3）land_transit	模型（4）land_transit
处理变量	家庭农场	1.796 *** (6.37)	1.272 *** (3.70)	1.373 *** (3.50)	0.819 *** (3.60)
关键变量	2013 年收入		0.034 (1.29)	0.036 (1.36)	0.020 (1.58)
	家庭成员数量		– 0.210 (– 1.39)	– 0.236 (– 1.50)	– 0.127 (– 1.42)
	地区特征		– 0.024 (– 0.21)	– 0.092 (– 0.78)	– 0.057 (– 0.83)
	农村电商		1.017 *** (3.86)	0.867 *** (3.10)	0.517 *** (3.12)
	农业投入		0.001 (1.25)	0.001 (1.00)	0.001 (0.85)
	职业培训		0.338 (0.96)	0.381 (1.08)	0.211 (1.00)
	产业便利程度		0.032 (0.26)	0.057 (0.47)	0.029 (0.40)
	产业类型		– 0.389 * (– 1.90)	– 0.303 (– 1.45)	– 0.182 (– 1.53)
	合作社		– 0.060 (– 0.25)	– 0.142 (– 0.57)	– 0.081 (– 0.55)

续表

变量		模型（1）	模型（2）	模型（3）	模型（4）
		land_transit	land_transit	land_transit	land_transit
个人禀赋控制变量	年龄			-0.011	-0.006
				(-0.53)	(-0.49)
	受教育程度			-0.162	-0.093
				(-1.22)	(-1.19)
地域禀赋（控制变量）	位置			0.738	0.421
				(1.45)	(1.41)
	家庭位置			0.086	0.046
				(1.26)	(1.14)
社会关系（控制变量）	社会关系			1.205***	0.735***
				(3.54)	(3.62)
	广场舞参与者			0.559*	0.305*
				(1.76)	(1.73)
企业家能力（控制变量）	领导者			-0.480*	-0.275*
				(-1.74)	(-1.72)
	_cons	-0.810***	-0.063	-1.024	-0.631
		(-6.20)	(-0.08)	(-0.65)	(-0.68)
	N	584			
	Chi2	40.51	54.56	60.66	71.87
	Pseudo R-Square	0.095	0.159	0.206	0.212

注：（1）*、*** 分别表示在双边 10%、1% 的水平上显著；（2）括号内为采用稳健标准误后获得的 z 值。

表 10-2 显示，家庭农场在模型（1）~模型（4）中都在 1% 水平上显著，说明兴办家庭农场（实现土地适度规模化经营）确实能促进农户土地流入意愿。家庭人口数量、地区特征、产业便利程度、2013 年农户收入、农业投入、参与合作社等系数指标均为统计非显著（和预期有差距）；而形成新的市场业态如参与电商销售模式系数则表现为与土地流入意愿显著正相关。同时社会关系、广场舞参与者这两个社会关系治理能力指标与参与土地流转意愿显示出强烈的统计正相关。而企业家能力指标显示为统计负相关，不符合本章初始假设。

三、倾向得分匹配回归分析与稳健性检验

尽管表 10-3 显示 Logit 模型与 Probit 模型的伪 R^2 均显著提升，研究结果也基本能验证初始几个假设。但由于抽样数据中存在选择性偏误（即研究仅能观察到一种干预状态下的情况，而忽略了其他干预状态下的结果），因此需借助倾向得分匹配（PSM）方法，在满足条件独立性假设前提下，满足共同区间要求。

表 10-3　　　　　　　　　　　倾向得分匹配回归结果

变量	模型（5）	模型（6）	模型（7）
年龄	0.029	0.034	0.034
	(1.06)	(1.20)	(1.20)
2013 年收入	0.132 ***	0.131 ***	0.131 *
	(4.16)	(4.12)	(4.12)
位置	-0.402	-0.360	-0.360
	(-0.57)	(-0.53)	(-0.53)
受教育程度	0.056	0.100	0.100
	(0.30)	(0.51)	(0.51)
家庭人口数量	-0.354 *	-0.358 *	-0.358 *
	(-1.84)	(-1.85)	(-1.85)
家庭位置	-0.217 **	-0.212 **	-0.212 **
	(-2.60)	(-2.53)	(-2.53)
地区特征	-0.195	-0.202	-0.202
	(-1.12)	(-1.15)	(-1.15)
农村电商	1.352 ***	1.321 ***	1.321 ***
	(3.63)	(3.52)	(3.52)
领导者	-0.551	-0.513	-0.513
	(-1.40)	(-1.29)	(-1.29)
社会关系	0.806 *	0.806 *	0.806 *
	(1.85)	(1.85)	(1.85)
农业投入	0.007 ***	0.008 ***	0.008 ***
	(3.51)	(3.44)	(3.44)
职业培训	0.835 *	0.824 *	0.824 *
	(1.86)	(1.84)	(1.84)

续表

变量	模型（5）	模型（6）	模型（7）
产业便利程度	0.421 **	0.426 **	0.426 **
	(2.43)	(2.46)	(2.46)
产业类型	0.259	0.258	0.258
	(1.02)	(1.02)	(1.02)
党员	−0.268	−0.269	−0.269
	(−0.67)	(−0.67)	(−0.67)
广场舞参与者	−0.314	−0.314	−0.314
	(−0.79)	(−0.79)	(−0.79)
合作社	0.367	0.366	0.366
	(1.01)	(1.01)	(1.01)
常数项	0.170	0.169	0.170
	(0.08)	(0.08)	(0.08)
N	584	584	584
LR chi2 (17)	156.59	156.59	156.59
Pseudo R – Square	0.41	0.41	0.41

注：（1）*、**、*** 分别表示在双边 10%、5%、1% 的水平上显著；（2）括号内为采用稳健标准误后获得的 z 值。

倾向得分匹配研究分别采用近邻匹配（model5）、卡尺匹配（model6）和核匹配（model7），验证结果如表 10-4 所示。三种匹配中 ATT 分别为 0.289、0.280 和 0.329，T 值为 2.05、2.63 和 3.13，均显示变量在双边 5% 与双边 10% 统计水平上显著，同时控制组与处理组的共同取值范围也较理想。另外本章使用 bootstrap 自助法计算了相应的 ATU 自助标准误，其结果同样显示匹配结果良好。

表 10-4　　　　　　　匹配分值情况

方法	变量	取值数据		ATT	T 值	ATU	T 值
		非共同取值范围	共同取值范围				
最近邻匹配	Land_transit	控制组　69	278	0.289	2.05 *	0.147	1.99 *
		处理组　51	186				

续表

方法	变量		取值数据		ATT	T 值	ATU	T 值
			非共同取值范围	共同取值范围				
半径匹配	Land_transit	控制组	96	261	0.280	2.63 **	0.115	2.24 *
		处理组	82	145				
核匹配	Land_transit	控制组	67	235	0.329	3.13 **	0.158	2.71 **
		处理组	72	210				

注：*、** 分别表示变量在 10%、5% 的水平上显著。

表 10 - 5 显示，匹配后（matched）三种匹配结果显示：在匹配前，土地流转农户和未流转农户的平均偏差为 31.2%，采用多种匹配方法之后数据结果显示，解释变量的平均标准偏差进一步缩小到 7.2% ~ 9.4%，这表明农户的差异性在缩小。LR 统计量（P）值结果显示，解释变量的联合显著性检验在匹配后被拒绝，同时 R^2 值由 0.405 下降到 0.122、0.035 和 0.084，下降明显。再次证实匹配后解释变量在土地转入农户和未流转农户之间的分布未呈现系统差异，样本匹配成功。

表 10 - 5　　　　　　　　倾向得分匹配前后的平衡性检验结果

项目	Pseudo R2	LR 统计量 （P 值）	平均标准偏差
未匹配	0.405	154.68 (0.000)	31.2
近邻匹配	0.122	24.79 (0.131)	7.2
半径匹配	0.035	3.95 (0.872)	8.6
核匹配	0.084	15.41 (0.637)	9.4

从图 10 - 2 和图 10 - 3 可以直观地发现大多数变量的标准化偏差出现明显的缩小［除地区特征（land）标准化偏差从 - 6.5% 增至 - 17.5%、产业类型（industry）标准化偏差从 4.1% 增至 - 18.1%］。同样，图 10 - 3 中也显示大多数观测值均在共同取值范围内（on support），进行倾向得分匹配也仅损

失少量样本。综上所述，通过 PSM 方法，证实处理变量（treat－兴办家庭农场）是农户流入土地的直接原因。H10－1 得证。

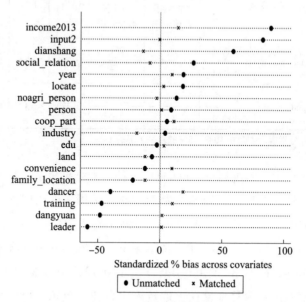

图 10－2　各变量标准化偏差

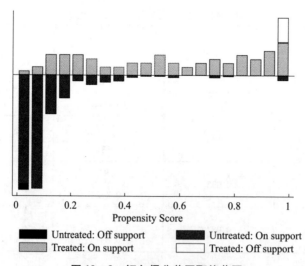

图 10－3　倾向得分共同取值范围

最后，表 10－3 统计结果汇报了当本章利用倾向得分匹配方法后，农户的社会关系治理能力（social relation）系数均为 0.806，z 值均汇报在双边 10% 统计水平上显著；而企业家能力指标（leader）与农户流转土地意愿

（扩大农业规模经营）并未呈现统计显著。这可以解释为，良好的人际交往能力能够为农户带来多方面的资源，进而有助于提升家庭农场经营能力；而企业家能力（担任各级党政、企业领导经历指标）体现在农户能把握机遇和实现经营效率提升，但是对于经营家庭农场与否农户需要考虑多方面影响因素。流转土地需要和政府、村民、社区管理者多方沟通，市场经营能力与土地流转顺畅与否关联度较弱。H10 - 2 部分得证。

不难发现，如新业态指标、参与电商经营（dianshang）、农业投入（input）、参与各种职业培训（training）及前期发展经济基础（Income2013）指标均呈现与农户土地流转意愿统计正相关，这说明形成新的业态、增加农业投资、完善农民职业技能培训及农户经济基础多寡有助于增加农户流入土地及扩大经营规模的意愿。H10 - 3 得证。

而家庭所处区域指标（family location）和家庭抚养人数指标（person）则与农户流转土地意愿呈统计负相关，这可以解释为越是荒地、贫瘠地区，农户的"恋土情结"越高，此时农地的保障作用越明显，作为农业生产要素的作用较低，土地经营的潜力越大，农户流转这些土地用于扩大经营的意愿越强烈。家庭扶养人数越多，农户家庭的抚养比越大，用于家庭消费支出越多，投入农业的资本势必会降低。而家庭抚养人数增多势必增加单位土地资本投入程度，用于扩大经营流转土地的实际投资与流入意愿均会降低。

第四节　农户增收的影响因素分析

本章将样本分为流入土地农户（225 份）及未参与土地流转及流出土地农户（359 份），从参与土地流转农户的各自变量之间的相关性来看，pearson相关系数中农户投入（input）与政府项目（gov project）之间的相关性均大于 0.3，这说明两个重要解释变量之间存在内生性，将政府对农户经营的关注程度作为工具变量。设计政府对农户的关注与支持作为工具变量的原因是，农户的投入与政府对农户的关注及支持的相关系数为 0.179，显示没有强烈的相关性，即政府对农户的关注及支持与农户自我投入没有明显的直接关系。同时政府对农户的支持程度与农户获得政府项目存在明显的关联性，即政府对农户的支持越大，获得政府资助项目的可能性越高。其他自变量之间的

pearson 相关系数均小于 0.2，说明不存在明显的线性相关。同时回归使用异方差稳健的 DWH 检验，发现原始回归中 DWH 检验 P 值为 0.037，可以认定农户投入（input）为内生变量。下一阶段研究同时采用两阶段工具变量法（模型 b1、模型 b4）、两阶段 GMM 方法（模型 b2、模型 b5）及扩展回归检验（extended-regression model，ERM），即模型 b3 和模型 b6。

首先表 10-6 报告了在模型 1、模型 2、模型 4、模型 5 中不可识别检验指标（Keibergen - Paap rk LM）统计量分别为 36.29、24.675、8.335、8.335，P 值分别为 0.00、0.00、0.04、0.03，强烈拒绝不可识别原假设。同时弱工具变量检验（Cragg - Donald Wald F）统计量分别为 12.541、13.035、13.822、8.823，对于名义显著性水平为 5% 的检验，其真实显著性水平不超过 15%，存在弱工具变量原假设被强烈拒绝。模型 1、模型 2、模型 4、模型 5 的 Hansen J 统计量也显示不存在过度识别。

表 10-6　　　　　　　　　农户增收因素实证检验

变量	参与土地流转农户			不参与土地流转农户		
	（b1）2SLS	（b2）GMM2S	（b3）ERM	（b4）2SLS	（b5）GMM2S	（b6）ERM
农业投入	0.018 ***	0.017 ***	0.041 ***	0.007 **	0.004 **	0.009 *
	(17.33)	(16.89)	(8.39)	(3.22)	(3.11)	(2.61)
年龄	-0.112	-0.087	-0.083	0.034	0.033	0.036
	(-0.55)	(0.49)	(-0.58)	(0.70)	(0.75)	(0.48)
受教育程度	-0.047	-0.172	0.125	0.720	0.626	0.739
	(-0.06)	(-0.06)	(0.12)	(1.44)	(1.00)	(1.37)
位置	3.019	3.038	1.846	-0.115	-0.136	-0.213
	(1.10)	(1.14)	(0.62)	(0.82)	(0.54)	(0.85)
家庭位置	-1.295 *	-1.433 **	-1.339 **	-0.065	0.077	-0.083
	(-1.80)	(-2.02)	(-2.39)	(1.02)	(0.68)	(0.77)
家庭人口数量	-0.587 *	-0.557 *	-0.390 *	-1.055	-1.173	-1.102 *
	(-2.01)	(-2.10)	(-1.94)	(1.55)	(1.37)	(1.84)
领导者	0.785	1.119	1.4061 *	0.612 ***	0.658 ***	0.602 ***
	(1.34)	(1.52)	(1.83)	(9.01)	(10.21)	(5.41)
社会关系	1.539 ***	2.113 **	1.824 *	1.479	1.238	1.025
	(5.94)	(2.44)	(2.00)	(1.29)	(1.32)	(1.45)

续表

变量	参与土地流转农户			不参与土地流转农户		
	（b1）	（b2）	（b3）	（b4）	（b5）	（b6）
	2SLS	GMM2S	ERM	2SLS	GMM2S	ERM
广场舞参与者	1.912 ***	2.038 *	1.532 *	0.754	0.684	0.781
	(4.11)	(2.32)	(1.89)	(1.36)	(1.49)	(1.52)
合作社	0.867 **	0.864 *	0.702 *	-1.060	-1.043 *	-1.081
	(2.85)	(2.14)	(1.95)	(1.60)	(1.91)	(-1.42)
职业培训	1.672	1.259	2.537	0.348	0.271	0.400
	(1.56)	(1.57)	(1.62)	(1.48)	(1.16)	(0.63)
产业便利程度	-0.771	-0.884	-0.647	0.325	0.410	0.341
	(-0.79)	(-0.96)	(-0.81)	(1.23)	(0.95)	(0.67)
农村电商	0.956 *	1.367 **	0.981 **	1.356 **	1.368 **	1.344 *
	(2.22)	(2.54)	(2.38)	(2.42)	(2.01)	(2.27)
农村电商×合作社	0.057	0.049 *	0.072 *	-0.027	0.022	0.059
	(1.54)	(1.88)	(1.96)	(0.79)	(1.05)	(1.29)
党员	0.289	0.333	1.289	1.140	1.312	1.265
	(0.11)	(0.73)	(0.61)	(1.28)	(1.03)	(1.17)
政府项目	0.216 **	0.302 *	0.209 **	0.042	0.030	0.102
	(1.99)	(1.87)	(2.07)	(1.02)	(0.85)	(0.94)
常数项	14.320	14.055	12.112	-2.921	-2.613	-2.434
	(1.03)	(1.14)	(1.02)	(0.75)	(0.23)	(0.68)
input：support			0.741 ***			0.537 *
			(9.14)			(1.89)
var（e. agri_income）			73.470			38.973
var（e. input）			7 055.925			2 701.2
Corr（e. input，e. agri_income）			0.425			0.688
N	225	225	225	359	359	359
Kleibergen – Paap rk LM 值	36.29	24.675		8.335	8.335	
	(0.00)	(0.00)		(0.04)	(0.03)	
Cragg – Donald Wald F 值	12.541	13.035		13.822	8.823	

续表

变量	参与土地流转农户			不参与土地流转农户		
	(b1) 2SLS	(b2) GMM2S	(b3) ERM	(b4) 2SLS	(b5) GMM2S	(b6) ERM
Hnansen J 统计量	31. 47 (0. 00)	23. 482 (0. 00)		6. 439 (0. 03)	8. 733 (0. 00)	
F	11. 61	61. 72		18. 68	16. 447	
Wald Chi2			32. 14			36. 74

注: * 、 ** 、 *** 分别表示在10% 、5% 、1% 的水平上显著。表格上半部分、中间部分的括号内为基于稳健标准误形成的 z 值;下半部分表格中括号内为 P 值。

从回归检验结果可知,参与土地流转农户中农业投入(input)、社会关系变量1(即社会关系 social relation)、社会关系变量2(即广场舞参与者 dancer)、参与合作社(coop part)、电商销售(dianshang)均显示与农户收入呈强烈的统计正相关,其中 social relation 变量与 dancer 变量系数在5个模型中均较大,分别为1. 539、2. 113、1. 824 与1. 912、2. 038、1. 532。这说明良好的社会资本拥有量和社会关系治理有助于协调政府、社区、农户三者之间的关系,降低经营成本和组织成本,为实现农户增收创造良好的外部条件。同时增加农业资本投入量,借助农业的资产专用性投资等方式来促进农业的可持续发展,对于农户的增收有较大作用。

其次参与合作社(coop part)和参与电商销售(dianshang)这两个变量的系数分别为0. 867、0. 864、0. 702 与0. 956、1. 367、0. 981,并且都表现为正的统计显著。这说明参与合作社、形成新业态(电商)有助于农户解决销路问题,为扩大经营规模提供思路。而这其中从统计结果来看,参与电商销售对农户增收的影响相对较大。这也在一定程度上说明在通过嵌入农产品供应链来实现增收的过程中,发展电商更有利于为规模化经营的农户扩大产品销路,从而实现增收,其效果要大于依托合作社形式解决销路问题所带来的效益。抑或是流转出土地农户将更多精力转向涉农或是非涉农的第二、第三产业,通过电商销售有助于增收的实现。根据参与合作社与从事电商产业的交互项的系数(dianshang × coop part)来看,流入土地经营农户的收入将受参与合作社经营与从事电商销售交互项的正向促进。这证明同时发展新业态和实现组织融合对于农户(尤其是大农户)增收有显著促进作用。另外获得政府项目(gover project)对于流入土地(扩大经营)农户的增收影响显著，系数分别为 0.216、0.302 以及 0.209，并均通过 10% 水平的显著性检验。

未参与土地流转农户的回归检验结果显示，农业投入（input）、电商销售（dianshang）、农户企业家能力（leader）与农户收入呈统计正相关；而社会关系变量 1（social relation）、社会关系变量 2（dancer）并未表现出与农户收入有明显的统计相关性；同时通过观察上述变量各相关系数发现，发展电商产业（danshang）对于农户增收的影响最大，之后是企业家能力（leader），影响最小的是农业投入（input）。这说明对于未流转土地农户而言，通过电商销售，减少流通环节，所获取的利润要优于农业投资所获得的回报，同时要大于通过企业家能力开拓经营业务拓展市场所获得的回报。因此发展一村一品，增加电商业务对农村基层的覆盖面，产生的农户增收效应较明显。另外获得政府项目（gover project）对于未流入土地/流出土地农户的增收影响不显著，系数分别为 0.042、0.030、0.102，均未通过 10% 水平的显著性检验。这说明细碎化经营农户或实际已不再将农业作为主营收入，无法有效获得政府农业资助项目，其依靠农业项目来获得增收的目的无法实现。

并且未流转土地农户尽管参与合作社（coop relation）变量表现为统计非显著（GMM 模型中为双边 10% 水平上显著），但其系数均为负值。这说明参与合作社与形成新业态（电商）对未流转农户（分散经营小农户）增收的影响程度截然相反。小农户参与合作社与发展电商的目的均为解决产品销路问题，运用电商销售特色农产品，通过减少流通环节和降低流通成本大幅度提升农民收益的增收作用更为明显。

针对培训（training），回归检验结果均显示未通过 10% 水平的显著性检验，这与传统意义上所说的对农户在种植技术、销售能力等方面进行培训将有助于提高农户收入的结论不吻合。其原因在于：一方面可能是培训属于一种长期资产专用性投资，从在一个体系中对农户进行培训，到农户吸收掌握并运用到实际中，再到农民增收，需要一定的时间来显示其成效；另一方面政府在培训方面流于形式，只做到锦上添花，没有真正做到雪中送炭，难以达到农民的实际需求，进而与市场需要相脱离，导致农民参与培训的积极性降低，进而导致培训对农民增收的影响不大。

在小农户参与合作社过程中，其收益情况受到合作社规范程度、商品契约与要素契约履约环境的制约，其经营风险虽然降低但其获利能力却比不上直接嵌入电商供应链；而且"精英俘获型"合作社通过盘剥农户来获利的情况也会影响农户增收。因此对于小规模经营农户而言，通过"一村一品"品牌战略，将特色农产品做优、做大、做强，发展依托特色农产品形成"淘宝村"形式的电商经营模式，将特色农产品销售电商化将更有利于农户增收。

值得关注的是，工具变量分析检验及稳健性检验结果均显示在流入土地农户群体内，政府对农户经营的关注程度将有助于提升农业投入，从而有效提升农户的收入。就流出土地或维持原状农户群体而言，政府对农户经营的关注程度对提升农业投入不显著。

另外从参与合作社与从事电商产业的交互项的系数来看，参与合作社经营与从事电商销售交互项对于小规模经营农户的收入提高不存在统计相关。这一结论再次证实同时发展新业态和进行组织融合对于小农户增收不明显；小农户的增收还是要依托特色产品通过提升产品附加值与减少流通环节，来拓展农户经营的利润空间，先提升小农户的经营能力，再谋求组织融合发展可能对农户增收的影响更为显著。H10 - 4 部分得到验证。

第五节　农村土地流转问题及政策建议

一、农村土地流转存在的主要问题

（一）土地流转中农民权益问题没有完全得到保障

农村土地属于集体所有，土地所产生的权益也是由集体组织成员所共享，因此，国家专门颁布了《中华人民共和国土地管理法》，并且特别规定，组织成员以外的单位和个人进行土地承包的，需要有 2/3 以上的村民同意方可生效，但是实际操作中，有些基层村委会可能会凭借手中的权力私自进行土地流转，并且价格偏低，而基层政府一方面职能定位不明确，监管不力，另一方面可能会因为片面追求经济增长，纵容了私自流转土地的情况，使农民丧失了流转土地的主体地位，同时一些工商资本企业打着土地流转的幌子损害农民的利益。

（二）土地流转行为不规范，缺乏市场中介组织

流转行为不规范目前仍然是农村土地流转市场中存在的一个问题，部分农户之间私自以口头承诺方式进行土地流转，没有按照法定程序和手续，也没有明确流转双方的责任和义务，从而为今后因为土地承包而产生的问题埋下了隐患。目前我国土地流转市场还不完善，缺少相关中介组织，信息不对称，进而价格不能完全反映市场供需状况，影响了土地流转的速度，导致土地资源配置不合理，严重损害了农民权益。同时，农村土地流转服务机构建设进展慢。已建立的农村土地流转服务中心有的只是按照要求挂了机构牌子，有的挂靠在社区服务中心，缺少必要的办公设备，没有专职工作人员，没有进入实质性工作状态，规章制度不健全，信息不对称，档案管理无序等问题依旧存在。

（三）农村社会保障体系建设不健全

农业适度规模化经营的必要条件是进行合理有序的农地流转，农地流转需要以社会保障体系为支撑，但是目前农村社会保障体系建设依然不健全。虽然农村青壮年劳动力进城务工，由于各种因素很难融入城市，因此土地仍然是广大农民工的生存保障，受浓厚传统思想影响，农民"恋土情结"严重，使得农地流转速度缓慢；加之农村社会保障制度不完善，农民担心失地后保障问题一直没有得到解决，所以土地的社会保障功能作用仍然十分显著。总之，这些问题的存在在不同程度上影响了土地流转进程和农业生产效率的提高。

二、政策建议

（一）加大农村劳动力转移力度，培养新型职业农民

一方面，鼓励小农户非农化发展通过流出土地来实现增收；另一方面，为农村劳动力转移创造有利的外部条件，开展针对农民工实际需要的技能培训，提供就业指导，加快就业信息的传播力度和广度，同时进一步建立健全农村社会保障制度，解决失地农民的后顾之忧，继续放宽户籍制度的"枷锁"，打破城乡二元体制隔阂，为新型职业农民创造良好的成长条件。

（二）鼓励农户扩大经营规模，推动农村产业化发展

家庭经营依然是目前我国农业经营的基础，在此基础之上，发展多种形式的经营模式，成立家庭农场、合作社，形成农业适度规模化经营。一方面，兴办家庭农场等规模化的生产种植方式有利于扩大生产经营规模，降低生产成本，更易于形成便利化、科学化的生产种植方式；另一方面，我们应警惕的是工商资本注入农业产业所造成的名义上发展农业，实则借地贷款荒废农业用地问题。当前持续推进农村土地进行"三权分置"改革，逐步将土地经营权流转到经营能力强的农户手中，使其通过扩大经营规模实现适度规模化经营。这不仅有助于农业生产效率的提升，同时也有效限制工商资本进入农业产业，维持我国农业均衡发展。因此吸引有能力的现代农民通过流转土地实现适度规模化经营，防范工商资本借土地流转之名对农业经营进行渗透和引致的农业经营目标漂移，将是未来我国农村土地"三权分置"改革的关键。

（三）培养职业农民，形成经营主体融合发展

实现农业经营主体的有效融合，鼓励农户（尤其是有能力的大农）成立或者参与合作社。以合作社为纽带、以服务为驱动来实现农业经营户在生产、销售、服务、组织运营体系的统一调配和生产协调，更易于区域内农业产业的协调发展，降低化肥农药采购、农产品疾病防害等生产成本，并且使得农户更具有发声权，更易于政府听到农户心声。这些对于家庭农场的生产效率发挥与增收意义重大。

（四）加大对新业态的重视，促进新业态与农产品销售完美契合

无论是流转土地还是未流转土地的农户，电商运营销售模式的出现都为其收入的提升起到了促进作用。新业态的出现，将促使农业产业形成新型农业销售渠道，革新农业销售产业链，缩减交易环节，为农户创造出另一片增收空间。首先，农民思想要与时俱进。21世纪是互联网的时代，而大多数农户的销售想法仍集中在周边农贸、超市区域范围内。于是，农户要突破传统销售模式思想的"枷锁"，积极接触和学习新型电商销售模式。其次，无论是政府还是合作社，要积极开展电商相关技术培训，如店铺设计、美工设计

等，做好"加减法"，培育农业经营户能将适销对路的特色农产品销往市场的能力，通过减少中间流通环节来实现提高生产端农户的收益。最后，由于电商市场鱼龙混杂，同一产品价格不一，质量参差不齐，于是我们要加强品牌建设，发展"一村一品，一镇一业"，生产消费者信得过、质量优的产品，来提升农产品的附加值，使农产品电商销售模式能更好地实现农产品质量与销路的交互发展。

（五）政府和各经营主体共同发力，提高农业综合服务能力

政府要加大重视力度，将农业政策红利落实到位。合作社、合作联社以及农合联组织与政府密切沟通，让政府了解农民诉求，提升农业资本投入量，使得农户社员生产销售更加便利。通过承接政府投资项目、服务外包等形式为农户提供专业性的"软服务"（农技培训、品牌培育、贷款征信与担保、电商销售辅导等形式）以及"硬服务"（农资采购、产品销售、代耕代种、金融互助服务等服务）来扶持农户发展，给予农业经营者更多的政策关照和实际的定向服务，将有效提升农业经营效率与农户的经营收入。

（六）增加农业专有性资产投资，提高农民企业家能力

从产销专有性资产投资方面来说，通过人力资本投资（农技培训、就业辅导、电商培训）等服务来提高农户生产种植（养殖）能力，并在市场的动态变换中，寻找适销对路的农产品；通过实物资本投资，如提供宽带等基础设施建设发展"淘宝村"等形式，来解决农户"卖难"问题。从社会资本拥有量方面来说，农户应加强社会关系能力培养，构建自身的社会关系网络，从而降低经营成本和组织成本，实现增收。

（七）继续完善农村社会保障制度，保障农地流转

土地作为农民生活和农业生产最基本的物质资料，起到了保障作用，因此农民对土地的依赖在不同程度上影响了农地流转，因此政府部门应该继续完善农村医疗以及农村养老等社会保障体系，着重解决农民失地之后的后顾之忧，促进农业迈向现代化，延长农业产业链，增加农产品附加值，提高农民收入。

第六节　研究结论与展望

一、研究结论

PSM 实证分析结果显示，农户扩大经营规模，兴办家庭农场来发展适度规模的种植养殖意愿是农户流入土地意愿的内在原因。同时农户拥有的社会资本量（社会关系治理能力）的多寡、发展电商销售模式、增加农业投资、完善农民职业技能培训以及农户经济基础多寡对于农户流转（入）土地及扩大经营规模的意愿有正向促进作用。农户资本深化能力与流转土地意愿正相关。

对流入土地农户的分层统计结果显示，参与土地流转农户中农业资本投入量、社会资本拥有量、参与合作社经营、实现电商销售、同时发展电商与形成组织融合发展以及参与政府农业项目均正向促进农户增收。首先提升农户社会资本拥有量（提高社会关系治理能力）对于农户增收效益的影响最明显，其次是发展电商销售模式，最后是参加合作社经营指标。由此本章认为发展电商销售模式来缩短流通中间环节，提升生产端利润率对农户增收效果明显。同样地，嵌入合作社经营，通过合作社的服务功能来解决销售和生产服务配套问题，能提升经营户收益，但见效稍慢。另外二阶段工具变量回归检验及稳健性检验均显示农户经营受政府各级部门关注程度与农业投入正相关，从而正向影响农户的收入。

未参与土地流转农户的分层回归检验结果显示，农业资本投入、电商销售模式的运用、企业家能力正向促进农户收入；社会资本拥有量与农户收入无显著关联；发展电商产业对于农户增收效益最明显。参与合作社与否与农户收入呈弱统计负相关。这验证了小农户参与合作社并未有效实现增收，无法达到通过合作社团结农户共同发展的既定目标。农户参与政府项目对农户的增收影响不显著。而农户经营受政府关注程度对农业投入同样统计不显著。

二、展望

农村土地制度改革一直是我国研究和解决"三农"问题的重大课题之一，针对农村土地流转，本章主要研究家庭农场的成立是不是成为农地流转的主要原因，以及其他影响农地流转的因素，在此基础上，利用倾向得分匹配方法进行回归分析，分别探讨农户在参与农地流转和不参与流转的情况下影响农户增收的因素有哪些。农地流转的目的就是要实现农业现代化，而农业现代化实现的首要条件是实现产业现代化，农户需要改变以往传统农业的种植（养殖），大力种植（养殖）高附加值农业，进一步进行深加工，走品牌化道路。

　　未来的研究除了对本章的不足进行研究，还应该围绕农业社会化服务进行研究。实际上，"明晰农地产权→农地流转→农业规模经营→农业现代化→农民增收"的政策逻辑源于新古典经济学对欧美农业经验的理论抽象，这一理论反过来又指导了西方农业的发展及其现代化的实现，但这一倾向以西方农业的发展经验及其理论抽象为前提，强制性地依此匡正我国农业发展路径并不适当。对此，不少学者早在 20 世纪 80 ~ 90 年代就对中国农业的规模经营政策提出过质疑。而国内外关于农地经营规模与农业生产效率之间存在"反向关系"的大量实证研究也支持了这些反驳观点。不少学者在农业发展和市场化改革的实践中逐渐发现，农资供应、农机作业、技术培训等各种类型的农业社会化服务在促进农业适度规模经营中发挥出越来越重要的作用（钟真，2019）。

第十一章 结论与展望

第一节 研究成果总结

一、研究结论

本书在农村土地流转与农户增收的关系、农村电商发展与农户收入、政府扶持政策对农村经济的影响等方面进行了深入研究，得出了以下总的研究结论。

（一）农村土地流转对农户增收的影响

通过对不同地区和不同类型农村土地流转情况的研究发现，土地流转对农户增收具有显著的积极影响。首先，在流入土地的农户中，强社会关系治理和参与合作社经营等因素有助于提高农户的实际农业收入。这表明合理的土地流转可以促进农业生产的专业化和规模化，提高农产品的产量和质量，从而增加了农户的收入来源。其次，政府的扶持政策对流入土地的农户收入也具有显著的促进作用。政府通过提供补贴、优惠政策和技术培训等方式，可以降低农业生产的成本，提高农产品的附加值，进而提高农户的收入水平。最后，在未参与土地流转或流出土地的农户中，农户的企业家能力和发展电商等因素与其农业收入呈正相关关系。这表明农村发展不仅需要土地流转来提高农业生产效率，还需要农户自身的创业精神和发展新型经营模式来增加收入来源。因此，政府应该继续支持土地流转和农户的创业创新，为农村经济发展提供更多的机会和空间。

（二）农村电商对农户收入的促进作用

本书研究发现，农村电商的发展对农户收入具有显著的促进作用。首先，农村电商的发展提高了农户参与电商的积极性，降低了农产品的流通成本，从而增加了农民的收入来源。尤其是在传统农业地区，农村电商基础设施的建设和农产品品牌的打造对农户的收入影响更加显著。其次，政府的资助政策对参与电商的农户收入影响更为显著。政府的经营补贴和税费优惠等措施，可以降低农户参与电商的成本，提高其收入水平。最后，农村电商的发展还有利于提高农产品的附加值，拓宽了农产品的销售渠道，增加了农户的收入来源。因此，政府应该继续加大对农村电商的支持力度，提高农村电商基础设施的建设水平，培育更多的农村电商企业，为农民提供更多的增收机会。

（三）政府扶持政策对农村经济发展的支持程度

本书研究表明，政府的扶持政策对农村经济发展具有重要的促进作用。首先，政府的经营补贴和税费优惠等措施可以降低农业生产的成本，提高农产品的附加值，从而增加农户的收入来源。其次，政府的技术培训和政策宣传等措施有助于提升农户的创业意识和经营能力，促进农村经济的发展。最后，政府的扶持政策对农户收入水平的影响也取决于农户的风险规避能力。研究发现，风险规避程度较低的农户更愿意参与政府的扶持项目，从而获得更多的收益。因此，政府应该根据不同地区和不同类型的农户特点，制定针对性的扶持政策，提高农户的收入水平，促进农村经济的可持续发展。

（四）农民专业合作社营销策略研究

通过对农民专业合作社的营销策略进行研究，本书发现合作社的产品策略、价格策略、渠道策略和促销策略对其营销能力具有重要影响。本书针对合作社营销策略存在的问题，提出了优化建议，包括提升产品品质、合理定价、拓展销售渠道等方面的措施，以提升合作社的市场竞争力和农户的收益水平。

（五）政策环境对农村土地流转与农户增收的影响

本书对中国农村土地政策变化过程进行了分析，发现政策的调整和变化对农村土地流转与农户增收有着重要的影响。特别是在乡村振兴战略的实施过程中，政府对于土地流转、农村电商等方面的政策支持力度逐渐增强，为农户增收提供了更多的机会和空间。然而，政策的贯彻和执行仍然存在一些问题，需要进一步加强政策宣传、规范土地流转行为、构建土地流转配套机制等方面的工作。

二、启示和建议

基于以上结论，可以得出以下几点启示和建议。

（一）关于土地流转与农户增收

政府鼓励土地流转的重要性：政府应继续鼓励土地流转，提供更多的政策支持和补贴，以促进农村经济的发展。政府可以通过建立土地流转市场、制定土地流转奖励政策等方式，吸引更多的农户参与土地流转，提高土地的利用效率，增加农户的收入来源。

加强土地流转管理和规范：同时，政府也需要加强对土地流转的管理和监督，建立健全的土地流转登记制度和流转合同管理制度，规范土地流转行为，保护农户的合法权益。

（二）农村电商对农户收入的促进作用

加大对农村电商的政策支持：鉴于农村电商对农户收入的积极影响，政府应该加大对农村电商的政策支持力度，提供更多的资金和技术支持，鼓励更多的农户参与电商经营，拓宽农产品的销售渠道，增加农户的收入来源。

提高农户的电商意识和技能：同时，政府也需要加强对农户的电商意识和技能培训，提高农户的电商经营能力，帮助农户更好地利用电商平台进行农产品销售，实现农户增收致富。

（三）政府扶持政策对农村经济发展的支持程度

差异化政策支持：鉴于不同地区和不同类型的农户具有不同的风险规避能力，政府应该制定差异化的扶持政策，针对不同类型的农户提供不同形式的扶持，以提高扶持政策的针对性和有效性。

加强农户风险管理能力：同时，政府也需要加强对农户的风险管理能力培训，提高农户的风险规避能力，帮助农户更好地应对外部环境的变化，实现农村经济的可持续发展。

（四）加强农村土地流转信息公开和政策解读

提升农户对土地流转的认知水平：政府和相关部门应加强对土地流转政策的宣传与解读工作，及时向农户发布政策信息，帮助农户了解土地流转的相关规定和政策支持，提高其对土地流转的认知水平。同时，建立健全的土地流转信息公开制度，让农户能够及时获取土地流转市场的信息，为其作出理性决策提供依据。

（五）鼓励农村合作社发展和壮大

加强对农村合作社的支持和引导：政府应加大对农村合作社的扶持力度，为其提供必要的资金、技术和管理支持，促进合作社规模化、专业化发展。通过鼓励农户参与合作社经营，加强合作社的内部管理和外部合作，提高农村合作社的市场竞争力和经济效益，为农户增收创造更多的机会和条件。

第二节 现存挑战与未来展望

一、现存挑战

土地流转管理不规范：当前，土地流转市场呈现出一定程度的乱象，表现在合同不够规范、流转过程中信息不对称、权益保护不到位等方面。部分地方政府对土地流转管理不力、监管不严，导致一些农户的土地权益受到损害，同时也影响了土地流转的效率和效益。此外，一些农户对土地流转的法律法规不够了解，容易受到不法分子的欺骗和侵害。

农村电商发展不平衡：尽管农村电商在促进农户增收方面发挥了积极作用，但在不同地区和不同群体之间存在发展不平衡的问题。一方面，一些发达地区的农村电商基础设施和技术水平相对较高，农户参与度较高；另一方面，在一些偏远地区，由于缺乏相关的技术和资源支持，农村电商发展相对滞后，农户无法充分利用电商平台进行农产品销售，影响了农村电商的发展效果。

农户风险管理能力不足：农户的风险管理能力相对较弱，面临来自市场波动、自然灾害等的多种风险。由于缺乏有效的风险管理手段和机制，一些农户容易受到外部环境的影响而导致经济损失。尤其是在农业生产中，天气、病虫害等自然因素的影响不可预测，加之市场需求波动，农产品价格不稳定，使得农户面临较大的经营风险。

农村基础设施不完善：在一些地区，农村基础设施建设滞后，包括道路、水利、电力、通信等方面存在不足。这些基础设施的不完善影响了农产品的运输和销售，增加了农户的生产成本，降低了农户的收入水平。特别是在偏远山区和边远地区，由于交通不便和信息闭塞，农产品销售面临更大的困难，制约了农户增收的潜力。

资金和技术支持不足：在一些地区，农户缺乏资金和技术支持，限制了其发展农业生产和农村经济的能力。由于缺乏资金支持，农户无法购买先进的种子、肥料、农药等生产资料，无法引进先进的农业技术，导致生产效率低下，收入水平难以提升。同时，缺乏技术支持也使得农户无法应对市场需求的变化，无法开拓新的销售渠道，限制了农产品附加值和市场竞争力的提升。因此，加强资金和技术支持，提高农户的生产水平和经营能力，对于增加农户收入具有重要意义。

二、未来展望

加强土地流转管理和规范：政府应加强对土地流转的监管和管理，建立健全的土地流转登记和合同管理制度。加强对土地流转市场的监督检查，严格执行相关法律法规，加大对违法违规行为的打击力度，保护农户的合法权益，提高土地利用效率和经济效益。

优化农村电商发展环境：政府应加大对农村电商的政策支持力度，提供更多的资金和技术支持，推动农村电商在不同地区和不同群体中的均衡发展。加强对农村电商基础设施的建设，提高农民的电商技能水平，拓宽农产品销售渠道，增加农民的收入来源。

提升农民风险管理能力：政府应加强对农民的风险管理能力培训，提高农民的风险意识和应对能力。建立健全的农民风险管理机制，推动农民参与农业保险和其他风险管理工具，帮助农民更好地应对外部环境的变化，保障农民的合法权益，促进农村经济的可持续发展。

加强科技支持和产业培育：应加强科技支持，推动农业产业化和农村产业升级，培育新型农业经营主体，提高农业生产水平和产品附加值。同时，加强对农村人才的培养和引进，促进农村经济结构调整和转型升级。

　　加大对农村基础设施建设投入：政府应加大对农村基础设施建设的投入力度，特别是在交通、通信、水利等方面，提高农村基础设施的覆盖率和质量。通过完善基础设施，促进农产品的流通和销售，降低农民的生产成本，提高农产品的附加值和市场竞争力，从而增加农民的收入来源。同时，加强基础设施建设还能促进农村地区的经济发展，提高农民的生活水平，实现城乡一体化发展的目标。

参考文献

［1］阿布都热合曼·阿布迪克然木，石晓平，饶芳萍，等．"三权分置"视域下产权完整性与安全性对农地流转的影响——基于农户产权认知视角［J］．资源科学，2020，42（9）：1643－1656．

［2］安倩男，栗继祖．基于技术接受模型的知识共享对旷工智能化设备接受意愿的影响［J］．煤矿安全，2022，53（5）：236－240．

［3］白懿玮，季婷，汪俊．小农户的电商渠道选择及影响因素分析——基于烟台大樱桃产区的实证调查［J］．农村经济与科技，2016，27（11）：71－75．

［4］蔡立东，姜楠．农地三权分置的法实现［J］．中国社会科学，2017（5）：102－122．

［5］陈海磊，史清华，顾海英．农户土地流转是有效率的吗？——以山西为例［J］．中国农村经济，2014（7）：61－71．

［6］陈珏宇，姚东旻，洪嘉聪．政府主导下的土地流转路径模型——一个动态博弈的视角［J］．经济评论，2012（2）：5－15．

［7］陈铭昊，刘强，吴伟光，等．新型林业经营主体对小农增收的影响路径与效果研究——基于浙江、福建、江西3个省的调查［J］．林业经济，2021，43（9）：42－54．

［8］陈淑玲，侯代男，范亚东．黑龙江省农户土地转出意愿影响因素实证研究［J］．中国农业资源与区划，2020，41（4）：68－73．

［9］陈文超，陈雯，江立华．农民工返乡创业的影响因素分析［J］．中国人口科学，2014（2）：96－105，128．

［10］陈义媛．小农户的现代化：农业社会化服务的组织化供给机制探讨［J］．南京农业大学学报（社会科学版），2023，23（5）：52－62．

［11］程令国，张晔，刘志彪．农地确权促进了中国农村土地的流转吗？

[J]．管理世界，2016（1）：88-98.

[12] 仇焕广，陆岐楠，张崇尚，等．风险规避、社会资本对农民工务工距离的影响 [J]．中国农村观察，2017（3）：42-56.

[13] 崔宝玉，孙倚梦．农民合作社的贫困治理功能会失灵吗——基于结构性嵌入的理论分析框架 [J]．农业经济问题，2020（12）：17-27.

[14] 崔凯，冯献．演化视角下农村电商"上下并行"的逻辑与趋势 [J]．中国农村经济，2018（3）：29-44.

[15] 崔丽丽，王骊静，王井泉．社会创新因素促进"淘宝村"电子商务发展的实证分析——以浙江丽水为例 [J]．中国农村经济，2014（12）：50-60.

[16] 德兰格儿曼．南疆四地州农户土地转出意愿及影响因素研究 [D]．乌鲁木齐：新疆农业大学，2022.

[17] 丁文．论"三权分置"中的土地经营权 [J]．清华法学，2018（1）：114-128.

[18] 段文婷，江光荣．计划行为理论述评 [J]．心理科学进展，2008（2）：315-320.

[19] 冯晓龙，仇焕广，刘明月．不同规模视角下产出风险对农户技术采用的影响——以苹果种植户测土配方施肥技术为例 [J]．农业技术经济，2018（11）：120-131.

[20] 符秋瑶，张栋浩．农地流转如何影响农村家庭养老计划——基于农地转出与农地转入视角的综合分析 [J]．农业技术经济，2022（5）：128-144.

[21] 高飞．农村土地"三权分置"的法理阐释与制度意蕴 [J]．法学研究，2016，38（3）：3-19.

[22] 高海．美国家庭农场的认定、组织制度及其启示 [J]．农业经济问题，2016，37（9）：103-109.

[23] 高海俐，郭锦墉．农户线上销售渠道拓展的研究：述评与展望 [J]．新疆农垦经济，2020（7）：86-92.

[24] 高敏，李文川．基于 TPB 理论的社区团购生鲜农产品意愿研究 [J]．中国商论，2022（8）：80-83.

[25] 高圣平．承包土地的经营权抵押规则之构建——兼评重庆城乡统筹综合配套改革试点模式 [J]．法商研究，2016（1）：3-12.

[26] 耿飙,潘亚茹,罗良国,等. 农户土地转出意愿影响因素实证研究——基于洱海流域上游调查分析 [J]. 中国农业资源与区划,2018,39 (5):103-109.

[27] 公茂刚,王学真,李彩月. "三权分置"改革背景下我国农村土地流转现状及其影响因素研究 [J]. 宁夏社会科学,2019 (1):92-101.

[28] 郭锦墉,李香翠,孙焕洲. 品牌认证对果农线上销售的影响研究——基于线性回归与 PSM 方法 [J]. 资源开发与市场,2022,38 (1):1-7.

[29] 郭锦墉. 农产品营销中农户合作行为实证研究 [D]. 武汉:华中农业大学,2008.

[30] 郭露,刘梨进. 农民合作社、贫困脆弱性与贫困阻断 [J]. 农业技术经济,2023 (6):129-144.

[31] 郭美荣,李瑾,冯献. 基于"互联网+"的城乡一体化发展模式探究 [J]. 中国软科学,2017 (9):10-17.

[32] 韩杰,张益丰,郑清兰. 异质性条件下农村电商对农户增收实现机制研究——来自山东东营市的实证分析 [J]. 农业现代化研究,2020,41 (3):443-452.

[33] 韩杰. 土地流转、农户有效增收内在关联研究——基于 PSM 模型的实证检验 [D]. 烟台:烟台大学,2019.

[34] 韩雷,张磊. 电商经济是效率和公平的完美结合吗 [J]. 当代经济科学,2016,38 (3):80-90.

[35] 何德华,韩晓宇,李优柱. 生鲜农产品电子商务消费者购买意愿研究 [J]. 西北农林科技大学学报 (社会科学版),2014,14 (4):85-91.

[36] 何小洲,刘丹. 电子商务视角下的农产品流通效率 [J]. 西北农林科技大学学报 (社会科学版),2018,18 (1):58-65.

[37] 侯立松,陈泽英,仝俊杰. 微信环境下顾客信任的影响因素与作用机理 [J]. 财经科学,2017 (2):75-87.

[38] 侯麟科,仇焕广,白军飞,等. 农户风险偏好对农业生产要素投入的影响——以农户玉米品种选择为例 [J]. 农业技术经济,2014 (5):21-29.

[39] 胡焕清,赵丹玉. 农户参与农产品电子商务意愿及影响因素分析——基于陇南市武都区的调查 [J]. 山西农经,2021 (17):14-16.

［40］胡天石，傅铁信. 中国农产品电子商务发展分析［J］. 农业经济问题，2005（5）：23~27.

［41］胡轶歆. 社会网络、金融能力对家庭农场风险管理工具采纳的影响研究［D］. 咸阳：西北农林科技大学，2023.

［42］户艳领，李丽红，任宁，等. 基于二元 Logistic 模型的贫困山区农村土地流转意愿影响因素研究——源于河北省贫困山区县的调研样本［J］. 中国农业资源与区划，2018，39（7）：137－143＋211.

［43］华静，潘嗣同. 数字素养鸿沟与农户收入不平等［J］. 华南农业大学学报（社会科学版），2024，23（3）：35－47.

［44］黄飞. 非农收入、技术特征与农户风险规避行为［D］. 南京：南京农业大学，2011.

［45］黄毅祥，廖芮，赵敏娟. 家庭核心成员健康状况对农户农业生产性资产投资的影响［J］. 中国农村观察，2023（2）：126－143.

［46］黄祖辉. 现代农业能否支撑城镇化？［J］. 西北农林科技大学学报（社会科学版），2014，14（1）：1－6.

［47］贾立. 中国农民收入影响因素的实证分析［J］. 四川大学学报（哲学社会科学版），2015（6）：138~148.

［48］姜丽媛，吴小丁. 礼品生鲜的网络适应性探索研究［J］. 商业经济与管理，2016（5）：18－26.

［49］焦长权，周飞舟. "资本下乡"与村庄的再造［J］. 中国社会科学，2016（1）：100－116.

［50］阚大学，吕连菊. 中部地区农村教育水平及其不同层次对农民收入差距的影响［J］. 中国农业资源与区划，2020，41（8）：220－227.

［51］兰勇，蒋黾，杜志雄. 农户向家庭农场流转土地的续约意愿及影响因素研究［J］. 中国农村经济，2020（1）：65－85.

［52］冷智花，付畅俭，许先普. 家庭收入结构、收入差距与土地流转——基于中国家庭追踪调查（CFPS）数据的微观分析［J］. 经济评论，2015（5）：111－128.

［53］李笔豪，张祎，邹兵. 交替传译在线教学效果调查研究：技术接受模型的视角［J］. 外语界，2022（2）：88－96.

［54］李朝柱，石道金，文洪星. 关系网络对土地流转行为及租金的影

响——基于强、弱关系网络视角的分析 [J]. 农业技术经济, 2020 (7): 106 - 116.

[55] 李承桧, 信桂新, 杨朝现, 程相友. 传统农区土地利用与覆被变化 (LUCC) 及其生态环境效应 [J]. 西南大学学报 (自然科学版), 2016, 38 (5): 139 - 145.

[56] 李海舰, 田跃新, 李文杰. 互联网思维与传统企业再造 [J]. 中国工业经济, 2014 (10): 135 - 146.

[57] 李昊, 李世平, 南灵. 中国农户土地流转意愿影响因素——基于 29 篇文献的 Meta 分析 [J]. 农业技术经济, 2017 (7): 78 - 93.

[58] 李恒. 农村土地流转的制度约束及促进路径 [J]. 经济学动态, 2015 (6): 87 - 92.

[59] 李会, 王晓兵, 任彦军. 中介效应机制分析的比较研究——来自农民收入与健康的证据 [J]. 农业技术经济, 2019 (9): 58 - 72.

[60] 李曼, 陆迁, 乔丹. 技术认知、政府支持与农户节水灌溉技术采用——基于张掖甘州区的调查研究 [J]. 干旱区资源与环境, 2017, 31 (12): 27 - 32.

[61] 李梅. 乡村振兴背景下临沂市土地流转问题探析 [J]. 南方农业, 2022, 16 (10): 142 - 144.

[62] 李宁, 陈利根, 孙佑海. 现代农业发展背景下如何使农地 "三权分置" 更有效——基于产权结构细分的约束及其组织治理的研究 [J]. 农业经济问题, 2016, 37 (7): 11 - 26.

[63] 李庆海, 徐闻怡. 农民合作社对棉花种植户减贫增收的影响 [J]. 世界农业, 2021 (10): 81 - 92 + 104 + 128.

[64] 李卫, 薛彩霞, 姚顺波, 等. 农户保护性耕作技术采用行为及其影响因素: 基于黄土高原 476 户农户的分析 [J]. 中国农村经济, 2017 (1): 44 - 57, 94 - 95.

[65] 李星光, 刘军弟, 霍学喜. 关系网络能促进土地流转吗? ——以 1 050 户苹果种植户为例 [J]. 中国土地科学, 2016 (12): 45 - 53.

[66] 李勇, 杨卫忠. 农村土地流转制度创新参与主体行为研究 [J]. 农业经济问题, 2014, 35 (2): 75 - 80.

[67] 李勇坚. 电子商务与宏观经济增长的关系研究 [J]. 学习与探索,

2014（8）：102－108.

[68] 李月，刘义兵．优势视角下教育赋能农民共同富裕的创新路径研究 [J]．江苏大学学报（社会科学版），2023，25（3）：112－124.

[69] 李振杰，韩杰．基于 Logistic 回归模型的农户土地流转意愿实证分析 [J]．统计与决策，2019，35（13）：110－114.

[70] 梁海兵，姚仁福．合约安排与小农户增收——对"小农户＋合作社"体系中三种典型利益联结模式的考察 [J]．经济科学，2024（3）：158－177.

[71] 梁强，邹立凯，杨学儒，等．政府支持对包容性创业的影响机制研究——基于揭阳军埔农村电商创业集群的案例分析 [J]．南方经济，2016（1）：42－56.

[72] 梁雯，司俊芳．"互联网＋"背景下农村电子商务对农民收入的作用研究 [J]．济宁学院学报，2017，38（3）：31－35.

[73] 廖敏慧，廖敏珍，古婷骅．高校学生对混合式教学的接受度研究—基于 DTPB 和 TAM 模型的比较 [J]．工业技术与职业教育，2020，18（4）：68－72.

[74] 廖杉杉．农村职业教育对农产品流通企业发展的影响 [J]．管理现代化，2012（5）：57－59.

[75] 林莉．互联网时代下生鲜农产品电子商务运营模式创新研究 [J]．农业经济，2020（6）：139－141.

[76] 刘滨，雷显凯，杜重洋，等．农民合作社参与农产品电子商务行为的影响因素——以江西省为例 [J]．江苏农业科学，2017，45（14）：284－288.

[77] 刘秉镰，赵晶晶．我国省域农民收入影响因素的空间计量分析 [J]．当代经济科学，2010，32（5）：32－37.

[78] 刘守英．中国土地制度改革：上半程及下半程 [J]．国际经济评论，2017（5）：29－56.

[79] 刘晓倩，韩青．农村居民互联网使用对收入的影响及其机理——基于中国家庭追踪调查（CFPS）数据 [J]．农业技术经济，2018（9）：123－134.

[80] 刘亚军，储新民．中国"淘宝村"的产业演化研究 [J]．中国软

科学, 2017 (2): 29 - 36.

[81] 刘远风. 农户土地流转的收入效应分析 [J]. 西北农林科技大学学报 (社会科学版), 2016, 16 (3): 17 - 25.

[82] 刘哲. 锦州市义县农户土地流转行为与意愿研究 [D]. 沈阳: 沈阳农业大学, 2020.

[83] 鲁钊阳, 廖杉杉. 农产品电商发展的增收效应研究 [J]. 经济体制改革, 2016 (5): 86 - 92.

[84] 吕丹, 江朦朦. 新型农业经营主体开展农产品电子商务的现状及问题探析 [J]. 农学学报, 2021, 11 (8): 110 - 115.

[85] 吕杰, 刘浩, 薛莹, 等. 风险规避、社会网络与农户化肥过量施用行为——来自东北三省玉米种植农户的调研数据 [J]. 农业技术经济, 2021 (7): 4 - 17.

[86] 栾江, 马瑞. 农村劳动力转移就业稳定性对土地流转的影响效应研究——基于迁移异质性视角 [J]. 中国农业资源与区划, 2021, 42 (12): 203 - 216.

[87] 罗千峰, 王可山. 粮食作物保险的收入效应研究——基于中国乡村振兴综合调查数据 [J/OL]. 河北经贸大学学报, 1 - 10.

[88] 马如意. 基于解构计划行为理论的涉农高校学生服务基层行为意向研究 [D]. 内蒙古自治区: 内蒙古农业大学, 2021.

[89] 孟盟, 于冷. 服务与自营: 农机技术采纳方式如何影响家庭劳动力配置——基于 CFPS 农户微观调查数据 [J]. 农业技术经济, 2024 (6): 69 - 89.

[90] 苗海民, 朱俊峰. 从乡土中国到城乡中国 - 农村劳动力选择性流动抑制了土地流转吗? [J]. 世界经济文汇, 2021 (6): 72 - 95.

[91] 潘俊. 农村土地承包权和经营权分离的实现路径 [J]. 南京农业大学学报 (社会科学版), 2015, 15 (4): 98 - 105.

[92] 彭小珈, 周发明. 农村电商经营效率研究——基于消费品下行的模型分析 [J]. 农业技术经济, 2018 (12): 111 - 118.

[93] 彭影. 乡村振兴视角下农村产业融合的增收减贫效应——基于农村数字化与教育投资的调节作用分析 [J]. 湖南农业大学学报 (社会科学版), 2022, 23 (3): 28 - 40.

［94］钱龙，钱文荣.社会资本影响农户土地流转行为吗？——基于 CFPS 的实证检验［J］.南京农业大学学报（社会科学版），2017（5）：88-99.

［95］钱龙，洪名勇.非农就业、土地流转与农业生产效率变化——基于 CFPS 的实证分析［J］.中国农村经济，2016（12）：2-16.

［96］钱忠好，王兴稳.农地流转何以促进农户收入增加——基于苏、桂、鄂、黑四省（区）农户调查数据的实证分析［J］.中国农村经济，2016（10）：39-50.

［97］任立，张苗，陈银蓉.生计资本、耕地多功能价值感知与农户土地转出意愿——脱贫攻坚与乡村振兴衔接期的典型地区观察［J］.中国土地科学，2022，36（6）：56-65.

［98］阮海波.社会交往能促进土地流转吗？——基于农业社会化服务的中介效应［J］.农村经济，2022（6）：27-36.

［99］沈萌，甘臣林，陈银蓉，等.基于 DTPB 理论农户农地转出意愿影响因素研究——以武汉城市圈为例［J］.农业现代化研究，2019，40（3）：441-449.

［100］沈萌.基于 DTPB 理论的农户认知对农地转出意愿影响研究［D］.武汉：华中农业大学，2020.

［101］石智雷，谭宇，吴海涛.返乡农民工创业行为与创业意愿分析［J］.中国农村观察，2010（5）：25-37，47.

［102］史恒通，荣瑶，毛慧.社会资本、非农收入与农户林地管护意愿［J］.农林经济管理学报，2022，21（5）：527-536.

［103］宋尚峰.基于 SEM 模型的农地规模经营意愿的影响因素研究——以潜江市为例［D］.武汉：华中师范大学，2018.

［104］宋书山，张永奇.家庭老人照料与中年农户土地流转［J］.金融与经济，2021（8）：71-78.

［105］宋瑛，谢浩，王亚飞.农产品电子商务有助于贫困地区农户增收吗——兼论农户参与模式异质性的影响［J］.农业技术经济，2022（1）：65-80.

［106］苏群，李潇，常雪.家庭劳动、家庭结构与农村已婚女性劳动参与——基于 CHNS 的面板数据分析［J］.农林经济管理学报，2020，19（2）：227-234.

[107] 苏钟萍,张应良.收入不平等对农村居民健康的影响——基于相对剥夺的微观视角验证 [J].农业技术经济,2021 (3):132 - 144.

[108] 孙彬涵,罗小锋,唐林.跨越信息门槛有助于测土配方施肥技术推广吗 [J/OL].农业技术经济,2024 (2024 - 08 - 29).

[109] 孙伯驰,曹景林.社会资本异质性与农村减贫成效差异——基于收入增长和差距缩小的双重视角分析 [J].商业研究,2020 (1):35 - 44.

[110] 孙金丽.我国农产品电子商务模式的选择 [J].商场现代化,2016 (15):51 - 52.

[111] 孙乐,陈盛伟.农业保险投保意愿、投保行为及其一致性研究——基于解构计划行为理论视角 [J].农村经济,2021 (11):70 - 77.

[112] 覃红霞,李政,周建华.不同学科在线教育满意度及持续使用意愿——基于技术接受模型 (TAM) 的实证分析 [J].教育研究,2020,41 (11):91 - 103.

[113] 谭永风,陆迁.风险规避、社会学习对农户现代灌溉技术采纳行为的影响——基于 Heckman 样本选择模型的实证分析 [J].长江流域资源与环境,2021,30 (1):234 - 245.

[114] 唐立强,周静.社会资本、信息获取与农户电商行为 [J].华南农业大学学报 (社会科学版),2018,17 (3):73 - 82.

[115] 汪小倩,路幸福.传统文化研学旅行行为的影响因素研究 [J].干旱区资源与环境,2022,36 (7):202 - 208.

[116] 王二朋,倪郑宇.农产品线上消费者的偏好特征研究——基于"京东"销售苹果在线评论数据的分析 [J].价格理论与实践,2020 (2):120 - 123.

[117] 王方妍,蔡青文,温亚利.电商扶贫对贫困农户家庭收入的影响分析——基于倾向得分匹配法的实证研究 [J].林业经济,2018,40 (11):61 - 66 + 85.

[118] 王格玲,陆迁.社会网络影响农户技术采用倒 U 型关系的检验——以甘肃省民勤县节水灌溉技术采用为例 [J].农业技术经济,2015 (10):92 - 106.

[119] 王海军,简小鹰.土地流转背景下的村干部角色冲突与调适 [J].西北农林科技大学学报 (社会科学版),2015,15 (6):32 - 38.

［120］王海滋，李超伟，张士彬，等．计划行为理论下对农户土地流转意愿和行为研究—基于山东省549户农户的调查［J］．江苏农业科学，2019，47（17）：9 - 14.

［121］王海滋，李超伟，张士彬．基于计划行为理论的农户耕地转入和转出意愿对比研究［J］．中国农业资源与区划，2019，40（9）：169 - 175.

［122］王汉杰．数字素养与农户收入：兼论数字不平等的形成［J］．中国农村经济，2024，（3）：86 - 106.

［123］王荷，刘雨欣．政策性农业保险对湖北省粮食产量影响的研究［J］．黑龙江粮食，2023（1）：122 - 125.

［124］王佳月，李秀彬，辛良杰．中国土地流转的时空演变特征及影响因素研究［J］．自然资源学报，2018，33（12）：2067 - 2083.

［125］王可山，郝裕，秦如月．农业高质量发展、交易制度变迁与网购农产品消费促进——兼论新冠肺炎疫情对生鲜电商发展的影响［J］．经济与管理研究，2020，41（4）：21 - 31.

［126］王胜，丁忠兵．农产品电商生态系统——一个理论分析框架．中国农村观察，2015（4）：39 - 48.

［127］王水连，辛贤．农户甘蔗种植机械化的因素解析：诱因及交互效应［J］．中国农业大学学报（社会科学版），2017，34（1）：83 - 93.

［128］王素涛．农户土地转出的影响因素研究——基于土地流转补贴政策效用的视角［J］．中国农业资源与区划，2018，39（12）：224 - 230.

［129］王亚辉，李秀彬，辛良杰，等．中国土地流转的区域差异及其影响因素——基于2003 - 2013年农村固定观察点数据［J］．地理学报，2018，73（3）：487 - 502.

［130］王亚辉，李秀彬，辛良杰．农业劳动力年龄对土地流转的影响研究——来自CHIP2013的数据［J］．资源科学，2017（8）：1457 - 1468.

［131］王燕．"互联网 +"背景下农村电商物流"最后一公里"配送研究［J］．现代营销（创富信息版），2018（11）：223.

［132］王阳，温忠麟，李伟，等．新世纪20年国内结构方程模型方法研究与模型发展［J］．心理科学进展，2022，30（8）：1715 - 1733.

［133］吴明隆．结构方程模型：AMOS的操作与应用［M］．2版．重庆：重庆大学出版社，2010：1 - 520.

［134］吴雨谡.规模经济理论下的国际学生招生策略研究［J］.中国多媒体与网络教学学报（上旬刊），2021（10）：44-46.

［135］吴昭军.农地法权中农户的概念界定［J］.改革与战略，2016，32（3）：43-46.

［136］武焱，马跃进.家庭农场对农民收入的影响——基于省际数据的估计［J］.经济问题，2021（4）：104-111.

［137］项质略，张德元，王雅丽.人力资本与农户创业："智商"还是"财商"更重要？［J］.江苏大学学报（社会科学版），2021，23（1）：61-74+89.

［138］谢新洲，胡宏超.社交媒体用户谣言修正行为及其影响路径研究——基于S-O-R模式与理性行为理论的拓展模型［J］.新闻与写作，2022（4）：57-69.

［139］徐娟.我国青年群体互助游行为意向影响因素研究［D］.河北：燕山大学，2014.

［140］徐美银.农民阶层分化、产权偏好差异与土地流转意愿——基于江苏省泰州市387户农户的实证分析［J］.社会科学，2013（1）：56-66.

［141］徐晓辉，陈剑.关于产品电子商务匹配度的研究［J］.南开管理评论，2000（4）：71-74.

［142］徐志刚，谭鑫，郑旭媛，陆五一.农地流转市场发育对粮食生产的影响与约束条件［J］.中国农村经济，2017（9）：26-43.

［143］许连君.行为经济学视角的农户土地流转意愿分析——以浙江农户为例［J］.浙江农业学报，2020，32（2）：367-372.

［144］许晟，邵云云，徐梅珍，等.政府支持、家庭支持对新生代农民创业行为的影响机制研究［J］.农林经济管理学报，2020，19（2）：181-189.

［145］许竹青，郑风田，陈洁."数字鸿沟"还是"信息红利"？信息的有效供给与农民的销售价格——一个微观角度的实证研究［J］.经济学（季刊），2013，12（4）：1513-1536.

［146］颜廷武，张童朝，何可，等.作物秸秆还田利用的农民决策行为研究——基于皖鲁等七省的调查［J］.农业经济问题，2017，38（4）：39-48，110-111.

［147］杨安慧，罗小锋，闫阿倩，等.农户采纳专业化制棒出菇技术的

影响因素分析——基于十省 712 份农户数据 [J/OL]. 中国农业资源与区划，1-9.

[148] 杨凯. 大学生消费绿色酒店产品的行为意愿研究 [J]. 北京联合大学学报（人文社会科学版），2017，15（4）：49-60.

[149] 杨柳，朱玉春. 社会信任、合作能力与农户参与小农水供给行为——基于黄河灌区五省数据的验证 [J]. 中国人口·资源与环境，2016，26（3）：163-170.

[150] 杨萌萌，李学婷，李谷成. 社会资本的收入效应：微观证据及作用机制 [J]. 世界农业，2022（6）：101-114.

[151] 杨校美. 人口老龄化会影响技术创新吗？——来自 G20 的经验证据 [J]. 华东经济管理，2018，32（6）：115-123.

[152] 杨玉珍. 农业供给侧结构性改革下传统农区政策性土地流转纠偏 [J]. 南京农业大学学报（社会科学版），2017，17（5）：79-87.

[153] 姚林香，张维刚. 农业供给侧结构性改革与财政支农政策选择 [J]. 改革，2017（8）：149-158.

[154] 殷志扬，程培堽，王艳袁，等. 计划行为理论视角下农户土地流转意愿分析——基于江苏省 3 市 15 村 303 户的调查数据 [J]. 湖南农业大学学报（社会科学版），2012，13（3）：1-7.

[155] 岳华，韩彩霞，王海燕. 新时代我国乡村教育深化、人力资本提升与农民收入提高 [J]. 上海经济研究，2024（1）：78-87.

[156] 曾水花. O2O 轻奢品跨境电商消费者采纳行为研究 [D]. 南昌：江西农业大学，2021.

[157] 曾亿武，郭红东. 电子商务协会促进淘宝村发展的机理及其运行机制——以广东省揭阳市军埔村的实践为例 [J]. 中国农村经济，2016（6）：51-60.

[158] 曾亿武，郭红东. 农产品淘宝村形成机理：一个多案例研究 [J]. 农业经济问题，2016，37（4）：39-48+111.

[159] 曾亿武，万粒，郭红东. 农业电子商务国内外研究现状与展望 [J]. 中国农村观察，2016（3）：82-93+97.

[160] 曾志超，邓清文，刘文彬. 基于技术接受模型的肝癌筛查技术扩散利用影响因素研究 [J]. 安徽医科大学学报，2022，57（2）：269-273.

［161］张彬斌. 新时期政策扶贫：目标选择和农民增收［J］. 经济学（季刊），2013（2）：959－982.

［162］张红宇. 中国农地调整与使用权流转：几点评论［J］. 管理世界，2002（5）：76－87.

［163］张红宇. 准确把握农地"三权分置"办法的深刻内涵［J］. 农村经济，2017（8）：1－6.

［164］张雷，张增显. 农村电商异军突起金融支持亟待加强［J］. 河北金融，2020（8）：70－72.

［165］张磊，韩雷. 电商经济发展扩大了城乡居民收入差距吗？［J］. 经济与管理研究，2017，38（5）：3－13.

［166］张思思. 基于解构计划行为理论的高星级饭店婚宴产品购买意向研究［D］. 杭州：浙江大学，2012.

［167］张童朝，颜廷武，王镇. 社会网络、收入不确定与自雇佣妇女的保护性耕作技术采纳行为［J］. 农业技术经济，2020（8）：101－116.

［168］张晓东. 农产品品牌与文化耦合对在线销售的影响研究［J］. 前沿，2020（1）：48－56.

［169］张晓莉，邢大伟. 农户兼业影响因素的实证分析［J］. 农村经济与科技，2014，25（3）：125－127.

［170］张垚，淮建军. 基于生计资本的低收入农户长效增收自主适应机制——以陕西榆林地区为例［J］. 科学决策，2022（12）：1－20.

［171］张益丰，王晨. 政府服务、资助对象选择与经营主体融合发展研究——基于多案例的比较［J］. 新疆农垦经济，2019（2）：39－48，62.

［172］张益丰，郑秀芝. 企业家才能、创业环境异质性与农民创业——基于3省14个行政村调研数据的实证研究［J］. 中国农村观察，2014（3）：21－28.

［173］张益丰. 生鲜果品电商销售、农户参与意愿及合作社嵌入——来自烟台大樱桃产区农户的调研数据［J］. 南京农业大学学报（社会科学版），2016（1）：49－58.

［174］张永奇. 数字普惠金融对农村土地流转的影响及机制研究——来自CFPS与PKU——DFIIC的经验证据［J］. 经济与管理，2022，36（3）：30－40.

［175］张占录，张雅婷，张远索，等.基于计划行为理论的农户主观认知对土地流转行为影响机制研究［J］.中国土地科学，2021，35（4）：53－62.

［176］张宗毅，杜志雄.土地流转一定会导致"非粮化"吗？——基于全国1740个种植业家庭农场监测数据的实证分析［J］.经济学动态，2015（9）：63－69.

［177］赵建民，张玲玉.高校教师对混合式教学接受度的实证研究——基于DTPB与TIT整合的视角［J］.现代教育技术，2017，27（10）：67－73.

［178］赵路.以"互联网＋"优化拓宽农民增收途径［J］.宏观经济管理，2024（2）：53－60＋69.

［179］赵为民.谁从财政支农投入中受益更多？——基于资金结构差异与农户人力资本差异双重视角［J］.云南财经大学学报，2018，34（6）：69－85.

［180］赵勇智，罗尔呷，李建平.农业综合开发投资对农民收入的影响分析——基于中国省级面板数据［J］.中国农村经济，2019（5）：22－37.

［181］郑军，王真.乡村振兴视角下商业养老保险对土地流转影响研究［J］.财经理论与实践，2022，43（05）：27－32.

［182］郑彤彤，王雅鹏.我国农业电子商务发展风险研究［J］.理论月刊，2017（6）：116－121.

［183］钟真，胡珺祎，曹世祥.土地流转与社会化服务："路线竞争"还是"相得益彰"？：基于山东临沂12个村的案例分析［J］.中国农村经济，2020（10）：52－70.

［184］钟真.社会化服务：新时代中国特色农业现代化的关键——基于理论与政策的梳理［J］.政治经济学评论，2019，10（2）：92－109.

［185］周静，曾福生，张明霞.农业补贴类型、农业生产及农户行为的理论分析［J］.农业技术经济，2019（5）：75－84.

［186］周利平.农户参与用水协会行为、绩效与满意度研究［D］.南昌：南昌大学，2014.

［187］周文，赵方，杨飞，李鲁.土地流转、户籍制度改革与中国城市化：理论与模拟［J］.经济研究，2017，52（6）：183－197.

［188］朱良昊，杨嘉，周博军，等.消费者体育用品网络购买意愿研究：基于4个竞争模型的实证检验［J］.河北体育学院学报，2022，36（4）：59－69.

[189] 朱秋博，朱晨，彭超，等．信息化能促进农户增收、缩小收入差距吗？[J]．经济学（季刊），2022，22（1）：237 – 256．

[190] 朱胜晖．全面发展视域下的农民教育政策体系优化 [J]．中国农村观察，2024（2）：2 – 23．

[191] 朱述斌，熊飞雪，朱兼．互联网使用对农户收入的影响——基于社会资本的中介效应研究 [J]．农林经济管理学报，2022，21（5）：518 – 526．

[192] 朱思语．旅游文创产品购买意愿的影响因素研究——基于解构计划行为理论 [D]．北京：北京交通大学，2021．

[193] 诸艳霞，王皓东，朱雅丽．隔代照料、生产活动对农村老年人健康的影响 [J]．中国地质大学学报（社会科学版），2022，22（4）：112 – 127．

[194] 祝振兵，许晟，张帆．主动性人格、创新行为与农民创业绩效 [J]．江西财经大学学报，2023（2）：103 – 115．

[195] Abadie A, Angrist J D, Imbens G W. Instrumental Variable Estimates of the Effect of Subsidized Training on the Quantile of Trainee Earnings [J]. Econometrica, 2002, 70 (1): 91 – 117.

[196] Ajzen, I. From intentions to actions: A theory of planned behavior. In: Kuhl, J. & Beckman, J., (Eds.). Action Control: From cognition to Behavior [J]. Heidelberg: Springer, 1985: 11 – 39.

[197] Ajzen, I. The theory of Planned Behavior [J]. Organization Behavior and Human Decision Processes, 1991, 50 (2): 179 – 211.

[198] Allen D, D Lueck. Contract Choice in Modern Agriculture: Cash Rent versus Cropshare [J]. Law and Economics, 1992, 35 (10): 397 – 426.

[199] Arrow, K. J. The organization of economic activity: Issues pertinent to the choice of market versus nonmarket allocation [R]. Joint Economic Committee 91 Congress, 1 Session, 1969.

[200] Bharat P Bhatta, Torbjorn Arethun. Barriers to rural households' participation in low-skilled off-farm labor markets: theory and empirical results from northern Ethiopia [J]. Springer Plus, 2013, 2 (1): 1 – 7.

[201] Binswonger. OligoPsonistic Landlords, Segmented Labour Markets and the persistence of. 1990. James E. Rosenzweig [J]. American Agricultural Economics Association, 1990.

[202] BONERJEE, Ghatak. Rural Wages, Labor Supply, and Land Reform: A Theoretical and Empirical Analysis [J]. American Economic Review. 1978, 68 (5): 847 –861.

[203] Borooh, Adugna L. Factors Affecting Entry Intensity in Informal Rental Land Markets, 2006. Jayne EthioPian Highland [J]. Agricultural Economics, 2013 (30).

[204] Brandt. Dilemma in China s agricultural land transfer to enterprises: good or bad? [J]. China Agricultural Economic Review, 2012, 4 (3): 261 –263.

[205] Cao Y, Klemz B R. Internet pricing, satisfaction, and customer satisfaction [J]. International Journal of Electronic Commerce, 2003, 12 (02): 31 –50.

[206] Catherine Boone. Property and Political Order in Africa Land Rights and the Structure of Politics [M]. London: Cambridge University Press, 2013: 309 –326.

[207] Conley T G, Udry C R. Learning about a new technology: Pineapple in Ghana [J]. American Economic Review, 2010, 100 (01): 35 –69.

[208] Davis F D. Perceived Usefulness, Perceived Ease of Use, and User Acceptance of Information Technology [J]. MIS Quarterly, 1989, 13 (3): 319 –340.

[209] Deillinger. Land Tenure Arrangements and Rural – Urban Migration in China [J]. World Development. 2011, 39 (1): 123 –133.

[210] DEININGER K, FEDER G. Land institution and Land markets [M]. Policy Research Working Paper of World Bank, 1998.

[211] Deininger K, Jin S. The potential of land rental markets in the process of economic.

[212] Development: Evidence from China [J]. Journal of Development Economics, 2005, 78 (1): 241 –270.

[213] Eeney. Land Markets in Developing and Transition Economies [J]. American Journal of Agricultural Economics, 2003, 85 (5): 1217 –1222.

[214] Fafchamps, Pender. An Economic Case for Land Reform [J]. Land Use policy, 2000, 17 (1).

［215］Feder. Scenarios of Central EuroPean Land Fragmentation ［J］. Land Use policy, 1998 (20).

［216］Fishbein, M., Ajzen, I. Belief, Attitude, intention and behavior: An introduction to theory and research ［J］. Reading, MA: Addison - Wesley, 1975.

［217］Fishbein, M. An Investigation of the Relationships between Beliefs about an object and the Attitude toward that object ［J］. Human Relations, 1963, 16 (3): 233 - 239.

［218］Fitzmaurice, J. Incorporating consumers' motivations into the theory of reasoned action ［J］. Psychology & Marketing, 2005, 22 (11): 911 - 929.

［219］Fornell C, Larcker D F. Evaluating structural equation models with unobservable variables and measurement error ［J］. Journal of Marketing Research, 1981, 18 (1): 39 - 50.

［220］Galiani, Eleonora Marisova, Anna Bandlerova, Jana Slovinska. Price RePression in. 2010.

［221］Harris R, Jacquemin, Alain, Ponthagunta, Subra, et al. Rural Development with ICTs in Nepal: Integrating National Policy with Grassroots Resourcefulness ［J］. Electronic Journal of Information Systems in Developing Countries, 2003, 12 (1050): 1 - 12.

［222］Hee Sun Park. Relationships among attitudes and subjective norms: Testing the theory of reasoned action across cultures ［J］. Communication Studies, 2000, 51 (2): 162 - 175.

［223］Ibrahim Hussain Kobe, Ojediran Ezekiel Olamide, Fakayode Segun Bamidele, et al. Economic Assessment of Agricultural Land Market in Rural Nigeria ［J］. Journal of Land and Rural Studies, 2018, 1: 50 - 66.

［224］Jack Makeham W J. Recent Development in the Market for Rural Land Use in China ［J］. Land Economics, 1992, 68 (2): 139 - 162.

［225］James E. Rosenzweig. the Slovak Agricultural Land Market ［J］. Land Use Policy.

［226］James J Walcott. Multiple and sequential land use: A national policy for Australia? ［J］. Land Use policy, 2019, 88: 1 - 5.

［227］ Jin，IMBENS G W. On the Failure of the Bootstrap for Matching Estimators ［J］. Econometrica，2010，76（6）：1537－1557.

［228］ Joshua M D，Eleonora M，Price repression in the Slovak agricultural market ［J］. Land Use Policy，2004，21（1）：59－69.

［229］ Joshua M Duke，Eleonora Marisova，Anna Bandlerova，et al. Price repression in the Slovak agricultural land market ［J］. Land Use Policy，2004，21（1）：59－69.

［230］ Kaur J，Jhamb H V. E-commerce in India：Opportunities and Challenges ［J］. Review of Knowledge Management，2012，2（2）：37－45.

［231］ Keniston K，Kumar H. IT Experience in India：Bridging the Digital Divide ［M］. 2004.

［232］ Kongondli，HILHORST T，SONGWE V. Identifying and addressing land governance constraints to support intensification and land market operation：Evidence from 10 African countries ［J］. Food Policy，2014，48（10）：76－87.

［233］ Krenmcorsa. Land access，land rental and food security：Evidence from Kenya ［J］. Land Use Policy，2018，70：611－622.

［234］ Kung，James Kai-sing. Off－Farm Labor Markets and the Emergence of Land Rental Markets in Rural China ［J］. Journal of Comparative Economics，2002，30（2）：395－414.

［235］ Leong，C.，Pan，S. L.，Newell，S. & Cui，L. The emergence of self-organizing e-commerce ecosystems in remote villages of China：atale of digital empowerment for rural development. MIS Quarterly，2016，40（2）：475－484.

［236］ Lerman Z，Shagaida N. Land Policies and Agricultural Land Marketsin Russia ［J］. Land Use policy，2007，24（1）：14－23.

［237］ Long－TermMR Cell. Instrumental Variables and the Search for Identification：From Supply and Demand to Natural Experiments ［J］. Journal of Economic Perspectives，2007，15（4）：69－85.

［238］ MIRMIRANSF，SHAMS A. The study of differences between e-commerce impacts on developed countries and developing countries，case study：USA and Iran ［J］. New Marketing Research Journal，2014，Special Issue：79－100.

［239］ Muraoka et al. The Central Role of the Propensity Score in Observational Studies for Causal Effects [J]. Biometrika, 2018.

[240] Norman P, Conner M, Bell R. The theory of planned behavior and smoking cessation [J]. Health Psychology, 1999, 18 (1): 89 –94.

[241] Pookulangara S. , Hawley, J. & Xiao, G. Explaining consumers' channel-switching behavior using the theory of planned behavior [J]. Journal of Retailing and Consumer Services, 2011, 18 (4): 311 –321.

[242] Pool B. How Will Agricultural E – Markets Evolve? [M]. Washington D. C. : United States Department of Agriculture, 2001.

[243] Qu, L. &Chen, Y. The Impact of e – Commerce on China's Economic Growth [Z]. the thirteenth wuhan international conference on e-business, 2014

[244] Renata Marks – Bielska. Factors Shaping the agricultural land market in Poland [J]. Land Use Policy, 2013, 30: 791 –799.

[245] Rerdon, KRUEGER A B. Instrumental Variables and the Search for Identification: From Supply and Demand to Natural Experiments [J]. Journal of Economic Perspectives, 2001, 15 (4): 69 –85.

[246] ROSENBAUM P R, RUBIN D B. The Central Role of the Propensity Score in Observational Studies for Causal Effects [J]. Biometrika, 1983, 70 (1): 41 –55.

[247] Ruden, S. T. Economic Policy Reforms and Sustainable Land Use in LDC: Rent Advances in Quantitative Analysis [J]. Property Rights, 1999, 5 (12): 132 –157.

[248] Schwab & James, C. review of the world in 2050: four forces shaping civilization's northern future [J]. Journal of Homeland Security & Emergency Management, 2016, 8 (1): A260.

[249] Simonton D. Identity, Labor and Welfare: the Worlds of Work and Family [J]. Journal of Womens History, 2011, 23 (4): 198 –209.

[250] Stein T. Holden, Klaus Deininger and Hosaena Ghebru. Tenure Inse-curity, Gender, Low-cost Land Certification and Land Rental Market Participation in Ethiopia [J]. Journal of Development Studies, 2011, 47 (1): 31 –47.

[251] Taylor S, Todd PA. Understanding information technology usage: A test of competing models [J]. Information Systems Research, 1995, 6 (2):

144 – 176.

［252］ Terry van Dijk. Scenarios of central European land fragmentation ［J］. Land Use Policy, 2003, 20 (2): 149 – 158.

［253］ Terzi, N. The impact of e-commerce on international trade and employment ［J］. Procedia – Social and Behavioral Sciences, 2011 (24): 745 – 753.

［254］ Vijayasarathy, Leo R. Product characteristics and internet shopping intentions ［J］. Internet Research, 2002, 12 (5): 411 – 426.

［255］ Wu I L, Chen J L. An extension of trust and TAM model with TPB in the initial adoption of on-line tax: An empirical study ［J］. Human-Computer Studies, 2005, 62 (6): 784 – 808.

［256］ Yang Q., Feng B., Song P. (2008) Research on Agricultural E-commerce Public Trade Platform System. In: Li D. (eds) Computer and Computing Technologies in Agriculture, Volume II. CCTA2007. The International Federation for Information Processing, vol259. Springer Boston, MA.

［257］ Zhou Xiaoshi, Ma Wanglin, Renwick Alan, et al. Off-farm work decisions of farm couples and land transfer choices in rural China ［J］. Applied Economics, 2020, 52 (57): 1 – 19.